佛藏經講義

——第十八輯

平實導師 述著

ISBN 978-626-95796-5-5

佛法是具體可證的，三乘菩提也都是可以親證的義學，並非不可證的思想、玄學或哲學。而三乘菩提的實證，都要依第八識如來藏的實存及常住不壞性，才能成立；否則二乘無學聖者所證的無餘涅槃即不免成爲斷滅空，而大乘菩薩所證的佛菩提道即成爲不可實證之戲論。如來藏心常住於一切有情五蘊之中，光明顯耀而不曾有絲毫遮隱；但因無明遮障的緣故，所以無法證得；只要親隨眞善知識建立正知正見，並且習得參禪功夫以及努力修集福德以後，親證如來藏而發起實相般若勝妙智慧，是指日可待的事。古來中國禪宗祖師的勝妙智慧，全都藉由參禪證得第八識如來藏而發起；佛世迴心大乘的阿羅漢們能成爲實義菩薩，也都是緣於實證如來藏才能發起實相般若勝妙智慧。如今這種勝妙智慧的實證法門，已經重現於臺灣寶地，有大心的學佛人，當思自身是否願意空來人間一世而學無所成？或應奮起求證而成爲實義菩薩，頓超二乘無學及大乘凡夫之位？然後行所當爲，亦不行於所不當爲，則不唐生一世也。

——平實導師

如聖教所言，成佛之道以親證阿賴耶識心體（如來藏）為因，《華嚴經》亦說**證得阿賴耶識者獲得本覺智**，則可證實：證得阿賴耶識者方是大乘宗門之開悟者，方是大乘佛菩提之眞見道者。經中、論中又說：證得阿賴耶識而轉依**識上所顯真實性**、**如如性**，能安忍而不退失者即是**證真如**，即是大乘賢聖，在二乘法解脫道中至少為初果聖人。由此聖教，當知親證阿賴耶識而確認不疑時即是開悟眞見道也；除此以外，別無大乘宗門之眞見道。若別以他法作為大乘見道者，或堅執**離念靈知**亦是實相心者（堅持意識覺知心離念時亦可作為明心見道者），則成為實相般若之見道內涵有多種，則成為實相有多種，則違**實相絕待**之聖教也！故知宗門之悟唯有一種：親證第八識如來藏而轉依如來藏所顯眞如性，除此別無悟處。此理正眞，放諸往世、後世亦皆準，無人能否定之，則堅持離念靈知意識心是眞心者，其言誠屬妄語也。

——平實導師

目次

自序

《佛藏經》之所以名爲「佛藏」者，所說主旨即以諸佛之寶藏爲要義。諸佛之寶藏即是萬法之本源——如來藏，《楞嚴經》中說之爲「如來藏妙眞如心」，《入楞伽經》卷七〈佛性品〉則說：「大慧！阿梨耶識者名如來藏，而與無明七識共俱，如大海波常不斷絕，身俱生故；離無常過，離於我過，自性清淨。餘七識者心，意、意識等念念不住，是生滅法。」大略解釋其義如下：

【所謂阿梨耶識（通譯阿賴耶識）又名如來藏，含藏著無明種子與七轉識種子，並與所生之無明及七轉識同時同處，和合相共運行而成爲一個五陰有情。七轉識與無明相應而從如來藏中出生，每日運行不斷；意根每天一早促使意識等六心生起之後相續運作，與意識等六心和合似一，看似常住而不斷之心，其實是從如來藏中種子流注才出現的心，就是一般凡夫大師說的「清清楚楚明明白白」的心，早上睡醒再次出生以後，就與處處作主的意根和合運作看似一心。這七識心的種子及其相應的無明種子，每天同時從如來藏中流注出來，猶如大海波一般「常不斷絕」，因爲是與色身共俱而出生的緣故。如來藏離於無常的過失，是常住法，不曾剎那間斷過；無始而有，盡未來際永無中斷或壞滅之時。如來藏亦離三界我等無常過失，迴無我見我執或我所執；其自性是本來清淨而無染污，無始以來恆自清淨，不與貪等六根本煩惱及其餘隨煩惱相應。其餘七轉識都是心，即是意根、意識與眼等五識，即是面對六塵境界時清楚明白的前六識，以及處處作主的意根；這七識心與無明種子都是念念不住的，因爲是從如來藏中流注這七識心等種子於身中才有的，當色身出生以後，意根同時和合運作，意識等六識也就跟著現行而與色身同在一起，所以是與色身同時出生而存在的。而種子是剎那剎那生滅的，以此緣故說意根與意識等七個心是生滅法。若是證阿羅漢果而入無餘涅槃時，由於我見、我執、我所執的煩惱已經斷除的緣故，這七識心的種子便不再從如來藏流注出來，死時就不會有中陰身，不會再受生，便永遠消滅了，亦因此故是生滅法。】

在三種譯本的《楞伽經》中，都不說此如來藏心是第八識（第八識是通俗的說法），而是將此心與七轉識區分成二類，說如來藏一心是常住的，是出生「意」與「意識等」六識者，也說是出生色身者，不同於七識等心。所援引的上開經文，亦已明說如來藏「離無常過，離於我過，自性清淨」；從如來藏中出生的「餘七識者心，意、意識等」，都是「念念不住，是生滅法」。這已經很明確將如來藏的主要體性與七轉識的主要體性區分開來：一是能生，一是所生，能生與所生之間互相繫屬；能生者是常住的如來藏心，沒有三界我的無常過失，沒有我見我執等過失，自性是清淨的；所生的七識心，是念念生滅的，也是可滅的，有無常的過失，也有三界我的我見與我執等過失，是不清淨的，也是生滅法。

今此《佛藏經》中所說主旨即是說明此心如來藏的自性，名之為「無名相法」或「無分別法」，仍不說之為第八識，而是從各方面來說明此心；並且希望後世仍有業障而無法實證佛法的四眾弟子們，未來世中都能滅除業障而證得解脫及實相智慧。以此緣故，先從「諸法實相」的本質來說明如來藏，兼及實證此心者於實證前必須留意避免的過失，才能有實證的因緣；若墮邪見或誤導眾生，並有犯戒不淨等事者，將成就業障；於其業障未滅之前，縱使未來歷經無量無邊不可思議阿僧祇劫，奉侍供養隨學九十九億諸佛以後，仍無實證之可能。以此緣故，釋迦如來大發悲心，首先於〈諸法實相品〉廣釋實相心如來藏之各種自性，隨即教導學人如何了知惡知識與善知識之區別。善於選擇善知識者，於解脫及諸法實相之求證方有可能，是故以〈念佛品〉、〈念法品〉、〈念僧品〉中的法義教導，令學人以此爲據，得以判知何人爲善知識、何人爲惡知識，從而得以修學正確的佛法，然後得證解脫果及證入諸法實相，發起本來自性清淨涅槃智，久修之後亦得兼及二乘涅槃之實證，再發十無盡願而起惑潤生乃得以入地。

若未慎擇善知識，誤隨惡知識者（惡知識表相上都很像善知識），不免追隨惡知識於無心之中所犯過失，則未來歷經無數阿僧祇劫奉侍九十九億佛之後，於解脫道及實相了義正法仍無順忍之可能，欲求佛法之見道即不可得，遑論入地。以此緣故，世尊隨後又說〈淨戒品〉、〈淨法品〉等法，教導四眾弟子們如何清淨所受戒與所修法。又爲杜絕心疑不信者，隨即演說〈往古品〉，舉出過往無量無邊不可思議阿僧祇劫前　大莊嚴佛座下，苦岸比丘等四人爲惡知識，執著邪見而誤導眾生，成爲不淨說法者；以此緣故與諸眾生相率流轉生死，於人間及三惡道中往復流轉至今，反復經歷阿鼻地獄等尤重純苦及餓鬼、畜生、人間諸苦，終而復始、受苦無量之後，終於來到　釋迦如來座下精進修行，然而竟連順忍亦不可得，求證初果仍遙遙無期；至於求證諸法實相而入大乘見道，則無論矣！思之令人悲憐，設欲助其見道終無可能，對彼諸人助益無門，只能待其未來甚多阿僧祇劫受業滅罪之後始能助之。

如是警覺邪見者之後，世尊繼以〈淨見品〉、〈了戒品〉而作補救，期望以此二品能轉變諸人的邪見，勸勉諸人清淨往昔熏習所得的邪見，並了知清淨戒之所以施設的緣由而能清淨持戒，未來方有實證解脫果與佛菩提果的可能。如是教導之後，於〈囑累品〉中囑累阿難尊者等諸大弟子，當來之世以善方便攝受諸多弟子，得能清淨知見與戒行，滅除往昔所造謗法破戒所成之業障，而後方有實證之世到來。由此可見 世尊大慈大悲之心，藉著舍利弗尊者之因緣，在與舍利弗對答之時演說此實相法等，期望後世遺法弟子得能滅除業障而得證法。普察如今末法時代眾多遺法弟子，精進修行仍難遠離邪見與邪戒，求證解脫果及佛菩提果仍將難能可得，令人不覺悲切不已，是故將此經之講述錄音整理成書，流通天下，欲以利益佛門四眾。

佛子 **平實** 謹誌

於公元二〇一九年 夏初

第十八輯：

《佛藏經》卷下

〈淨見品〉第八（延續上一輯未完部分）

經文：【「舍利弗！汝且觀我，幾時成就有所得見非賢聖行，諸佛不與我授記言：『汝於來世當得作佛。』舍利弗！我如是行，猶不得記，況是癡人但以持戒、多聞、禪定等，生我見人見眾生見？舍利弗！我說此人不名行者，不名得者，何以故？舍利弗！長夜貪著如是邪見，不得滅度故。如是癡人不作是念：『我等何不試行修習無我人法？我等或得斷眾苦聚。』舍利弗！譬如從生盲人走避惡狗，墮深大坑，舍利弗！我謂癡人如是修習我見、人見、有所得見，以是諸見欲望清淨。是人隨所貪著，即以是事欲得涅槃，我說是人當墮惡道。舍利弗！譬如盲人於深大坑生安隱心，如是癡人於我人見、有所得見生安隱心；是人長夜隨所著者為之欺誑，還著是事，於我法中而受供養。

如是癡人長夜衰惱，墮惡道中。

語譯：【世尊又開示說：「舍利弗！你就看我吧，我那麼長久的時間成就有所得見行於非賢聖行時，諸佛都不會為我授記說：『你於未來世應當可以作佛。』舍利弗！我像這樣不斷地修福德、行善行，還不能得到如來的授記，何況這些癡人只是以持戒、多聞、禪定作為最重要的事情，而產生了我見人見眾生見呢？舍利弗！我說這樣的人不能說他們是佛法中的修行人，也不可以說他們是得到佛法的人，為何這樣說呢？舍利弗！在無明漫漫長夜中貪著於像這樣的邪見，不可能得到滅度的緣故。像這樣的愚癡人不會生起這樣的念頭說：『我們為什麼不要試著來修行學習無我無人的法？我們也許可能斷除眾苦的聚集。』舍利弗！就譬如說打從出生就眼盲的人正在走避惡狗時，會墮落於很深的大坑之內，舍利弗！我說這樣的愚癡人修學這樣的我見、人見、有所得見，以這樣的種種邪見而想要看到清淨的法。這種人隨著他們所貪著，就會以那樣的貪著事情而期望得到涅槃，我說這樣的人將來會下墮惡道。舍利弗！譬如眼盲的人住在很深的大坑中而出生了安隱之心，像這樣的愚癡人對於我見、人見、有所得見也產生安隱之心；這一種人在無明長夜中隨著他所貪著的內涵而被那些內涵所欺誑，回頭還繼續貪著這一些事情，卻在我釋迦牟尼佛的法中領受了眾人的供養。像這樣的愚癡人住在無明漫漫長夜中永遠不離衰惱，死後會下墮於惡道之中。」】

講義：世尊又說了：「舍利弗！你看看我吧，我過去那麼多的時間以來成就的都是有所得的見解，成就的都是世間的善行而不是賢聖行，所以諸佛如來都不為我授記說：『你於未來世將可以作佛。』」就像前面〈往古品〉講的，然後再把自己的糗事提出來，在〈淨見品〉中說了那麼多。不斷地行善、不斷地當轉輪聖王、不斷地供佛承侍以及供養承侍諸弟子，這樣不斷造作這麼多的善業之後，只因為沒有斷我見、沒有證眞如，所以諸佛如來雖然看祂是個大護法，卻從來不為祂授記；一直都沒有一尊如來為祂授記，正是因為所行都是世間的賢善行，而不是賢聖行。世尊因地時一直都住在有所得的境界中，不離有所得見。

那麼諸位從這樣的事實來看跟隨後山比丘尼的那一些大功德主們，有哪個人是證得無所得法？是行於無所得行？全部都在有所得見、有所得行之中，因為連領導的那位比丘尼同樣都落在有所得法、有所得見、有所得行中。

那麼在這樣的狀況，請諸位來比較 釋迦如來往昔無量劫前，一世又一世當金輪王，盡形壽奉侍那麼多的如來，也供養諸如來的所有弟子，那樣都還沒有辦法得到授記，就別提成佛了！連授記都沒有，因爲授記之後要到成佛是一大段距離。而那樣作了那麼久以後連授記都沒有，竟然後山的比丘尼那樣的「有所得」境界可以是「宇宙大覺者」？諸位想想看，有這種可能嗎？我說太陽打西邊出來也不可能。

表示說，太陽打西邊出來還比較容易，她想要成佛絕對更困難。據科學家的說法，地球本來不是這樣轉的(本來是反方向的)，但因爲月球過來撞了一下又分開，然後地球就轉了方向才變成現在這樣轉；這一撞之後分開了，所以月球面對地球時永遠都是同一面向，因此我們只能看到月球的這一面，月球的背面我們永遠看不見，除非你坐了太空梭去背面看。如果將來再有一個像月亮那樣、或者小一點的星球又來撞一次，是反方向再撞一次，太陽就打西邊出來了，而那個可能性比她成佛還大一點。但是落在「有所得法」而想要得到 如來的授記，一點都不可能，完全無可能。所以太陽打西邊出來的可能性容許有百萬億分之一，但是「有所得見」而能被 如來授記成佛，連這百萬億分之一的可能性都沒有。

釋迦如來以祂自己過去世的親身經歷這樣告訴我們，說祂是這樣不斷行善供養奉侍那麼多的如來以及所有的弟子；那你們再來看那個後山比丘尼和她的徒弟們，有誰辦到這一點？百分不及一，千分不及一，百千萬億分不及一，而她竟然說已經成佛了，其誰能信？可是就有人信啊！所以一個大約一、二尺的仿水晶釋證嚴雕像，可以賣臺幣三十三萬元，好厲害！我如果來仿造一下應該也不賴，因爲我們如果蓋正覺寺的錢不夠，搞不好哪一天我突發奇想，也來雕一個宇宙不覺者（大眾爆笑…），對啊！因爲雕出來那個東西不知不覺，不就像如來藏嗎？每個雕像賣個三百三十三萬也值得。但咱們永遠不幹這回事，因爲那是愚弄眾生，我們永遠不可能作。

所以只要「成就有所得見」，都不可能被任何一尊如來授記的。那諸位想想看，她們都落在「有所得見」中，如何可能被授記？授記既然不可得，成佛又如何可得？這是很簡單的道理。那麼 如來直接了當說：「舍利弗！我如是行，猶不得記，」想想看授記都不容易，何況是成佛呢？那麼 如來反過來就說了：「何況這一些愚癡人只看重持戒、多聞、禪定，而生起了我見人見眾生見？」這是在教育大眾：持戒很清淨，不值得拿來跟人家炫耀；多聞經典，讀很多經文，也不值得拿來跟人家炫耀；即使聽聞之後而得口才辨給，也不值得炫耀。

若是證得四禪八定具足，一入定息脈俱斷，三個月才出定，這也不值得炫耀；因爲無始世以來，沒有哪一個眾生不曾得過四禪八定，沒有什麼稀奇，全都繼續在輪迴；即使你不小心踩死一隻螞蟻，那隻螞蟻過去無量世中也曾經得到過四禪八定，也曾經當過轉輪聖王，如今在當螞蟻。那麼如今當了人，就算已得四禪八定，又有什麼值得炫耀的？因爲每一個有情過去都有無量世，過去都曾得過，可是依舊在輪迴。但是只要有一世斷了我見，證了初果，就不在輪迴之數中，因爲最多七次人天往返必出三界，無妨迴心行菩薩道，這才珍貴啊！所以禪定不足以炫耀，斷三縛結以及證眞如，才是頂頂重要的事！今天講到這裡。

《佛藏經》上週講到六十七頁第二段第三行：「生我見人見眾生見」，今天接著說：「舍利弗！我說此人不名行者，不名得者，何以故？舍利弗！長夜貪著如是邪見，不得滅度故。」也就是說，「學佛」這兩個字的意涵，究竟應該怎麼樣認定，這是很重要的事。號稱在學佛的人，在海峽兩岸可謂漫山遍野，而且還包括南洋也都說在學佛，問題是他們學的內容是不是成佛之道？有沒有定義清楚，這才是重要的事！如果學的是羅漢而不是學佛，那他們自稱學佛，雖然錯了，這倒也還好；怕的是學的羅漢法，結果都還不是羅漢道，而是誤會後的假羅漢道，然後當作是學佛，那就大有問題了。

假使自認爲是學佛，結果都在學密宗假藏傳佛教的《廣論》常見外道法，以及密宗假藏傳佛教的樂空雙運、大樂光明那種印度教的外道法，卻不知道那是學外道，這個問題又更嚴重了！那麼那一些嚴重的，我們且不談它，如來在這裡講的是說，學表相上的佛法而自認爲是眞正學佛。什麼是學表相上的法？就是看中持戒、多聞、禪定。這個現象是很平常、很普遍的。我記得以前尋找禪三道場的用地時，走過很多地方，其中一個地方是國姓鄉，在南投縣；國姓鄉的山區有好多的小磚房，古代叫作茅棚，一間一間都是出家人在那邊用功修行。

他們把什麼當作禪？把修定當作禪，求一念不生以爲開悟。但這事情能怪他們嗎？不能！因爲末法時代的所有大師都教導弟子們說：「你們只要坐到一念不生就是開悟了。」都是要坐到一念不生，覺知心中沒有語言文字出現時，就說那叫作不分別。其實那都叫作看重禪定，也叫作以定爲禪。我們的鄰居北投農禪寺，聖嚴在世時也一直在指責別人，常常說以定爲禪是不對的；但是追根究柢他一樣是以定爲禪。因爲他印證十二個出家弟子所謂的明心與見性，都是離念靈知的境界，一樣是一念不生的境界，同樣是以定爲禪。套一句臺灣中南部的俗話說：「龜笑鱉無尾。」烏龜笑鱉說：「你怎麼沒有尾巴？」而牠自己也一樣。所以看重禪定者把定境的一念不生當作禪宗的開悟，其實只能說他們與外道合流了。

那麼有的人看重持戒，他們修苦行，持戒很精嚴，心中看不起任何人，不管他們是出家或在家，見了人都說：「你們持戒沒有我那麼好，不如我。」慢心高漲，以持戒作爲最高的佛法；但佛法的內涵究竟是什麼，他都不過問，就只是嚴格持戒。甚至以持戒這個法建立爲一個宗派，八宗之一叫作律宗。所以我對這個現象很不滿意，因此十幾年前我寫了《宗通與說通》時，我就說律宗不該建立爲一個宗派，律是應該遍布於佛教的任何一個宗派中，乃至佛法的密意也應該遍布於各個宗派中，所以佛教中不應該分宗分派。

我這個見解就一直這樣受持不易，一向有人建議我建立宗派（這幾年都沒再聽見了），一直都有人建議我：「**我們要建立為正覺宗，正覺立宗派最棒了。**」我說：我們不要建立什麼宗派，我們就只是一個道場，弘揚的是 如來的法而且是全面性的，因此不要建立宗派。因為建立宗派時就會把自己侷限了，可是我們的法不是可以被侷限的，我們是整體的、完整的佛法，所以我們不建立宗派。這證明建立律宗是一個很大的錯誤。又比如建立天台宗，天台宗主要以弘揚什麼內容為宗旨？以《法華經》為宗旨；作的是什麼事？就是判教，藉《法華經》來判定 佛陀三轉法輪講的是什麼法。但判教不需要建立為宗派，就像我們也不斷地在判教，不需要建立宗派。那他們最後是把《法華經》當作天台宗最中心的法義，問題是天台宗懂《法華經》的內涵嗎？不懂啊！

智者大師跟他的師父兩個人是互相標榜，好像多麼不得了！但智者大師也聰明，最後自稱是五品弟子位；也好在因為這樣子最後作了謙虛的自我判定，不然就沒有後世的天台德韶開悟，就得要下去三惡道了。智者大師的後身是天台德韶，終於在清涼文益座下開悟，也算是很好的。但是天台德韶畢竟不是智顗大師，他悟後也沒有辦法出來把天台宗廢掉，因爲他說了人家也不信；而且他想要廢掉時，天台宗的繼承人會准他廢掉嗎？不會的，所以他也無可奈何。

那麼天台宗以判教作爲它的主要項目，這個判教有沒有必要？根本就沒必要。因爲判教的事 如來自己早就作好了，根本不需要我們來判。這個判教的事實，我在增上班《瑜伽師地論》中，依據大論所摘錄《解深密經》的經文，已經解釋過了，大家聽了都很歡喜。也終於恍然大悟說：「**原來世尊早就自己判好了，我們後代的判教根本不需要。**」而且很多人都判錯了，那是因爲他們讀不懂《解深密經》；那我把《解深密經》說的密意解釋了出來，大家就聽懂了。所以天台宗不需要來判教，它的成立根本就不需要。因爲《法華經》不應該拿來建立爲一個宗派，《法華經》講的是把十方三界所有諸佛的法教融合起來，作一個最後收攝圓滿的說法，不應該拿來判教，因爲它是函蓋一切諸法、是函蓋十方三世一切佛世界的。

這時也許有人想：「**導師！您什麼時候要講《解深密經》？**」那麼深妙的法不是我不想講，而是因爲不合適太早講，應該要晚一點講解，讓更多的人破參以後再來講。我們現在增上班有四百多位同修，還不到五百位（編案：這是二〇一七年三月二十一日所說），最好是增上班滿一千位了，那時觸證到的同修也很多了，雖然還沒有被我勘驗與印證，但那時我再來講，很多人都懂我在講什麼，這樣最好。所以我要預告一下，這部《佛藏經》大概再三個月就會講完，因爲後面這些會講很快；那接著要講什麼？講《大法鼓經》。

《大法鼓經》之後要講什麼，我這兩天思索後有結論了，我讀了那些經典以後就說要講《不退轉法輪經》，那眞的太棒了！希望諸位聽完了都不會退轉。這部經又叫作《佛說阿惟越致遮經》，阿惟越致就是不退轉地。所以《佛藏經》講完，《大法鼓經》也講完了，證悟的人更多了，那時聽到《不退轉法輪經》講的〈降魔品〉時，大家一定會拍案叫絕：「啊！太棒了！如來講的太棒了！」簡直每天都要爲這部經「點讚」，一定會聽得很歡喜。但那應該是大約五年後的事了，那時又有更多的人破參，聽起來一定會很歡喜、很歡喜！那時心裡會這樣想：「唉！這一世沒有白來！」

這些都講完了，然後我們再來講《解深密經》。如果還覺得講《解深密經》太早，也許再講一部經，譬如《大方等如來藏經》，然後再來講《解深密經》也行。因爲那麼好的經典應該壓軸，不應該太早講；例如經中說的三自性、三無性，這些都是要實證之後來聽聞時，才能如實理解其中的意思，否則我講了結果聽的人誤會了，並且大概有五分之一或者六分之一的人誤會，那事情就麻煩了。

那就是說，其實佛教不應該分宗分派，以持戒來建立律宗是錯誤的想法，因爲戒律應遍及所有佛教界一體受持。天台宗看中的是判教，而判教不需要天台宗來作，如來已經作了；天台宗以《法華經》來立宗也不必要，因爲《法華經》總攝一切佛法，不應該立宗；如果他們以《法華經》立宗，依舊應該在《法華經》之下來建立八個宗派（不對，應該是七個宗派，因爲密宗假藏傳佛教要剔除，它不是佛教），所以分宗立派是錯誤的作法。佛教諸道場可以各有所長，但是不應該分宗立派。

比如 世尊的五百大弟子各有所長，十大弟子各有所長，都不是其餘的人所能凌駕的，但仍然是 佛的弟子。智慧第一，是其他九位無法凌駕他；說法第一，也沒有其他人能凌駕他；解經第一或者其他的第一，也都沒有誰能凌駕其上，所以各有第一；但不能因爲這樣就說十大弟子每一個人建立一個宗派。事實上當年十大弟子都沒有建立宗派，他們也都知道佛法是一個整體，不應該分宗立派。分宗立派的結果就是法義分崩離析，結果都有很多的缺失；因此但以「持戒為貴」，或者但以「禪定為貴」，都是大過失。所以我在想，南投國姓鄉那一些茅棚可能現在不太有人住了吧？因為在那邊修定沒有用的，除非是有人供養而可以下山，每兩個月就下山一次去書局買蕭平實的書，因為我們每兩個月出一本；除非是這樣，否則但貴禪定——只以禪定為貴，不是佛法的正修。

另外有人以多聞為貴，眞的會出事！我們第二次法難的原因，那些發動的人就是以多聞為貴；他們之所以敢發動法難，因為問我某一些經或某一些論時，發覺我都沒讀過，但是他們都讀過了，就想：「你蕭平實沒有讀過這一些經論，不算什麼。」他們正是以多聞為貴，但他們很多聞卻沒有辦法如實理解經中、論中的正義，所以當他們有問題無法解決時，自己弄不通而提出來問，我解答以後又覺得我講的不對，認為自己的認知才正確。但是他們來質疑時我全部都答覆圓滿，問一答十，只是他們被學術界所誤導，先入為主的邪見滅不掉。那時我們還在中山北路六段巷子裡租四十坪的地下室共修，還沒有搬到這裡來；也還沒有看見你們，只有一部分親教師們已經來到會裡。那時他們提出來質問，他們問一我答十，全部都解答了；現在看來，我解答之後他們也沒完全懂；雖然我說到很詳細了，他們依然聽不懂。

後來他們互相抱怨，有個女眾說：「**你都不跟老師問清楚，這個道理應該是怎麼樣的，你怎麼聽老師一講就退縮回來。**」結果這個元覽居士怎麼講，他說：「**喔！老師口才太好了，我辯不贏他。**」其實我的口才不好，我知道自己口才不好，我只是道理通達。就像在學校裡也一樣，從來沒有人覺得我口才好；我去當兵時是這樣，到社會上也是一樣；可是為什麼他問一個法我為他解釋十個道理？這並不是口才好，而是由於我是實證的，而他是多聞。他讀那麼多經論有甚麼用？而且他讀很多著作，但其中一半以上都是別人寫的論著，特別是印順法師寫的，所以「**多聞為貴**」的人遇到我就不行了。但他在別人面前可眞行，那是可以炫耀的，只要一問：「**某一部論你讀過沒有？**」對方答說：「**沒有。**」那就別提了，對方根本沒有回嘴的餘地。

可是我說：「**沒有關係的，我沒讀過，但你的問題我可以為你解答，因為這是實證的法。**」所以多聞不足以成立宗派。在那八宗裡有沒有以多聞建立宗派的？大乘中好像沒有，小乘裡面有的，十八個部派中有一些經部師，學術界稱爲經量部，他們就是以多聞——多讀經——作爲立派精神的。但多聞有什麼用？他們連二乘經的正義都誤會了。而且他們是小乘人，把大乘經拿來讀，甚至有人讀後就造論等，才會《大藏經》中有那麼多小乘人寫的大乘論，講的卻是二乘法，而且是錯誤的。可是多聞沒有用啊！遇到一位實證的菩薩就把他們破了，例如玄奘在《成唯識論》中廣破部派佛教所說的法義。

所以弘護正法的大前提是說，建立宗派是不對的；佛教就是佛教，沒有所謂的宗派；因爲佛教的法是全面性的，兼含世間、出世間法，函蓋一切法，不應該分宗分派。如果有人愚昧，到了末法時代還要自稱是天台宗或某某宗的第幾代繼承人；凡是遇到這種人都賞他巴掌，一定沒罪，因爲這是破壞佛法的行爲。只要當場賞巴掌就對了，絕對沒錯，在佛法中不會有罪的。管他剃頭不剃頭，都不會有罪；因爲他們那樣就是在繼續破壞佛法的完整性，那是在破壞佛教。所以我說，佛教不應該分宗立派，應該去探究佛法完整的實質，看要怎麼樣去實證，然後回饋座下弟子們的恭敬供養，這才是重要的事，不然出家所爲何事？

當然我今天講這些話是重了一點，會外的法師們聽了大概會很難過；但是無妨，將來就這樣整理出去，對佛教界針砭一下總是好的，看看能否有個痛覺出現，就能警醒過來；如果針砭時還不痛，那就無可奈何了。

所以愚癡人只是以持戒、多聞、禪定最爲看重，看重這三件事一定背後有原因，那就是「我見、人見、眾生見」。持戒是身爲菩薩的本分事，既然是本分事，爲何需要向人家炫耀說：「我持戒最好，我們是律宗，我們最清淨。」問題是出家人哪個不清淨，需要顯示你特別清淨？當你顯示自己特別清淨而向別人提出這個看法時，不等於在罵別的出家人不清淨嗎？所以律宗不應該立宗。那禪宗的立宗是可以特別允許的，因爲祂是佛法的密意，以佛法的密意建立宗旨而不希望斷絕，所以就這樣傳承下來，這是應該作的事，因此禪宗在中國流傳是有它的使命存在的。但禪宗其實也只是人們對它稱爲禪宗，禪宗的本身從天竺傳過來時並沒有立名爲禪宗，只是把般若正法傳承延續下來，是後人把它叫作禪宗。

所以據我的所知，禪宗這個法的建立是 如來所授意的，這是教外別傳的法，般若之所以能通達就是因爲有教外別傳的法來對弟子傳授，禪宗才能夠繼續流傳下來；但 世尊本意並沒有要建立禪宗，只是把般若正法的密意傳授下來，是後來的人說這叫作禪宗。但禪宗其實應該遍於佛法的一切道場中，所以不應該建立爲宗派；但別人把它建立爲禪宗，那就稱呼它爲禪宗吧。話說回來，我剛說是據我所知，也就是我的判斷，達摩祖師究竟是十大弟子的哪一位？達摩祖師應該就是須菩提，那第二代慧可大師呢？又是誰來示現的？咱們判斷跟諸位的理解差很多，我們的判斷是：他就這樣示現給大家看說，一個平凡人也可以證悟，其實應該就是舍利弗的示現；那三祖僧璨呢？諸位猜猜看，一定猜不著，我的看法是迦旃延尊者。十大弟子中就有三個大弟子，爲了這個法的永續流傳而來華夏，這是什麼意思？表示這個實證的法不應該失傳，得要一代一代傳下來，血脈不能斷。

而當時那個年代又不能廣傳，只好他們三個人來這樣示現。但那樣的示現到底好不好過？那是難忍能忍而過日子。有誰想過這個問題？因爲這個般若密意不能中斷，得要這樣一代一代住持下來；那麼諸位由此可以看見 如來對教下的密意—也就是宗門的實證—有多麼看重！十大弟子有三個來到中國，在那樣困窘的年代也要把正法傳下來，眞是不容易啊！可見禪宗這個法不應該建立爲一個宗派，而應該普遍存在所有佛教的道場中，繼續流傳下去綿延不絕！所以禪宗的建立宗派，有可能是六祖提出來說明傳承時而一代一代傳承下來，被人們號稱爲禪宗，禪師們並沒有想要建立禪宗；但別人要把它叫作禪宗，那就叫作禪宗吧。所以我認爲禪宗的本身也不宜分宗立派，而應存在於所有佛教道場中。

因此佛法中不應該分宗立派，應該每一個道場都是整體的佛法。差異只是說，所修所證有淺深廣狹的差別，但不應該分宗分派，分宗分派的結果就是只剩一個禪宗有所實證。你們看過正覺花錢拍攝的〈佛法東來〉沒有？玄奘大師的一生顯示了什麼道理？他度那個日本的僧人，是希望日本也有實證的佛法弘傳。他度那個僧人證悟了，但是那僧人也許想：「**這樣是眞的證悟嗎？**」所以玄奘就指點他去找禪師印證；去到禪門，結果禪師跟他印證說：「**對啊！禪宗開悟就是悟這個。**」那他心裡就底定了。可是一千多年後的今天我要說一句話，這顯示日本那個僧人不是眞正的久學菩薩，所以他看不清楚玄奘的證量；他看重的是禪宗的開悟，卻不知道禪宗這個開悟，在玄奘手下只是起手式的第七住位，離玄奘的證量差得老遠，但他完全不知道。

但是一代又一代這樣下來，玄奘傳了三代就後繼無人了；玄奘也不再作那些事情，因爲翻譯的經典已經夠了，接下來應該住持的就是禪宗的法，讓更多有緣人能悟入以後再依教門往上進修，所以他也就生到禪宗裡來，就這樣一世一世延續下來。但後來的結果，大家竟把整個佛法的道次第都給忽略了；甚至後來禪宗的祖師們竟然這樣作：只要弟子明心開悟了，就把禪板遞給弟子出去開山了。禪宗廣傳的結果，勝妙的法不存在了；又再加上元朝開始的皇帝都支持密宗假藏傳佛教——支持喇嘛教，所以沒有辦法住持正法了，只好去西藏受生，結果仍然翻轉不過來，只好再尋找機緣。那麼最後是選擇到了臺灣，爲什麼要到臺灣？因爲這裡不是無神論的天下，不是外道論的天下，才能把這個法又弘揚起來，所以臺灣正法的因緣是很不容易的。

那麼話說回來，佛法分宗立派其實就是把整體的佛法割裂，割裂的結果就會越來越淺薄；好在今天我們有這個資源（「這個資源」就是諸位，諸位就是我最好的資源），藉著諸位的因緣，我把全面的佛法再復興起來；假使沒有諸位來修學，我復興個什麼？所以諸位都不要看輕自己，每一位都有每一位的功用存在，而這些功用也許這一世就發展出來，也許是下一世，也許在五世、十世後不等，但一定都有它的作用。所以這裡要借用《法華經》常不輕菩薩所說：「諸位將來必定成佛，我不輕視於諸位。」這是事實！特別是你已經進來正覺安住了。

那麼分宗立派的原因是爲什麼？是因爲沒有證悟，落在「我見、人見、眾生見」裡，否則不會分宗立派。建立一個宗派的目的在哪裡？在於「我是一個創宗立派的祖師，所以我默許我弟子來開宗立派」；假使能現觀五陰等我是無我的：親證了無我，現見這個五陰的我是多麼虛妄，眞如是那樣的眞實，而眞如是無我性的；眞如這個「無名相法」既然無分別，那又何必分宗立派。所以如果我的弟子說要建立宗派，把我推爲開宗第一代的祖師，我一定否定，不可能認同他們。由於有「無我」的現觀，我要當什麼開宗立派的祖師？所以古時建宗立派時，都是第二代來推舉第一代爲宗派的祖師，沒有誰是自己開立宗派而自己當開宗祖師的。

但是世風日下來到末法時代，往往有人卻是自己來開宗立派當祖師，不是由弟子事後再來推舉，這叫作等而下之。所以有好多人繼續在開宗立派，自己來當開宗立派的祖師，而我們依舊不分宗派，依舊主張我們就是一個整體佛法的道場，是 如來的弟子而不是什麼宗、什麼派；這個立場不會改變，過去世如此，現在如此，未來世還將如此。因爲我們所證的眞如是無我性的，我們轉依於眞如時就沒有我可說了，還要當什麼開宗立派的祖師？那我們在解脫道上的證量，也現見蘊處界六入等我都是虛妄；既然虛妄了，又何必當什麼開宗立派祖師呢，沒有必要啦！

所以如果誰開宗立派，你就知道他還沒有斷我見，很簡單。所以臺灣現在開宗立派的人就有好多個，有大師也有小師，也有居士，全都有。最有趣的是外道也自稱是 佛陀再來，還用傳眞廣傳各大道場說：「**你們的堂頭和尚在某一天之前要來我這裡懺悔，不然就會在次日死掉。**」結果時間到了，沒有一個大師死掉，每一個大道場的堂頭和尚都好好的。眞不曉得他住在什麼樣的「**莊圓**」中，還自稱爲「**莊圓大師**」呢！那其實只是外道，是愚癡凡夫造下大惡業。

也就是說，佛法是一個實證的義學，不是玄學；那麼實證與否有一個判定的標準，也就是有沒有證眞如，而且要看證眞如之後有沒有轉依成功，這是一個判定的標準；而這個標準千百世永遠不易，乃至無量億劫之後永遠都不改易。那麼這是因爲他早就斷除我見，斷除我見的人沒有「人見、眾生見」可說，那又何苦來哉去分宗立派呢？而分宗立派的結果還不知道自己其實是在破壞佛教，所以我說那些開宗立派的人都是愚不可及！

那麼這一種「**但貴多聞、持戒、禪定**」的人，都是沒有斷我見的人，就別提證眞如與否，連初果都不可得，所以 如來說：「**我說此人不名行者，不名得者。**」因爲他還被我見所影響、所操作，因此作了那樣的事。那麼 如來就解釋說，爲什麼這樣的人不能稱爲佛教中眞正的修行人，爲什麼不能稱這種人爲佛教中眞正證得佛法的人，因爲他們「**長夜貪著如是邪見，不得滅度故**」，他們的心永遠都是住於長夜中，色身每天醒來看見太陽時還是住於長夜，因爲他們被無明籠罩著；被無明籠罩而導致智慧光明沒有顯發出來，所以就處於漫漫長夜之中。

住在這種漫漫長夜中的原因，就是貪著這樣的邪見：總是把我當作眞實的。把我當作眞實的人就會把別人也當作眞實，別人包括什麼？包括其他的人類和畜生、地獄、餓鬼眾生和天人，全都當作是眞實常住的。當他們貪著這樣的邪見時，就是永遠在漫漫長夜中過日子，一劫又一劫這樣過去；這樣的人沒有辦法得到滅度的功德，這樣的人們也不會想要滅度，因爲他們想要的是生度——就是想要這個五陰活蹦亂跳，繼續保持著不壞而趣入無餘涅槃中住著。他要的就是五陰在無餘涅槃中安住，所以他們想要的是生度。可是生度不是度，生度不能叫作度，而是生死輪迴；這是相對於「**滅度**」來形容他們想要生度，但涅槃的境界中沒有生度這回事。

想要度到無生死的彼岸永遠解脫輪迴，得要把五陰十八界的自己全都滅了才算是眞正的得度；因此佛法中有「**滅度**」而沒有生度，生度是凡夫妄想所說。所以我們正覺弘法之前很多大師都說：「**你將來就是一念不生，死時也保持一念不生，就這樣不再投胎，就是涅槃。**」那麼這種涅槃之中不就是有意識也有法塵了嗎？有意識和法塵時就表示還得要有意根存在，因爲意根是意識的俱有依。但他們不懂，就這樣主張，因爲他們這樣就不需要證如來藏，所以他們可以否定如來藏，但那樣叫作生度。可是如來從來沒有開示過生度，如來開示一向都是「滅度」。所以我說他們那樣的見解叫作邪見，世尊說：「**長夜貪著如是邪見，不得滅度故。**」

接著說：「**如是癡人不作是念：『我等何不試行修習無我人法？我等或得**

斷眾苦聚。』舍利弗！譬如從生盲人走避惡狗，墮深大坑，舍利弗！我謂癡人如是修習我見、人見、有所得見，以是諸見欲望清淨。」像這樣的愚癡人不會這樣想：「我們大眾爲什麼不要試著來修行，來熏習人無我、法無我的這個勝妙法義呢？我們也許因爲修學或者熏習無我、無人的法，那可能把眾苦的聚集全部都斷除。」他們不會這樣想的，因爲他們沒有智慧來看清楚佛法修行的方向；他們看不清楚，一向都在五陰的方面打轉，不會想要離開五陰。

這就像一個「從生盲人」一樣，「從生盲人」就是打從一出生就眼盲。如果因爲外力所撞擊損傷而眼睛瞎掉，現代還可以藉著眼球等器官的移植使他回復視力，但「生盲人」是沒辦法醫治的。生而盲，表示眼的勝義根出問題，顯示他的果報是那樣；由於果報是那樣所以就沒有辦法作器官移植，即使現代醫學發達也沒辦法。像這樣的人不知道逃離痛苦的方向，所以他會亂走；當一條惡狗咬他時，他不辨方向亂走一通的結果，墮落很深的大坑之中就死掉了——法身慧命死了；就算沒死，也會永遠住在大深坑中出不來——沒有證悟實相的機會。那麼末法時代的學人大多是這樣子，除非信受善知識的教導，否則就像「從生盲人」遇到惡狗來咬時，就會亂走而墮落深大坑。如來說這樣的愚癡人修學熏習的都是「我見、人見、有所得見」。

諸位可以去觀察正覺弘法之前，各個道場不論多大多小都一樣，大家都在五陰、十八界的內容裡轉來轉去，號稱證悟和解脫，其實都是修學熏習「我見、人見、眾生見」，不離這個範疇。他們想的是用這樣的見解可以修行而日漸清淨，從來沒想過這樣的修行永遠都只能處在五陰的範圍裡面轉。而五陰永遠都會跟六塵境界相應，就會被六塵境界所轉；除非你跳脫於五陰，所證的不是在五陰的境界中，轉依不屬於五陰的眞如境界，才可以得清淨；否則老是用五陰作爲眞實法，就會依於這個五陰的我在六塵境界中產生各種的貪染，就會被六塵境界所影響、所運轉，然後就隨波逐流，永遠住於無明大深坑中。以這樣的種種邪見而想要修行清淨，根本就不可得。

如來說這樣的人：「是人隨所貪著，即以是事欲得涅槃，我說是人當墮惡道。」如來說這樣的人隨著他五陰相應的境界就會生起貪著，因爲以五陰爲眞實法時，就會認定六塵境界是眞實的。假使你以眞如爲眞實法，就會看見我這個五陰六塵境界都是從如來藏所生，是虛妄的，唯心所現，只有眞實心第八識才是眞實法。但眞實心不運行於六塵境界中，不相應於六塵境界，所以轉依眞如時就不會落入六塵境界中，不被六塵境界所吸引。六塵境界好時，就享受一下而不貪著，依舊轉依眞如而住其心；弘法時需要好一點的環境，若有好環境就使用；沒有好環境時，便將就著用，也無所謂，不用特地去追求，就不會被六塵境界所轉。這樣的人就不會產生那些貪著。

可是當他以五陰十八界作爲眞實法時，就表示六塵境界是眞實的，既然認定六塵境界眞實，就會在六塵境界中產生貪厭；貪好的六塵境界，厭惡不好的六塵境界，就會起心動念造惡業了。這樣的人「**隨所貪著**」，就以這樣貪著境界的心而想要證得涅槃；他認爲將來就是這樣入無餘涅槃，以爲入無餘涅槃使這個離念的靈知心繼續存在，就出三界生死了，他就會說：「**我將來死時就入涅槃**。」當他這樣說時就是大妄語。可是有誰知道這是大妄語？末法時代竟沒有人知道。

所以一個凡夫法師死了，死訊發布出來時都說：「**我們某某大師入涅槃了**。」或者：「**某某大師圓寂了**。」請問圓寂是什麼？圓寂就是圓滿寂滅，就表示他已經證得無餘涅槃、已經入無餘涅槃了，啊！我說這些弟子們是在害師父，因為「圓寂」這兩個字得要是什麼人才能用呢？是阿羅漢，不然就是地上的菩薩才能用。如果不是地上菩薩就不能叫作圓寂，如果不是阿羅漢也不能叫作圓寂，連三果人都還不能用。假使他師父是證得第三果，當他捨世時還不能稱他為圓寂；如果稱他為圓寂，那也是害他師父，他師父在中陰階段一定會說：「我不要這圓寂兩個字，你們不要害我。」那我們來觀察看看，末法時代這個法師死了訃聞也寫圓寂，那個法師死了訃聞也寫圓寂，所有出家凡夫死後訃聞全都寫圓寂，等於所有徒弟們全都在害師父。

包括大陸前些年往生的釋本煥法師，離世了也說是圓寂，那麼諸位觀察看看，這些已圓寂的所謂大師或者聖者們，有沒有得初禪？一個也無。那就表示他們梵行未立，既然梵行未立就絕對不是三果人，就別說是阿羅漢了。因為三果人也先要建立梵行才算數，那是不是徒弟在害他們？是了！所以當人家的徒弟還是要存點好心、說點好話、作點好事，不要害師父啦！因此這些人都是以這樣的意識境界或者識陰的境界而想要證得涅槃，這樣的結果就是大妄語，這便是 世尊說的：「**即以是事欲得涅槃。**」

也許那個訊息擬稿是他師父捨壽前看過的文字，准他們捨壽後那樣發布，那這個師父就慘了，因為他等於自己大妄語，不是徒弟們害他的啊！所以 如來說：「我說是人當墮惡道。」這不是好玩的事，但他們都只顧得身後哀榮，不顧未來世墮落惡道。身後哀榮有什麼用？身後哀榮跟他已經無關了，是弟子們的事；他准弟子們那樣發布訊息，結果是他下一世也許當狗、也許當貓，也許當鬼神道的有情去，總之不在人間了，多麼愚癡！

但這種愚癡的事情我們得要提出來講，不在於評論他們，而是要讓他們都知道說：「欸！我不要再犯這種愚癡。」套一句俗話說：「我不要跟著別人一樣犯傻。」就是不要再犯同樣的傻事，大家都不會墮落惡道，將來 彌勒菩薩來人間成佛時多一個弟子，多麼好！所以能救他們時我們要盡量救，這種墮落惡道的事能免就免，救一個算一個，要不然大家跟隨 彌勒佛來人間時，哪來的九十六億、九十四億、九十二億人？因為都墮落惡道去了！因此我們要盡量救。

那麼愚癡人還有一種現象，如來緊接著說：「舍利弗！譬如盲人於深大坑生安隱心，如是癡人於我人見、有所得見生安隱心；」一定要有善知識出來加以針砭，否則大家執迷不悟，繼續住在我見等無明深坑中還很喜歡呢！

甚至於我們以前不指名道姓而說法時被人家罵翻了，後來指名道姓說法時人家還要來狡辯，很難救轉他們；最後只好痛下針砭，乾脆指名道姓辨正法義，才漸漸產生一些效果，那也是痛下針砭之後漸漸發酵好幾年才產生的效果。這一些人就好像「從生盲人」，一出生就住在「深大坑」中，他們都覺得那裡是很安隱的，都不知道外面世界如許廣大而自己都無緣可以接觸，反而覺得那個深大坑的世界太好、太棒了，於中生起安隱心。

以前佛教界不都是這樣嗎？侷限在識陰的境界中，覺得那個境界夠棒了，說那樣叫作解脫，不曉得是陷在深大坑中。所以如來就說：「像這樣的愚癡人，他們對於我人見、有所得見產生了安隱之心。」結果就是：「是人長夜隨所著者為之欺誑，還著是事，於我法中而受供養。」他們永遠都住在漫漫長夜中，都被無明籠罩而不自知，然後隨著他們所執著的我見人見、有所得見，而被這些邪見所欺誑，卻不知道被欺誑，還覺得別人在騙他們；都不相信善知識所說，只信自己的我人見、有所得見。善知識想要救他們，他們還覺得善知識在害他們；因為被這些邪見所欺誑，於是回頭繼續貪著這一些我人見、有所得見，繼續認定自己是一個證量很高深的人，而不知道自己是完全無所證，就這樣在 釋迦牟尼佛所傳下來的正法之中繼續接受供養。

那麼諸位看看這個現象不是都還存在嗎？至少在大陸還普遍存在著，在臺灣這兩年他們有警覺了，所以他們不很接受供養，改爲發展觀光事業；然後大家來參觀，功德箱裡就投錢，這是作生意——作觀光業。這樣沒有明擺著讓人家用紅包來供養，而是人家去參觀他們宏偉的寺院，參觀裡面的擺設，參觀其中供奉的佛像，往功德箱裡投錢。人家是供佛，他們得佛餘蔭，正是這樣，表面看來就沒有像以前那樣大剌剌高座等著人家送上紅包。可是大陸呢？那些暗中學密的凡夫大法師們都繼續接受供養，特別是喇嘛教索達吉那一些人，他們也在轉型，似乎在轉型成顯教，所以也在講《法華經》或《六祖壇經》。

但是他作得不好，千不該萬不該去更改《法華經》的內容，刻意摻入密宗假藏傳佛教的內容，被正法佛教界群起攻擊。這也好，讓大陸佛教界看清喇嘛教的本質。索達吉就是想套用天竺那一套來變更佛經的內容，以前天竺密教就是這樣的，總是擅改佛經。但以前天竺沒有佛教經典的目錄和內容，所以由著他們改，因此才會出現密教部的《大日經》、《金剛頂經》、《佛說一切如來眞實攝大乘現證三昧大教王經》……等密教僞經出現在人間。以前沒有藏經的目錄內容，他們可以僞造出來騙人，可是唐朝時就開始建立三藏聖教的經典目錄內容，也把它結集印製出來。但索達吉犯傻，已經流通很久的《法華經》，他竟然還弄一些密宗假藏傳佛教的邪法加入其中，重新印出來流通，你們說這是證悟的人嗎？顯然證明他是個凡夫；而且還是比凡夫之人還傻，眞的犯傻，當然就被人家群起攻擊。

可是他依舊臉皮厚厚地繼續接受供養，大陸很多所謂的學佛人也是愚愚癡癡地繼續禮拜供養，這不正好印證了 佛陀以前的預記嗎？但不能因爲索達吉幹了這種事情，就像釋印順他們說「**因爲後世有索達吉的事情，所以才編寫出《佛藏經》來**」，他們就是類似這樣的講法。後世有密教的出現是 如來預記的，他們就拿密宗的出現而說：所以《楞嚴經》是因爲祕密佛教出現才撰寫出來的。那他爲什麼不撰寫看看？說句白話，連我都撰寫不了，他能撰寫嗎？更何況那是專破所有邪法包括密教在內的極勝妙經典。所以他們那一些人眞的叫作膽大妄說，說了以後再印成書流通就叫作膽大妄爲，因此這一些人都是愚癡人！

那他們這一世在　如來的法中以這樣的無明邪見，不斷貪著我人利養的結果，後世呢？很簡單，「我說是人當墮惡道」，他們逃不掉的。但他們怕不怕？不怕，因為他們不相信造業的結果，那些種子落謝都在如來藏裡面，而他沒有辦法看到如來藏；他也看不到自己的五陰從來生在如來藏、死在如來藏，造業也在如來藏裡面，所以他也不信。因此我們說了這些法，我們實證以後證明是如此，將來整理成書流通出去他們也會讀，但是讀時等於那一句成語——對牛彈琴，沒有作用；他們不信因果的。如來說這一類人：「如是癡人長夜衰惱，墮惡道中。」所以不必擔心下一輩子你還會遇到他們，遇不到的，但是你也不必因此就歡喜說：「好在，下一輩子遇不到他們。」因為那一種人一定後繼有人，愚癡的眾生很多。

講到這裡要讓大家來回想一下，前一品的〈往古品〉中，如來說過謗法、謗賢聖的人，經歷過無量無數阿僧祇劫來到　如來這一世依舊不得順忍——連初果向都證不得。這表示，對於正法、對於賢聖不可輕謗，因為毀謗的結果不是他懺悔後就可以實證菩提。毀謗之後，除非在當世有機會對善知識或者對正法作正面的公開懺悔，否則只要轉到來世去，他的業障便成就了；所以苦岸比丘等四人：「如是展轉乃至我今，於其中間得值九十九億佛，於諸佛所不得順忍。」是經歷無量無數阿僧祇劫，經歷了九十九億佛以後，來到釋迦牟尼佛這個年代，依舊連初果向都證不得，未來還不知要多久才能修得順忍，都因爲「誹謗聖人，不信聖語，受是無量無邊苦惱，不得解脫」。諸位想想看〈往古品〉告訴我們造作謗法、謗賢聖的惡業是多麼嚴重，可是有多少人知道？末法時代已經沒有人知道；沒有人知道的原因是因爲大家都不讀《佛藏經》了，或是讀了也讀不懂乾脆不讀，所以 如來的苦口婆心失去了作用；因此我們得要把這部經請出來講解，看能救得了多少人就把他們救回來。

那麼這是前面〈往古品〉所說，〈往古品〉之後的〈淨見品〉（這一品的前半品）講的是什麼？講的是說，不能落在「有所得法」中，只要落在「有所得法」中，釋迦如來告訴我們，祂因地時那麼多世、那麼多劫當過轉輪聖王遇見了很多尊佛，連同諸佛的弟子上下全部都供養，那樣一劫又一劫、一世又一世，結果沒有一尊佛爲祂授記說：「你將來會成佛。」因爲沒有斷我見、證眞如，落在「有所得法」裡面。

那麼對「有所得法」想要遠離之前，一定要把它定義清楚：什麼是「有所得」？不止是人家供養我十億元、供養我五億美元那叫有所得，不單是這樣，而是只要有自我存在就是「有所得」了。例如睡覺時意根也有所得——得到法塵。一醒過來時意識加上前五識也都有所得，六塵境界都能攝受，那就有所得了，由這裡衍生下去才會得到外我所。只要落在有所得法中，不管奉侍過多少如來，修集多大的福德，都不會有一尊如來為他授記說：「你將來可以成佛。」這是 釋迦如來大慈大悲，不怕人家笑自己過去世多麼愚蠢，把這個糗事暴露出來。

可見 釋迦如來真的沒有臉，對不對？因為 真如沒有臉，沒有臉就沒有背面。所以溈山靈祐說這個法「無背無面」，真的沒有臉；沒有臉就不需要護惜顏面。所以人家說：「讓那些外道們在網路上罵個不停，你真沒面子。」我就承認說：「我真的沒面子，我哪來的面子，五陰才有面子。」那你們看釋迦如來不顧面子，把正確的知見告訴大家說：「有所得法是錯誤的知見，那個知見是不清淨的，一定要證得無所得法，以無所得的境界作為真實法，」也就是以如來藏的境界——「無名相法、無分別法」的境界—作為真實法，「這樣的知見才是清淨的。」那麼〈淨見品〉就是告訴我們這個道理，懂這個道理以後才有實證菩提的可能。

假使今天你還沒有實證，但你懂這個道理了，就依止於正見——佛法的實證是證得無所得法，是證得「無名相法、無分別法」，而那個「無名相、無分別、無所得」的境界，就是你自己的如來藏境界；祂分明顯示眞實而如如境界，當你能如此現觀時，叫作證眞如。當你有了這個正見，未來就不會落入五陰、十八界中，那你將來就有因緣證得「無名相法」——證眞如。可是這個「無名相法」是個法界中的大密意，因緣不成熟的人不應該讓他親證，否則會出亂子，也會戕害眾生的法身慧命。這就牽涉到怎樣善護密意的問題了，因此 如來就有下面的開示：

經文：【「舍利弗！譬如大灌頂王，自於所治國中威勢自在：是人應奪，是人應驅。若諸民眾不順王意，說王過惡，沮壞人心，不能護城，謀欲反叛；王知是人爲是大賊，於大眾中打惡聲鼓，苦治其罪，驅擯令出；以其不能盡忠護城，得是苦惱。舍利弗！佛亦如是，於無量劫修習阿耨多羅三藐三菩提，

爲大法王，於法國土有大威力；諸弟子中有知法味，乃至失命不毀我教，諸天世人無能壞者；所受教中自不惡逆，亦不教他。我於眾中有大威力，自在立教；爲護法城，不使惡賊毀壞得入，竊受如來所說密法，向諸怨賊邪見者說。」】

語譯：【世尊又開示說：「舍利弗！譬如得到大灌頂的國王，他自己在所治化的國土中有大威勢而得自在：這個人是應該奪命的，那個人是應該加以驅趕的。如果眾多的民眾不能隨順國王的意旨，妄說國王的過失與惡處，來毀壞民眾的人心，不能善於保護城池，而私下策謀想要反叛國王；國王知道這個人是大賊，就於大眾中敲打惡聲的大鼓，以苦痛的方式追治他的罪行，然後加以驅趕擯除他出於國土之外；這是因爲他不能盡忠以及善護城池，所以得到這樣的苦惱。舍利弗！諸佛也是像這樣子，於無量劫修學熏習無上正等正覺，成爲大法之王，於大法國土中有大威力；諸佛如來的眾弟子之中若有知道佛法密意韻味的人，乃至於喪失生命也不會毀棄我的教導，諸天世人沒有誰能毀壞佛法的；在所領受的諸佛法教中的弟子自然不會起惡心叛逆，也不會教導別人惡心叛逆之法。我釋迦牟尼於大眾中有大威力，自在地建立法教；爲了善護佛法大城，不要使那些邪惡的賊人毀壞大城而進入佛法中，來盜竊領受如來所說的佛法深密法義，去向種種佛法怨賊等邪見者演說。」〕

講義：這一段經文 世尊是教導我們要善於守護密意，對那些外道盜法者，不應該爲他們說法。外道的盜法者我們一定要提防，否則佛法的密意勝義被外道竊得之後，在外道中廣傳的最後結果就是佛教滅亡，因爲沒有人會再信受了。然而佛法究竟密意的實證是要有條件的，必須是三寶弟子，也必須眞是個菩薩。既是三寶弟子，在佛法中實證之後，當然要遵照 如來的教誡；而 如來的教誡就是證悟的因緣尚未成熟者，不應該擅自傳給他，何況是外道。想要實證 如來的這祕密教—也就是得到如來祕不外宣的家中珍寶—條件是什麼？是你必須是個菩薩。如果你不是菩薩，就沒有資格證得這個無上的密意，所以想要實證者當然必須要先受菩薩戒，好好當個依教奉行的菩薩。

那麼 如來這一段開示主要的意旨就在這裡，如來說法非常有道理，我們身爲 如來弟子當然得要遵循聖教。世尊說了：「譬如大灌頂王，」什麼是大灌頂王？印度的風俗，王子要就位成爲國王時是要先灌頂的；小灌頂王是用大海之水灌頂，所以一定要派人去取海水回來灌頂；有的國家威勢大一點、國土大一點，灌頂時要派人去取至少兩大海的海水各一瓶回來，混合起來灌頂。如果是大國，要有四大海水來灌頂，叫作大灌頂王；大灌頂王對於他所治下的國土(由於大灌頂王的治化之下有幾個小國全都聽命於他)、所教命的國土都能得自在，他很有威勢，連他下面的小國國王都得要聽他的。

就像當年戒日王統領南印諸國，諸國國王得要聽命於他，就是大灌頂王，所以他「**於所治國中威勢自在**」，他隨時可以判定說：這個人應該奪命不能讓他活下來，就把他殺了；這個人應該驅趕出去，遠離國境；他雖然犯了罪，罪不至死，但不容許他繼續在國中存在，就把他驅逐出境。但是中國古時好像沒有驅逐出境的事情，在古代是刺配邊疆，刺配的最重罪是放逐到邊疆，近的就是距離原住處稍微遠一點的小城或鄉村。譬如說現在張家口算是在國內很近的城市，可是張家口在古時也是刺配之地。刺配懂嗎？就是在臉上用燒紅的鐵印直接燙上去。比如刺配到滄州或刺配到黑龍江，臉上面就燙著滄州或黑龍江等字，就流放到那地方，沒有獲准就不許離開。但清朝時黑龍江不是刺配的地方，因爲黑龍江是清朝愛新覺羅滿族人的老家，所以那裡不會刺配。被刺配的人，一生一世標記都在臉上。

在古中國沒有驅趕犯人去國外的，因為中國的皇帝認為罪犯也是自己的子民，要永遠管得到，所以刺配到邊疆作苦役。但古天竺不是這樣，只要判定這個人不容許在我的國度之內，就把他趕出國境之外。這表示大灌頂王於自己的國中威勢自在，對民眾有生殺予奪的大權。「如果民眾之中有人不順王意，」譬如大灌頂王通常都是以法治化，規定應該行善，要懲治惡人，有的民眾若不隨順國王的意旨，「背地裡到處宣說國王的過失、說國王有多麼可惡，」明明是很安祥利樂的國家，他卻在國中挑撥是非說這個國度多麼差、多麼惡劣、多麼壞，就是「沮壞人心」，讓大眾離心離德；「這樣的人不會幫國王守護城池，他們是謀逆反叛的人，」他們是在背後謀劃想要推翻國王，所以他們是反叛的人。「當國王知道這樣的人是大賊，」因為小賊偷羊、偷牛、偷人家的財產，對國王來講竊占國王的國土或王位就叫作大賊，國王認為這種人是大賊，所以只要被發現都沒命；因此你看中國皇帝，只要誰家裡藏著龍袍，發現了就把他的頭砍掉，說這叫作大賊，因此國王不容許這種人存在，就拿一種聲音很響亮、聽起來讓人很難過的大鼓來敲擊，要讓大家都會聽到，知道現在有不好的事情要作，或是有不好的事情要宣布了。所以鼓有很多種，你看戲劇裡面有各種鼓，有硬的鼓、有軟的鼓，各種鼓都有；那種鼓不會拿出來打，一定讓人家聽了很不舒服，讓大家都會警覺到的「惡聲鼓」開始敲打，然後就把他綁著遊街示眾，「苦治其罪」：該殺的殺掉，罪不至死就把他趕出國境之外。那這是什麼原因？是因爲這少數的民眾「**不能盡忠護城，才得到這樣的苦惱。**」

這個譬喻說完了，如來就說：「**諸佛也是這樣的作法，於無量劫修學熏習而證得的無上正等正覺，當上大法之王；無一法所不曾知，因此成爲法王，**」所以法王這個名字不能亂用，密宗假藏傳佛教那一些法王都是連初果的內容也不知道，更沒有開悟明心，還能當什麼法王？那是辦家家酒的假法王。諸法之王是遍知一切法，才叫作正遍知；但密宗假法王們把「**正遍知**」解釋成樂空雙運時全身快樂、不昏沈地知道全身都有快樂，說那叫作正遍知，眞是愛說笑！那他們解釋無漏時也是一樣亂解釋，那個不好公開講，太黃了，我就不講。所以密宗那些都是兒戲佛法，無知的人才會相信他們講的話。無量劫修學熏習得來的無上正等正覺他們完全都不懂，稱不上是法王，連一個初機學人都不如。那一些自稱法王的人來世都會在三惡道中，他們目前還不知道那個厲害，死了才知道時已經來不及了，因爲開不得口了。

那麼也許有人說：「他們如果墮落惡道，那密宗祖師們爲什麼都不回來跟我們講？」問題是他們有辦法回來嗎？全都回不來！所以宗喀巴下墮地獄後也不會回來講，因爲地獄不會放他回來的。假使有人去在那裡當獄卒，宗喀巴要求說：「你讓我回去講一下好不好，我馬上回來。」獄卒會放他嗎？不會的！所以一定不會回來講。但我們可以爲他們預先授記，除非他們懂得捨報之前儘快對眾懺悔，求見好相，否則救不得，很可憐。

那麼「諸佛如來由於無量無數劫修證無上正等正覺，於一切法得自在，所以不論你問什麼法如來都知道，因此而成爲大法王，所以於法國土有大威力；」法王是王於諸法，所以在「法國土」有大威力。法王絕對不會去當世間王，但密宗假藏傳佛教還想要統治西藏，想要西藏獨立去當國王；那不是想當法王，而是想當人王。可憐的是現在變成逃亡的人王，無可奈何！眞的不是法王。

那麼基督教的耶穌爲什麼被釘上十字架？是因爲他要影響人心，想要掌控人心涉入政治，那就跟人王衝突了，所以他被釘上十字架。被釘上十字架代表什麼？代表兩件事：第一、他沒有威德，所以會被釘上十字架。第二、代表上帝無慈無悲。假使上帝存在的話，諸位想想：耶穌說是上帝的獨子，這獨生子派來人間而結果被人王釘上十字架，在十字架上大呼說：「**神啊！你為什麼不救我？上帝啊！你為什麼棄我而去？**」上帝如果全知全能會聽不到嗎？但上帝顯然沒聽到，就表示他不是全知全能；那如果上帝有聽到，就表示上帝無慈無悲，對自己的獨子還可以這樣殘忍，眼睜睜看著他受大苦，而號稱全知全能的上帝竟然不去救他。或者是不願去救他，那就是無慈無悲。可是這樣的宗教還有人信，我覺得也很怪；但那咱們是不信的，因為這事情很清楚、很分明可以了知上帝的本質。耶穌當了基督教的王，還要影響人心在政治上與國王對抗，才導致那個命運，這表示他的智慧不夠；而上帝的智慧也不夠，要不然就是上帝不存在，因為《聖經》是世俗人寫的，而寫經者的智慧不夠，顯然上帝是他創造的。

所以「**法國土**」不牽涉世間國土，「**法國土**」是依解脫道、佛菩提道上的人心向背，來確定「**法國土**」有多大。當人心對於解脫道、佛菩提道有很大的向心力，你的「法國土」就很大，但這不牽涉到世間法的權力或利益。那麼諸佛如來「於法國土有大威力」，既然有大威力就表示有許多實證的弟子，「這些實證的弟子一定有人知道法的韻味，」這法的滋味是什麼？一定是具足知道而能廣度弟子實證了，才能說他於「法國土」得自在。諸位也許有人想說：「蕭老師！現在您的法國土大不大？」一定有人這樣想，也是人之常情。那我告訴你，我的「法國土」很大，因爲只要任何一位增上班的同修派出去就比得過成千上萬、幾百萬的所謂佛教徒，那你說我這「法國土」大不大？

我們現在增上班的同修將近五百位了，百分之九十九的同修中的任何一位，都比得過一萬位的阿羅漢；諸位尋找看看現在全球有幾個阿羅漢？零！那你就知道我的「法國土」有多大了！這就是咱們的「法國土」。而這個「法國土」是因爲有許多的人實證，所以「法國土」就很大；實證的人越少，「法國土」就越小；那我們現在要把「法國土」不斷地擴大，才是眞的荷擔如來的家業。

那麼「諸弟子中有知法味」，表示他們是實證的，這時「乃至失命不毀我教」，所以假使有人把刀子擱在我脖子上要我承認說：「意識是常住、是眞實的，如來藏只是施設的，實際上不存在。」我也不會接受。要命一條，就給他吧，但是要我承認如來藏不存在，不可能！所以說：「諸天世人無能壞者；」不論誰於這個聖教都沒辦法毀壞的，諸天世人莫不如是；因此今天我們這個法不可被毀壞，除非政治勢力哪一天產生變化，把宗教活動全部停止了，讓我們不能弘法，除非是如此。那我也只是轉入地下弘法，正法仍會存在大家心中，還是不可毀壞。世間如是，諸天也是如是，所以說「諸天世人無能壞者」。今天講到這裡。

《佛藏經》上週講到六十八頁第二段倒數第二行，還是回到 如來所說的善護正法密意的大前提來講。上週最後一句：「諸弟子中有知法味，乃至失命不毀我教，諸天世人無能壞者；」這是說在 如來的弟子之中，凡是有如實知道佛法的法味者，寧可喪身捨命也不會毀棄 如來的教導。談到「法味」，法有什麼味道？法的味道是酸甜苦辣嗎？不然怎麼叫作「法味」？譬如密宗假藏傳佛教沒有講過「法味」這兩個字；假使有講，他們也會講到食物的味道、雙身法的味道，反正不論什麼都要套上邪見中去講，全無「法味」

可言，有的只是欲界法的貪著。這「**法味**」確實很難嘗到，臺灣號稱一千多萬的佛教徒，大陸號稱幾億的佛教徒，南洋加加總總也有幾億吧，但是誰知道「**法味**」了？以前大家都拍胸脯：「**我已經實證了，所以我知道所有佛法了。**」看來他們都嘗到「**法味**」了，等到正覺弘法二十年以後大家都說：「**我不知道眞正的佛法。**」不知道？越學越回去了！這是怎麼回事呢？就是因爲其實以前他們不曾知道什麼是「**法味**」。

不說大乘菩提，單說二乘菩提，如今他們都說不懂了，大約都謙稱尚未實證了。以前各個都是阿羅漢，都是目空一切；可是等到《阿含正義》出版了，一傳十、十傳百，在寺院中大家安板之後，從堂頭和尚到下面的沙彌，寮房燈關起來，開啓檯燈又將窗簾把光遮了，偷偷來讀才知道說：「**我們以前確實不知道解脫道的法味。**」等到七輯都讀完了又說：「**我現在終於知道法味了！**」可是那個知道是什麼層次？（有人答話，聽不清楚）欸！有得順忍者，但仍然有誤會者。至於能不能證初果呢？那就要看他有沒有降伏其心的定力，以及往世有沒有謗佛、謗法、謗賢聖的惡業遮障。但一定要有修定的過程，未到地定起來了才能與順忍相應，接著才能眞的斷我見，這時才算眞的知道二乘菩提中的聲聞菩提「**法味**」，否則他們對「**法味**」是不瞭解的，以往是自以爲知。

所以佛教界以前很多人誇口十二因緣說：「**那我懂啦！那很簡單。**」然後他就唸給你聽：**無明緣行，行緣識……**一直唸下去；他把十二有支都唸給你聽，表示他懂；直到我們出版《阿含正義》第二輯了，那一年七月的供佛齋僧現場，好些比丘尼就互相耳語傳來傳去：「**修學十二因緣時要先懂十因緣，否則沒辦法修的。**」可是大家都不敢說那是蕭平實講的。這就是說二乘菩提的「**法味**」到末法時代都已經不容易理解了，確實不是那麼容易理解的。單單一個聲聞菩提，講到阿羅漢時都是「**我生已盡，梵行已立，所作已辦**」，這樣來確認「**不受後有**」的，可是以前大家讀歸讀，知道《阿含經》這些文字的意涵是什麼？都不知道！

釋印順號稱是成佛的人，他自認爲是阿羅漢、也是佛，但是他連這個也不懂，等到《阿含正義》講了出來以後，他的那些著作就成爲佛教界的笑話了。因爲他沒有建立梵行，二乘解脫之道所應作者他也未辦，他也沒有辦法自證自知說：「**我生已盡、不受後有。**」所以二乘菩提的「**法味**」就已經很難理解了，至於大乘菩提更難理解，因爲連不迴心的阿羅漢都不懂了，何況印順他們都還在凡夫位，如何能懂？那釋印順也聰明，我爲他寫了那麼多書，他不曾回應過一個字，就別說一句話、一篇文章；他很有世間智，知道越回應時敗闕曝露越多，所以乾脆來個相應不理；他想要明哲保身，也算保了一半；他如果回應了，剩下那一半也就完了。所以三乘菩提的「**法味**」眞是不容易理解的。

但是如果進了同修會、斷了三縛結又證眞如了，般若智慧發起時就能具足了知「**法味**」嗎？未必！這「**法味**」非常勝妙深廣，唯有到達佛地才能具足品嘗。所以凡是有深入品嘗三乘菩提「**法味**」的人，一定會知道這不是眾生容易信受的法。不但是難解，因爲根本就很難信！假使沒有先斷三縛結，你就算讓他信了、讓他現觀了，他將來還會起疑、還會退轉，結果就是謗法、謗賢聖，成爲未來世修學佛法想要實證時的業障。所以深入「**法味**」的人都知道：「**寧可喪身捨命，也不要被逼著把佛法密意洩漏出來。**」證明　如來說的是眞實語：「**乃至失命不毀我教。**」

那麼　如來是怎麼教導的而說「**不毀我教**」？如來有說過，凡是外道來盜法的，或是佛弟子中實證的因緣還不具足的，不應該為他解說這個勝妙法，否則就成為虧損法事，虧損法事就是虧損如來。那諸位想想：虧損法事跟虧損如來這兩個罪，究竟哪一個比較重？啊？哪一個比較重？剛不是有人說虧損法事比較重？後來念頭一轉又說都一樣。是一樣的，但也有差別，因為虧損法事的人無妨對 如來依舊恭敬，但是認知到虧損 如來遠比虧損法事更嚴重的人，那往往是入地的菩薩。回頭來說虧損法事就等於虧損 如來，他一想：「這不得了，不能虧損法事。」因為這等於虧損 如來，而諸地菩薩的認知是虧損 如來其罪無比，所以這一段開示的意旨是在告訴大家：實證的菩薩們一定要善護密意。

二乘菩提和大乘菩提的密意是有所不同的，一定有人想過說：「您蕭老師寫了《阿含正義》，這二乘菩提的密意您都點了出來，那外道們不都能夠讀了嗎？算不算虧損法事？」這眞是大哉問！到底算不算呢？我是衡量過的；外道來見佛，提出關於我和無我的問題，請 佛開示；古時的外道大部分都有定力，很少會有沒修定力的外道。那他們來見佛時，如來觀察他們的往世因緣，雖然是個大外道、也明知道是來盜法者，但 如來就立即為他說法，讓他在二乘法中得法眼淨，也就是證初果；那他證了初果馬上知道這才是究竟法，所以立刻求　佛爲他剃度，讓他在佛座下出家，他就捨棄外道身了。

那麼從這裡來看，這部《阿含正義》不寫還眞不行，有兩個原因：第一個原因是，佛教界對於正覺這個招牌還沒有完全信受，所以他們當時還在講：「你蕭平實懂禪，懂般若，懂唯識，懂密宗假藏傳佛教，你就是不懂解脫道啦！阿含你是不懂的。」那我就來證明，看到底誰眞的懂，誰才是不懂，這是第一個原因。另一個原因，我是要從另一個角度來破識陰六個識，唯有藉著《阿含正義》引述了阿含諸經中　佛的說法，來證明識陰六個識俱皆虛妄，讓佛教界普遍知道識陰六個識全部虛妄，就等於把他們一網打盡了，因爲他們的境界都不離識陰；包括印順派、密宗假藏傳佛教、臨濟宗的禪寺，以及「廣論團體」，全部都一網打盡，包括悟錯的所謂大禪師們全部落網。

那我把他們一網打盡目的是什麼？目的就是建立正法。只有把識陰六個識眞實不虛的邪見全部都滅了，讓他們無可依止（因爲他們都落在識陰六個識中，等而下之是密宗假藏傳佛教喇嘛教六識具足，而且落入我所中；等而上之就是所謂的禪宗打坐一念不生），這一些都一網打盡以後，沒有人敢再出頭說他眞的證得佛法、知道「法味」時，走投無路了（因爲依照《阿含正義》的正法，他們去到南洋找阿羅漢也沒用）。以前所謂學禪證悟的人，他們的宗旨被我滅了，於是去學密，學密之後我把《狂密與眞密》寫出來，又把他們的宗旨給破了；那時我說他們非得要跑到南洋去學，他們不會來正覺修學，因爲他們對我很生氣。所以他們只剩下一條路——到南洋去。可是我又先撂下了話：「**不必幾年，他們還是要從南洋回到臺灣，因爲無處可去，南洋早就沒有阿羅漢了。**」依今天來講，就是說南洋沒有誰知道解脫道的「法味」了。所以我接著後面《阿含正義》出版了，果不其然，各個又從南洋回到臺灣來。但回到臺灣之後怎麼辦？「**我又不想進正覺，因爲我太氣蕭平實了。但我又能怎麼辦？無可奈何。那就每兩個月到了我去買一本來讀讀，找找碴吧。找到了碴，算我賺的；找不到碴，我也能提升自我的佛法水平，就這樣子混吧。**」如今就是這個局面啊！

這表示什麼？表示二乘菩提可以爲他們明講，因爲講了他們也作不到，但我把他們可以證初果的那一些條件都鋪排好了，看他們願不願意實行；他們如果願意，證初果就像囊中取物一樣簡單，因爲該有的定力、該有的福德、次法該怎麼修等，我都爲他們鋪排好了；然後五陰、十八界該怎麼觀行我也教了，是怎麼樣的內涵才叫作實證，也都講了；他們只要依之而行，不但是順忍，初果都不難得。

但他們證了初果需不需要感激我呢？用不著。因爲當他們依《阿含正義》修行證了初果之後，還在我的手掌心兒，他們未來世跑不掉的。當他們眞的知道可以實證時，心裡就信服了。假使哪一天我把正覺寺蓋好了，我若是乾脆燙了戒疤出家去，他們一定會來追隨；但我這樣作的可能性不大，所以他們要等未來世再來跟我結緣；只要他們能證初果，不怕他們跑掉。如果他們讀了以後很努力修還證不了初果，那就等 彌勒尊佛下生時相見；但是那時該證阿羅漢果的條件，我現在已經爲他們準備了，所以將來也是要跟我結緣，而將來我成佛時他們也逃不掉，那就是你們的徒子徒孫。

所以解脫道的「**法味**」現在也不容易理解，但這已經可以公開講出去，問題是他們肯不肯接受以及如實修行。所以《阿含正義》可以公開流通，沒有問題；因爲這個道理其實《阿含經》中已經明講了，只是他們讀不懂。讀不懂的原因是因為沒有實證，從一個實證者的立場，以他的智慧來看《阿含經》所講的，那解脫道是分明鋪排、完整陳列，只要依之而行就可以成功；至少證初果或者薄貪瞋癡的二果，那都是囊中取物一樣，沒什麼困難。如今出版了《阿含正義》，漸漸會達到我所設想的目的，當大家都知道識陰六個識全都虛妄時，就不會有人繼續誹謗正法。

有不少人以前會誹謗大乘法，但是他們依了《阿含正義》的說明證了初果以後，已經具足八識論的輪廓，知道解脫道正法的大意後，就知道：「**那大乘法一定是眞正的佛法**。」他們就不會再誹謗。所以如果有人在誹謗如來藏、誹謗第八識、誹謗大乘法，而說他是初果人，我完全不信，一定是個凡夫。因為假使他不是依於八識論的正理來修行解脫道，絕對無法證初果的；古時如此、現在如此，未來還將如此，現代的釋印順就是個活生生的例子。所以《阿含正義》該寫、該流通，把那些落在識陰中、落在意識中的人一棍打醒；打醒後懂得懺悔就不會墮落三惡道，不墮落三惡道的人越多，表示未來九千年中實證的人就會越多，他們至少證個初果吧，不證初果也能得順忍；那麼 彌勒菩薩將來人間成佛時，龍華樹下九十六億、九十四億、九十二億的阿羅漢就沒問題了，所以這套書是應該流通，因此我把二乘菩提的「法味」全都函蓋在裡頭。

可是大乘法不能如此公開，大乘法般若的取證—證眞如—都是一念之間的事，所以才叫作開悟。觸證到如來藏而開悟了，那是一刹那的事，所以才叫作「悟」，叫作「一念慧相應」。古人說有漸悟的事，例如十牛圖，那樣的大師，我就說他是胡說八道。就譬如說，你可能知道芒果，但還不知道什麼叫作愛文芒果；有人再怎麼樣爲你說明，你也是只能想像；可是有一天人家拿到你面前來：「看！這就是愛文芒果。」那你是當下就全部了知了，你還需不需要拿到手上來先看某一小地方，再看其他的小地方，最後才端詳它的蒂長得怎麼樣，四個面向長怎麼樣……等，要這樣才叫作知道嗎？不需要；你一見當下就知道了。然後收起來，把你帶到另一個房間去，好多種芒果放在那邊，你一眼就可以認出來其中的一顆說：「這個就是愛文芒果。」所以開悟沒有漸悟的事，都是一刹那間的事。

既然是一刹那間就可悟入的，這顯然是不可洩漏的，這種內容一定是甚深難信，非得要經歷過整個參究的過程，否則不會相信的，因此這就不能明講。那麼禪宗很有名的漸悟的說法，他們畫了十張圖叫作十牛圖，怎麼說呢？大意是說先要看見牛的腳跡，循著牛的腳跡往前走，看見了尾巴、摸到了屁股，摸到了後腿，摸到了肚子，是要漸漸了知全貌的。是這樣嗎？確實不是這樣。當人家跟你介紹說這是張三、這是李四時，你一見就知道了，不必先看看張三的鼻子長怎麼樣，李四的眼睛長怎麼樣，李四的頭又是長怎麼樣，或者張三的鼻子、眼睛長怎麼樣，一直到了知他的腳十根指頭；根本不需要這樣，一見當下就知道了。

那麼諸位這樣就可以判別了，那主張漸悟的人，或者在那邊推廣與弘揚十牛圖的人，那些大師們到底是悟了沒有呢？這一下就明白了。所以當你悟時只是一剎那間的事，佛法中從來只有頓悟漸修，悟後的智慧是依於頓悟的證境去往前推進，所悟依然是原來頓悟的內容；但都是要從這個基礎才能往前推進，所以沒有漸悟這回事情。見眞如時當下就見了，沒有人是先見到眞如的十分之一，再見到祂的十分之二、十分之三，沒這回事，這也表示一悟永悟。但是爲什麼又說會有退轉？是因爲難信，他信不過，後來懷疑了：「這眞的是眞如嗎？」「這眞的是如來藏嗎？」「如來藏眞的是這樣嗎？」於是他懷疑，自我否定，但他所悟的內涵還是知道了，不會忘記；但他會自我否定，就叫作退轉。

所以以前淨目天子、法才王子、舍利弗，無量劫前也曾經悟過，就是沒有善知識攝受，因此他們值遇惡因緣、起疑心而退轉了，十劫乃至千劫之中無惡不作，多可怕！後果就是墮落三塗很久才回來人間的。所以最好是悟了以後都不要起疑，然後就這樣順順當當走下去，千萬別說：「**淨目天子、舍利弗、法才王子他們以前也曾經墮落，那我也試試看。**」眞的不必這樣，那是愚癡人。好像前面那個地方容易翻車，很多人開到那裡翻車了，愚癡的人就說「那我也來翻翻看」，那是非常慘痛的事，因為他難信。

只有具足各種條件的人才有辦法信，也就是說，對於五陰、十八界都觀行過了，確認全部都虛妄，沒有一法眞實，然後找到如來藏時現觀祂的眞實與如如法性，再去找找看還有沒有別的眞如、還有沒有別的什麼法可以出生如來藏？結果找上十年、二十年、三十年、四十年、五十年都找不到，最後死了心才承擔起來，那時才叫作開悟；不是找到如來藏時就算開悟——不是知道如來藏所在時就算是開悟。

有的人找到了如來藏，始終沒辦法承擔，於是 如來依如來藏而解說佛法；一個法又一個法、一個法又一個法說完了，他聽完了：「啊！原來是這樣！」心得決定，這時就說他證得無生忍。所以 如來說法後往往是幾萬人證無生忍、另有幾萬人證無生法忍，其實不是單單聽那個法證的，而是前面有一個過程、有一個實證的內涵在那邊，但是心中猶豫不得決定；當他聽聞佛陀說許多法以後，疑心滅除、心得決定了，已經心心無間都不懷疑，所以承擔起來，就得無生法忍而入地。到那時十大願的增上意樂才算清淨。也有人是因為這樣，所以他對於所證的如來藏心得決定、如實轉依，就說他證得大乘無生忍。

那諸位想想，經過那麼長的時間，他始終無法心得決定，究竟是為什麼？因為難信啊！所以假使你悟後進了增上班已經五年、十年，有時還會起念懷疑說：「這到底是眞的還是假的？」那也正常，只要增上班的課程你繼續上，你那個疑就越來越少，進步就越來越快，因為經過五年、十年後，始終找不到別的最終心，也能現觀萬法都由這如來藏心出生的，於是心得決定毫不猶豫。這就是說，你要是證得眞、悟得實就不要再懷疑，有疑就要請問善知識解決，不要放在心裡發酵，發酵的結果就是退轉。但是我弘法以來到現在，都很努力在預防大家退轉，而我不怕大家退轉，因爲退轉一年、兩年、三年、五年、十年以後，終究還要回到這個法來，因爲除了這個地方你無處可去，這個地方是哪裡？是如來藏啊！你無別處可去的。

想要找一個能生如來藏的心永遠也找不到，子虛烏有啊！想要把如來藏否定而收歸於意識，對不起，歸不進去；因此，以往古德依據《楞嚴經》告訴大家七處徵心、八還辨見，有沒有？很多人讀過那樣的教判！但我偏說是九處徵心、八還辨見，顯示他們都少了一個部分。你如果詳細去瞭解九處徵心、八還辨見之後，就會確定說：「**能見能知其實都是如來藏的妙眞如性。**」只能把這些全都歸之於如來藏的妙眞如性，再也歸不到任何一個法去；而且那些法都不是自己能夠獨自存在的法，全都是生滅法。假使你悟後怕退轉，很簡單！把《楞嚴經講記》那九處徵心、八還辨見找出來，一面讀、一面觀行，這樣讀完也觀行完成，保證再也不退轉了。這是告訴大家什麼道理？就是說，般若的密意固然是甚深難解，固然是極難實證，但最大的問題就是難信。即使有因緣證了，但福德或其他條件不具足而證悟了，終究難免心中起疑，起疑之後就是個大麻煩。

所以　如來爲保護大眾不要墮落，因此千吩咐、萬交代：不要洩漏般若的密意。實證的人尚且會疑心退轉，沒有實證的人你要他信受當然很難。所以禪師家寧可很辛苦地入泥入水，每天在那邊神頭鬼臉，要的就是徒弟可以證悟；可偏又不許明說，怕將來弟子退轉，更難收拾，所以每天就這樣神頭鬼臉過日子。既然都不能明說，印證時呢？古時叢林中又不像我們禪三這樣考驗來驗證，古時禪師印證是很簡單的，不像現在要你過五關、斬七將，因爲我們的標準是很高的。古時禪師的印證，你只要知道如來藏了，就給你禪板出去開山；但那只是很粗淺的智慧而已，我們不要大家只有這樣的智慧，我們要的是更深妙、更廣大的智慧，然後才爲你印證。

古時禪師們印證是那個樣子，表面上看來也沒見他們印證時到底是悟個什麼東西，所以很多人不信公案的記載。譬如徒弟早上來到方丈室，一進門說：「不審。」禪師一棒就打過去、把他趕出去了，每天這樣子；有一天這弟子體會到了，又來到方丈室合掌道個「不審」，瞧見禪師又伸手抓拄杖正要打過來，他預備著，禪師打過來時他伸手一抓，把師父的拄杖抓過來，往師父胸前一拄，丟到地上，他就走了；那禪師晚上召集徒眾就當眾爲他印證，說他證悟了。

那些六識論者，也就是印順派那些人，譬如釋昭慧說：禪師們那些公案都是自由心證，到底悟個什麼內容都沒講，天知道。認爲那都是自由心證，不算數。大意是如此說的，所以她把《傳燈錄》那些公案作個評論——「無頭」公案。她喜歡的是什麼？她讚歎帕奧禪師講的次第禪觀：「**人家至少有個次第怎麼修、怎麼證，你們禪宗的禪師們都是自由心證，也沒有個次第就說悟了，誰能相信？**」大意是如此。但我說我相信，合該她不信，因爲她的善根不夠。話說回來，她提到帕奧禪師講的次第禪觀，我就要問她了：「**帕奧禪師有沒有證初禪？有沒有證二、三、四禪？有沒有？**」全都沒有，他也只是說食數寶而已。要論次第禪觀，現代佛教界也只有正覺才有啦！那你們從這裡就知道她的善根到底夠不夠。有的人不搖頭是什麼意思？是認爲她善根夠嗎？

所以我說有的人善根不夠就是不夠，我想要送法給他還送不到；有些人是我雙手捧給他，他也接不到，眞的沒辦法。因爲這個法太難信也太難勝解，必須要善根深厚，定力也具足了，其他所應修的次法修好了，慧力也夠了；最後是菩薩性生起來了，這是最重要的。假使菩薩性不足，就不用談開悟的事。假使菩薩性不足，今天比爾蓋茲來說：「這一億美金供養你，你就教我現在開悟。」我說：「我不要你那一億美金，我要你來上兩年半的課。」就這麼簡單。這讓我想起來以前我曾經看到人家讀一本書講開悟的事情，誰著作的？賈伯斯。賈伯斯去達蘭沙拉追隨達賴，然後寫了一本說開悟的事，那眞是笑話。他那麼有錢，可是他沒有辦法開悟，因爲他不是菩薩。就好像不是 如來的兒子，而想要得到 如來的財產，那是不可能的事。

假使外面有一個路人來找你說：「你說你明年就要走了，那我來繼承你的財產好不好？」你會答應嗎？一定不答應的，一定說：「你又不是我兒子、女兒。」前提是，他必須是你的兒子或者女兒。同樣的道理，不是菩薩就不是 如來的兒子。但已經是 如來的兒子就能繼承 如來的財產嗎？也得要他長得夠大而心性不惡，至少長到十六歲滿足（十信位加上第六住位滿足）才能繼承 如來的財產，所以 如來得挑選兒子來給財產。諸位想想，如來座下有那麼多的阿羅漢、緣覺，算不算 如來的兒子？爲什麼搖頭？他們也是從 佛口所生，應該也算是 如來兒子吧？但 如來就不把佛菩提妙法給他們，只給二乘菩提，如來要挑兒子的。

就像你養了三個孩子，兩個會幫忙顧家，幫忙把家裡的產業復興起來，另外一個每天來搬你的家財出去花掉；或者其中一個都不會花你的錢財，但是他也不會幫你照顧家業，只想安逸的過日子，那你將來財產一定不給這兩個，因爲給了他們都沒有用；他們如果只是要一日三餐、晚上一宿，那你就給他們一日三餐、晚上一宿的生活資源就夠了，不用把家產給他們。如果他一天到晚要挖你的家產去花掉，你頂多給他生活足夠的資源就夠了，不用給他家財，家財要留給那個會幫你發揚光大的孩子。

道理一定是這樣的，所以不迴心的阿羅漢、緣覺，如來不把法給他們。有的菩薩還有聲聞心態，他們只想：「我只要自己道業好就行了；如來的家業，那不是我要承擔的。」那 如來也不把佛法給他們，只給二乘菩提。有的菩薩則是次法沒有修，有的菩薩善根不夠，有的菩薩智慧還不夠，如來也不把法給他們，如來這麼挑選孩子，那我當然要跟著挑選，所以不能怪我說：「欸！怎麼我都沒辦法上禪三去？」因爲我要挑。

早期有一個同修說得更有趣：「蕭老師您辦禪三，我們全都是您的弟子，您應該平等看待，每一個人都可以開悟才對。」我第一次聽到那一句話，就覺得說：「他還眞聰明過頭了。」所以我當初有講過一番話：「你要得這個法，必須是如來所認定的、可以交付家業的孩子。」如果一天到晚要花如來的財產，或者他只是要當個自了漢，或者他雖然發了四宏誓願，發起這個菩提心了，可是他又不想荷擔如來的家業，只想管照好自己的道業，不肯為正法來作事，如來的家業就不會興盛。既然這樣，如來就供給夠他三餐一宿的物資就行了，不必給他財產，道理是一樣的。

但是話說回來，這個法不許傳給外道，也不許傳給因緣還沒有具足的學佛人，原因在哪裡？最主要是難信。假使終於信了，又怕他拿這個法去謀私利——拿這個法當作生財工具；因為得了這個法，頭上就有個光環，叫作「證悟的聖者」；這也是個光環，在沒有這個法的地方，那是大家另眼相看的人：「被蕭平實在禪三幫忙證悟了，被印證開悟了。」只要證明你眞是蕭平實印證的人，你去大陸時人家看了說：「喔！你是《我的菩提路》書中的某某人。」哇！大家都恭敬得不得了，因為大家認為你是證悟的聖者，那你要求什麼利益都有，他們都肯供養。

可是這一受供，結果是怎麼樣呢？大損福德啊！如來家業就會衰敗了。前面經文中也有提到 迦葉佛授記說：釋迦牟尼佛的法將來會因多受供養，所以很快就滅了！這也是事實。既然如此，當然要觀察這個人是否會利用這個法去謀財、去謀取世間利益，得要觀察。如果他不會這樣，他將來這樣作的可能性不大，那我們是應該幫他證悟的，因為他的菩薩性足夠了。「菩薩性足夠」，代表他不會求世俗利益——不是為自己的世俗利益來得這個法，他是為了護持 如來這個正法，那麼這樣就可以幫他證悟。

所以不必私下裡傳言說：「**如果我們在同修會護持的錢不夠多，就上不了禪三。**」因為我不是看錢多少，我是看菩薩性。那這一回我們滿足了美國共修處某些人的願，因為他們在那邊傳聞說：「**沒有捐款滿五萬美元以上，不可能錄取去禪三啦！**」我想他們某些人既然希望這樣，我就滿他們的願，所以美國共修處他們捐款如果沒有滿五萬美元的人，我全都不錄取；我這回就滿他們的願，因為我很樂善好施。以前臺灣也有人傳言說：「**如果捐款沒有滿兩百萬元，不可能開悟的。**」那我就要說了：我們已明心的幹部中，甚至於有些人悟後到今天為止，捐款都還不滿二十萬臺幣，卻是幾年前就開悟了，而且還當上重要的幹部呢！因為他們的菩薩性足夠，就讓他們上禪三，還能證悟。所以，這些放話的同修們心性還不符合菩薩性的標準，當然我得滿他們的願，等他捐給會裡的款項滿五萬美元或兩百萬臺幣時，再准他們上禪三。我的禪三審核錄取原則很簡單，就只有三個字——菩薩性。如果沒有菩薩性，捐上一億元還是落選；如果第七住位的菩薩性不滿足，絕不幫他上禪三和證悟。

以前也有人禪淨班一直上到畢業後，他的護持款只捐過一千塊錢臺幣，就是幫忙繳一點水電費，義工也都沒作過，顯然沒有菩薩性，對吧？但我還特地錄取他上去，目的無他，就是讓他上去觀光，然後永不錄取。我作事沒有常規的，常常出於格外，不會被某個框框給框住；所以有些人公開放話說：「**我看那個師兄他這一世沒希望、就是沒希望。**」沒料到我偏偏幫他悟出來了。有時大家都說：「**某師姊上山去絕對沒問題，一定會一次就悟了。**」沒想到上山八次都還過不了，很難料吧？所以很多人用世俗的想法來認知我是怎麼想的，全都錯了！因為我這個人打從小時候就是個怪人，人家追求的我不喜歡，我喜歡的事人家一點都不看重。

所以有時人家說：「你的想法那麼奇怪！」但我認爲我這樣的想法是理所當然，結果人家卻認爲我很奇怪。後來大家對我見怪不怪，我的同學們對我都是這樣，後來變成見怪不怪。也就是說在佛法中，我同樣當個怪人，大家所想的跟我所想的不同；所以我只看菩薩性，只要讓我感覺到他的菩薩性是足夠的，我想方設法也要錄取他上山。如果遺珠之憾越來越多，那我就加開禪三的梯次，所以現在每回禪三都是辦三個梯次。因爲現在都是三個梯次（編案：這是二〇一七年起的施設，後來疫情的關係，海峽兩岸不通流，改回兩個梯次，等候疫情消失才會再回復），所以我就有一個妄想：假使我現在是五十幾歲該多麼好！因爲如果現在是五十幾歲，可以再增加一個梯次，每回辦四個梯次，再也不會有遺珠之憾。但我爲什麼要這樣作？我不求名又不求利，幹嘛這麼辛苦呢？很簡單，因爲有這麼多的菩薩應該實證，那我爲什麼不讓他們實證？這就是我的想法。

所以這從世間法來看我是個傻瓜，可是我不認爲自己是傻瓜；因爲我從世出世間法來看、從佛菩提道來看，要這樣才是聰明人啊！假使我手頭很儉，都捨不得放手，從世間法來看：「蕭老師夠聰明，這樣弟子們都不會瞧不起。」但問題是我要等到什麼時候成佛？所以諸位的利益就是我的利益，你們更多人更早開悟，道業更快進展，就是我的利益；你們道業沒有成就我也成不了佛，因爲沒有佛土，哪裡去成佛？這話諸位很喜歡聽喔？但我說的是事實。話說回來，你們該發起的菩薩性發起了沒有？足夠了沒有？這才是最現實的問題。

那麼講到這裡，諸位就會瞭解，爲什麼　如來很愼重的吩咐我們要善護密意。如來特地說：「乃至失命不毀我教，」如來的教導就是要善護密意，得法的所有弟子們寧可失命也不肯輕洩般若密意。不但大乘經中如此說，在阿含部的經典中　如來就有說要隱覆密意爲眾說法。所以當你能作得到這一點而不是到處廣洩密意，諸天都會擁護你，因爲你是依照　如來的教誡去實行的。假使口沒遮攔一天到晚洩漏密意，諸天聽了都不歡喜，因爲諸天知道這樣弄下去佛教了義正法遲早毀壞、不能繼續弘法，天眾就不會增加，諸天當然不歡喜。諸天不歡喜背後的意思是什麼？是不久之後外道或魔眾也能得法，天眾將會越來越少，因此諸天離去而不再擁護正法，結果橫逆不斷地出現，於自無利於他都無益。那你如果眞的依照　如來的教誡善護密意去攝受眾生，想辦法讓學人發起菩薩性，當他們的菩薩性足夠了，你來幫他們證悟，諸天看到時全都歡喜，所以　世尊說：「**諸天世人無能壞者；**」因爲連諸天都不能毀壞你的勝妙法了，世人當然更不能壞你的妙法。

然後才是今天特地要講的前兩句：「**所受教中自不惡逆，亦不教他。**」爲什麼上一週講的最後那一句我要講這麼多呢？很簡單，因爲禪三快到了，這得要先吩咐一下。如果能依照　如來的教誡來傳法，當然這個人在　如來正法中所領受的教誨，一切的教誡教授，絕對不會惡逆背反，一定完全遵循　如來的聖教，這些得法弟子們對於　如來所教導的眞實法，以及二乘解脫道屬於現象界中的生滅法等法的聖教，絕對不會加以背反，當然也不會用背反的道理去教導眾生。就像儒家講的「**己所不欲勿施於人**」，是你所信受的法，是你所喜愛的法，你才會教給別人。如來的法是這樣，你親證了以後，發覺這是不可背反的，所以完全遵循　如來的教導；你自己不會「**惡逆**」，當然更不會以「**惡逆**」之法去教導別人。

然後　如來作了一個結論說：「**我釋迦牟尼在大眾中有大威力，我自在地**

建立法教。」爲什麼能自在建立法教？因爲對於法界的實相具足親證，才能自在地建立法教；如果沒有具足親證，建立法教時就沒有辦法完全自在，隨時都擔心被別人推翻。如果你只是像很多中國禪宗祖師那樣，證得如來藏以後對其餘的別相智都沒有觀行和親證，那你建立法教時不會完全自在，而且你會非常珍惜你所證的如來藏總相密意，不敢也不肯輕易放手給弟子。所以禪宗裡有的弟子要跟隨禪師二、三十年才能開悟，這是爲什麼呢？是因爲這個師父怕弟子悟了以後會把他推翻，所以要磨他很久、很久，看他對師父完全忠誠了才放手給他悟入。但是放手幫徒弟悟入之後有沒有繼續教導呢？沒有，因爲他的智慧就只是這樣。這在禪宗裡是平常事，禪宗大部分的祖師是這樣的，有種智的禪宗祖師是少數。因此說，只有總相智的禪師們，建立禪宗法教時他就不得自在，他們得要手頭很儉才行，不能輕易放手的。

若是像我這樣每回禪三的每一個梯次，都有五、六個人，至少三、四個人可以證悟拿到我的金剛寶印，這情況自古以來一直都很稀有。三個梯次的每一個梯次五個人，每年兩回禪三六個梯次就會有三十人悟入。早期的禪三悟入的人更多，五十人打三，有二十五人可以開悟，我對法從來不吝嗇，因爲我有很多法可以傳授；我也無畏懼，因爲沒有人可以推翻我。爲什麼不能推翻？因爲這是法界的實相，實相是不可能被推翻的。這既然是法界中的實相，若有人施設什麼法要來推翻祂，一定是不如理作意，當然可以破斥他；因爲他一定是違背法界的實相而胡思亂想，才可能會想要推翻實相。違背法界實相的人所說，一定是依虛妄想而產生的邪見說出來的，就一定有破綻可尋，所以要破他很容易。因此有的人認爲說：「**我否定了你第八識阿賴耶識，你就沒有辦法否定我；你若出來否定，就不得不洩漏密意出來，那看你怎麼否定。**」但是我有方便善巧，我照樣隱覆密意把他給破了，他也無可奈何啊！所以我們可以自在建立法教，就這樣來荷擔 如來的家業。

可是我假使只有明心這個法，過重關的眼見佛性，過牢關的取證無餘涅槃我都不懂，那時我只有一個辦法——讓徒弟奉侍我終生；就是我把他抓緊好好磨，把他磨到三十年後完全心悅誠服時，我再放手給他；就算他想要反叛於我，大概也會想說：「**和尚大約再幾年就會走人，我等一等就行了，用不著把他推翻，何況他就只有我這麼一個證悟的徒弟。**」他會這麼想的，那不就師徒「兩廂無事」嗎？可是我們不用這樣想，都這樣想的話什麼時候成佛呢？弟子又要等何時才能入地？難啊！所以我們要在諸位悟後盡量把法灌輸給大家。有時想起我們增上班的課程有一點像塡鴨式的，就是用灌的。所以這《瑜伽師地論》或者《成唯識論》你學上十年、二十年，比人家悟後學上十世、二十世都要多，這是眞話！

言歸正傳，如來之所以能夠「自在立教」，是因爲「於眾中有大威力」。可是於大眾中有大威力背後有兩個原因，第一是福德的具足圓滿，第二是智慧的具足圓滿。而福德的具足圓滿包括四禪八定和五神通、四無量心，也包括三種意生身和一切種智、十八不共法、四無所畏、三不護⋯⋯等；那麼智慧是以一切種智來綜合一切智，所以 如來於大眾中有大威力。

既然可以這樣「自在立教」，而「立教」之目的是爲利益遺法中的一切弟子，當然要想方設法善護「法城」。佛法這個城堡不容許外道來破壞，更不容許城堡裡的自己人把它加以破壞。對外道來講就是「爲護法城，不使惡賊毀壞得入，竊受如來所說密法，向諸怨賊邪見者說。」般若密意確實無上甚深，甚深難信、難知、難解，特別是難證，所以這個「法城」一定要善於守護。假使外道進來佛法中，假裝受戒出家或著出家後假裝是菩薩，那麼他進到佛法中來實證以後，就會破壞佛法，因為他是來盜法的人；盜了法以後去向外道說，這叫作：「竊受如來所說密法，向諸怨賊邪見者說。」

因為外道於眾生而言都是怨賊，外道的法只會使眾生不斷流轉生死，對眾生的解脫、對眾生的實相智慧完全沒有幫助！而 如來這裡所說的「惡賊」包括法城中的一些犯戒比丘。所以 如來說過，外道無法破壞佛法，只有法中的比丘們才能破壞佛法，如來把他們叫作獅子身中蟲。牛、羊等動物不會來把獅子咬死，能讓獅子死亡的是牠身上的細菌，牠感染了以後就會死掉，道理是一樣的。因此不是佛弟子就不應該讓他們得法，得要預防外道混入佛門中出家得法；假使是佛弟子，菩薩性若還是不夠，也不該讓他得法，因此我們禪三的錄取標準就是菩薩性。

但菩薩性有很多個層次要觀察，親教師審核的那一些內涵主要是講什麼？主要是看你有沒有依教奉行。如果有依教奉行，定力、福德、向心力、慧力、性障修伏等內涵，你都會有成績的；若沒有依教奉行，當然五缺一、五缺三……等，總是會有缺乏。所以親教師如果把勾勾打在落選那一欄，那就沒得上山了，因為他認定你的菩薩性不夠。還有其他各組的審核目的是在幹什麼？也是看你有沒有菩薩性。有的人想：「**我家有的是錢，沒關係，我捐個五百萬，我總算是有菩薩性了，一定錄取。**」結果接到的是不錄取通知，因爲親教師把他打了一個勾，不是勾在錄取而是落選，表示他沒有依教奉行。譬如親教師說要好好熏習知見，他沒有好好熏習；要好好作功夫，而他每天懈怠，都沒有好好在作功夫……等。有時候有的人表面功夫作得很好，親教師有時也會一時不察就勾選錄取，可是來到我這裡也許就落選了。

那你要問說：「**這個菩薩性到底要怎麼回事，我捐了五百萬元還不能上山喔？**」對不起，有的人護持款還不滿五萬元臺幣就已經上了兩次禪三，那就是自由心證再加上事實證明。對啊！有各組的審核也有親教師的審核，那麼作一個評比來決定，就是這樣。所以只恨菩薩性不夠，不要恨別的理由；最重要的就是說，假使菩薩性具足了，你就不會違背 如來的告誡，一定不會「**竊受如來所說密法，向諸怨賊邪見者說**」；一定會遵照 如來的告誡「**爲護法城**」；只有這樣才不會戕害眾生的善根，只有這樣才能使正法久遠流傳，所以這個善護密意是很重要的，因爲 如來這一段開示所說的都是「**爲護法城**」而善護密意。

所以你們看　如來於法自在，一定不怕別人來毀壞正法；所有弟子想要毀壞正法　如來絕對不怕，連我都不怕了，何況　如來。但是　如來爲什麼不公開明講般若的密意？如來在人間示現那麼久始終不曾明說，只有針對已悟的弟子才有明說。就像我們增上班一樣針對已悟的人，我可以明講，講經時一定不會明講；但　如來爲什麼講經說法時都不明講，而特別要用教外別傳的方式來傳？當然有原因。就是要因緣具足的人，才能幫他證得。至於因緣具足，就是你的次法學夠了沒有？你的福德與正見夠了沒有？你的菩薩性具足了沒有？如果是自了漢，如來絕對不會幫他開悟的。所以你們看結集四阿含的那次五百結集，那五百人其中有四十位阿羅漢，以及其餘的三果、二果、初果和聲聞凡夫都有，那全部五百個人都沒有開悟，除了阿難尊者。如果那五百人都開悟了，他們一定不會把結集出來的經典叫作《阿含經》，因爲他們若是眞的開悟了，也知道這個沒有辦法使人具足成就佛果，那就不會命名作《阿含經》。

那爲什麼　如來不幫他們開悟？因爲他們的菩薩性不夠。所以善護密意這個事情是有它的前提，今天我把前提告訴給諸位，希望諸位都能夠依照　如來的告誡遵循而行。因為如果把佛法般若的密意去向外道說，那叫作虧損法事、虧損如來；如果對證悟的因緣還沒成熟的佛弟子，你去指點他證得佛法的密意，他可能會到處去亂講，一樣會毀壞佛法；這就是這一段經文中 如來開示的重要意旨所在。那麼接下來 如來又怎麼開示呢：

經文：【「舍利弗！如來現在善護法城，四大弟子智慧深遠，今我法城不懼破壞。若與法城作障礙者，為是大賊，毀壞法城，盜我密法向外道說；是人常來至於我所，我與共語，示其教法，不說密要。是人為求所示教法，出家受戒，我知此人後應得道，聽使出家四月中試；何以故？為護法城故，又使未來世賊不更起故。如是，如來善護法城，使不得便；所謂令受佛教，捨本惡邪。諸比丘眾皆應歡喜，聽使出家，得受戒已，天人世間不能動轉。舍利弗！何等是可試者？謂外道人及樂外道法者；舍利弗！何等是樂外道法？所謂有所得者、我見人見者、眾生見者、貪者、邪者、於自相空法中心生疑者，受行種種邪虛妄法，不能入於第一義空，行諸邪道，是人名為樂外道法。」】

語譯：【世尊又開示說：「舍利弗！如來現前住在人間善於守護法城，四大弟子的智慧是非常深妙而遠遠通達的，如今我的法城不懼怕被破壞。如果與法城而作障礙的人，那就是佛法中最大的賊人，他是來毀壞法城的，竊盜我的最隱密法向外道說明；這樣的人時常來到我的所在，我和他共同說話，也開示他佛教等的法義，但是不爲他演說祕密的法要。這種人爲了求得我所開示法教中的祕密法，來求出家受戒，我觀察之後知道這個人未來應該可以得道，因此聽從而讓他在佛法中出家以四月的時間來試驗他；爲什麼這樣作呢？這是爲了守護佛法大城的緣故，而且也是使未來世的賊人不會重複現起的緣故。就像是這樣子，如來善於守護佛法大城，使竊盜佛法者不能得其便利；也就是說，這是要使他們領受佛法的教導，捨棄他們原本所修學的惡法以及邪見。諸比丘眾都應該對這樣的事情心生歡喜，而聽使這樣的人在法中出家，他們得到受戒以後，世間或者天人都沒有辦法來動轉他們的心意。舍利弗！什麼樣的人是可以試驗的人呢？這是說外道人以及心中喜歡外道法的人；舍利弗！什麼樣的人是愛樂於外道法的呢？也就是我所說有所得的人，或者我見人見的人，或者有眾生見的人，或者心中還有貪的人，或者知見偏邪的人，或者是對於五陰、十八界自相空的正法中心生疑惑不信的人，

他們受行種種偏邪虛妄的法義，沒有辦法進入第一義空之中，所以身口意行都在種種偏邪的法門之中，這樣的人就叫作愛樂於外道法。」】

講義：這一段經文的大意是告訴我們說：不要看見來學的人是外道或者他們有邪見就排斥。因爲他們以前沒有進入佛法中，當然是外道。想想看 如來示現在人間之前，一切人不都是外道嗎？天下那麼多的阿羅漢全都是假阿羅漢，也都是外道。再看 如來的四大弟子、十大弟子、五百大弟子們，以前不都是外道嗎？因爲 如來還沒有來人間，因此所有人都是外道，所以不應該因爲他們是外道就排斥。

反過來說，有的人雖然是佛弟子，可是他心中愛樂外道法，對外道法很有興趣，那我們如果這樣就排斥他的話，他就沒有機會往上升進，就永遠只好待在外道法中，這樣就會有壞處；也就是佛法中實證的人將會很少，而佛教中喜歡外道法的人會繼續很多，不會逐漸減少，這樣一來佛教正法的勢力就沒有辦法擴大，而眾生就無法得到利益。

因此對於外道來修學佛法或者佛門中本來就有偏見、有各種邪見而愛樂外道法的人，都不應該加以排斥；應該設法去轉易他們的邪見，轉易他們的興趣到正法上來，讓他們心性逐漸轉變而符合菩薩性，並且建立了正知正見，然後幫助他們開悟，應當如是。這樣的話佛法才會不斷地有人可以紹繼發揚，不會中斷，我們就這樣子奉行 如來的教誨。

所以有人告訴我說：「某某人是從基督教來的，他會不會是來學會以後再回基督教去講？」有人說：「某人是一貫道的，而且在一貫道中的職務是很高的，會不會是來盜法的？」各種說法不一而足，我說：「我不管這一些，他們以前的事放在一邊，當他們進了同修會正受菩薩戒的上品戒了，就是個菩薩；接下來是否得法，就看他們的因緣夠不夠，如果因緣夠了就讓他們證悟。假使我們老是防這防那，不斷地提防而放不下手，那我們哪來這麼多的親教師？」如果老是想這位可能有問題，那位也有問題，歸結起來一百到九十九位都會有問題，那又怎麼辦？所以我們只看心性，只要是個菩薩就沒問題，若是菩薩就一定會聽從 如來的教誡，那就傳法給他。

所以我們會裡有好多一貫道過來的，已經有人當上親教師，也有人當助教老師了，也有人現在在增上班還輪不上班級義工；也有人以前信基督教、信天主教的，歸依三寶受菩薩戒後就成爲菩薩，因緣夠了當然可以開悟；開悟後就按部就班培訓，現在也當助教老師了。並非每一個人都是天生的佛弟子，因爲人有隔陰之迷，這一世的因緣不湊巧就變成一貫道、變成天主教徒、變成基督徒、變成回教徒，變成什麼教徒都有可能的。除非已經三地滿心進了第四地而沒有胎昧了，生來就不會成爲外道，所以這事情是很正常的事。譬如《大薩遮尼乾子所說經》，講的是大外道薩遮尼乾子，結果最後原來他是菩薩，但他繼續示現外道身，所以不可貌相；看外表是不準確的，應該看各人心性的實質。

所以我們正覺重視的就是菩薩性，我也常常告訴諸位我很討厭聲聞人，這就是說我們弘揚的是菩薩法，只要是眞正的菩薩，而且菩薩性已經具足了，那麼支持他的次法條件也夠了，我們當然要幫他證悟。所以有的人上禪三這一回錄取是第九次了，記得也有一位第十次才破參的，但爲什麼要讓他們上去這麼多次？因爲他們的慧力差，可是菩薩性足夠，我不能不讓他們上山去。但有的人很聰明，我偏不讓他們上去，因爲他們的菩薩性不夠；我要幫他們證悟其實很容易，但爲什麼不挑容易的、卻要挑那些看來笨笨的人上山去？這就是菩薩性夠不夠的問題。菩薩性假使不夠，縱使很聰明伶俐，上去一次就開悟了，現在悟得很容易，將來壞法的心也很容易生起。所以 如來座下十大弟子，有沒有哪一個在 如來面前表現得很聰明的？都是 如來說什麼他們就依教奉行，其實他們智慧都很好。

例如智慧第一的舍利弗，說法第一的富樓那，在 如來面前有沒有表現得很聰明？也沒有啊！你們讀過經典中關於舍利弗、富樓那，他們有表現得很會說法嗎？也沒有，但他們其實都很會說法。我要是去到他們面前還沒有辦法開口，但是爲什麼大家都是這樣？因爲 如來是法主，大家都是從 佛口所生，都是 如來的法子，當然以 佛爲尊；因此大家都有具足的菩薩性，如來怎麼說、大家怎麼遵循，沒有二話。兩千五百年前就是這個樣子，有二話的人都要被 如來教誡的，甚至有人不信 如來而下墮地獄的。所以 如來的教誡不可違背的，大家要認知這一點，不要懷疑。假使你們未來哪一天修到我這個地步，就一定會完全認同我這一句話。身爲佛弟子，完全依照 如來的教誡去作，對你只有好處沒有壞處。

以前曾經跟 如來有二話的人，大部分下墮惡趣中；極小部分人得 如來拯救而不墮地獄，猶不得順忍，只能得無根信，那麼到底是當哪一種弟子對自己有利益？都是聰明伶俐的人沒有利益，看起來很憨厚、完全依教奉行的人利益大了！所以我們要遵照 如來的教誡來作。

那麼 如來告訴舍利弗說：「如來現前還住持在人間，善於守護法城，」如來在世時沒有任何人能質疑 如來的法教，因爲連 如來的弟子都質疑不來，何況是外道呢？世尊又說「四大弟子智慧深遠」，這四大弟子到底是指誰？我倒沒查過，舍利弗一定跑不掉，富樓那也一定跑不掉，那剩下兩位是誰？迦旃延算嗎？算？不知道，神通第一能不能算？好吧，就算迦旃延，還有一個呢，阿難尊者？阿難尊者是「善護法藏」，可不算四大弟子。大家想想看還有誰？須菩提，有可能，因爲他對空性的理解最圓滿，也因爲達摩來到人間其實是須菩提示現的，這也有道理。

（編案：《雜譬喻經》卷一：「佛以神心道眼照察其心，與舍利弗、目連等四大弟子，俱陵虛而往坐其頂上，舍利弗在右、目連在左，大迦葉在前、大迦旃延在後，告梵王曰：「汝自以爲常得自在者，吾今何得坐汝頂上？」」　《大方等大集經》卷十九〈魔調伏品3〉：「爾時世尊四大弟子，入王舍城次第乞食。時舍利弗從東門入，……目連……富樓那……須菩提……」。　《大佛頂如來密因修證了義諸菩薩萬行首楞嚴經》卷一：【阿難白佛言：「世尊！我昔見佛與大目連、須菩提、富樓那、舍利弗**四大弟子**共轉法輪，常言：『覺知分別心性，既不在內，亦不在外，不在中間，俱無所在；一切無著，名之爲心。』則我無著名爲心不？」】若依《佛藏經》的教義，所謂「四大弟子**智慧深遠**」，宜說是舍利弗、富樓那、大迦旃延、須菩提。）

世尊說「**四大弟子智慧深遠**」，所以這四大弟子應對所有外道的質疑就足夠了，根本不需要 文殊菩薩、觀世音菩薩出面。如果要請 文殊菩薩、請觀世音菩薩來爲外道的質難而護法，就好像用黃金做成餵狗的碗一樣；黃金是要打成首飾，戴在脖子上、佩在頭上的，不應該用來給狗吃飯，應對外道的事情有四大弟子就夠了。假使有人來質疑什麼法，那舍利弗、富樓那直接打發了；假使有人要質疑 佛說的般若有什麼問題，須菩提直接打發了；假使有人來質疑哪一部經有問題，大迦旃延也打發了，沒有什麼人可以來破壞佛法的。

但是末法時代就不同了，種種破法者出於佛門，這才是最要命的事；所以當年 如來「**法城**」沒有誰可以破壞，凡是來質疑的外道大部分後來都成爲 如來的弟子，如來當下就把他度了。那麼當年 如來度外道成爲弟子爲什麼很容易？因為外道都有修定，那時的外道得初禪、二禪、三禪、四禪、四空定的很多，沒什麼稀奇，修得未到地定的外道更普遍。在修定的過程中，他們都已經把邪見壓伏住了，覺知心經由修定的過程都被調柔了，不會再固執己見，因此當他們原來認為怎麼樣是涅槃，而 如來說那個不是時，他們會請問：「**究竟怎麼樣才是眞正的涅槃？**」如來就為他們解說。解說以後他們就瞭解：「**原來四禪八定不論多高的層次，其中的意識心都是生滅法。**」他們都知道了，心就死了，於是得法眼淨，就是二乘菩提的法眼淨——證初果。他們很聰明馬上就求 佛准許出家，有家累的人就求 佛准許三自歸，三自歸同時受持五戒，盡形壽為佛弟子，得初果，就這樣。所以 如來說：「**今我法城不懼破壞。**」今天時間又到了。

講經前先向大家報告，這回禪三成果豐碩，打從八年前黃老師眼見佛性到現在終於又有一位了；風聲傳得很快，聽說很多人都知道了，希望下個梯次求見性的同修一樣可以看見。這樣看來，我的目標一百零八位明心又見性的希望又有可能達成了；但是得要諸位多多努力，單靠我在這邊希望也沒用。將來一百零八位足夠了，臨走時我戴著這一串念珠一百零八顆，世尊來接引時，我可以作法供養了：「我這一世度了一百零八位見性的人，以此供養如來！」多棒的法供養！但是我在這邊想是沒用的，得要靠諸位努力，不然我也沒辦法。

談到這一串念珠，剛剛看到《正覺電子報》連載那一篇〈五方佛冠〉，諸位得要讀一讀；那其實是去年寫出來的，已經快一年的文章了，一直到現在才有機會登出來。希望連載完了以後，佛教界除了密宗假藏傳佛教以外，再也看不到哪個法師在戴那個五方佛冠；那其實是五方鬼冠，但大家不知道，等章老師那篇連載完了，希望產生正面的影響，把密宗假藏傳佛教的因素再除掉一些。

閒言表過，回到《佛藏經》來。《佛藏經》我們上一次有講到　如來的四大弟子，因爲我沒有去查，講經後有人很好意上十樓告訴我是哪四位大弟子。那我後來想想，既然大家有興趣，不如我就把它查清楚來告訴大家，別只顧著忙而沒有去查，那麼現在請歐老師把它播映出來。

四大弟子，首先是《楞嚴經》卷一：「**阿難白佛言：『世尊！我昔見佛與大目連、須菩提、富樓那、舍利弗四大弟子共轉法輪。**」那麼這裡的四大弟子如是。再來看《大方等大集經》卷十九〈魔調伏品〉第三：「爾時世尊四大弟子，入王舍城次第乞食，時舍利弗從東門入，中路值遇五百魔子執持刀杖，語舍利弗：『汝若歌舞，善哉！善哉！如其不者，當斷汝命。』」這是記載舍利弗，但是經文次第記載的是舍利弗、大目犍連、富樓那、須菩提次第入城乞食，各遇五百魔子刁難的事情，所以這裡所講的四大弟子是跟《楞嚴經》講的一樣。

接著《雜譬喻經》卷一：「佛以神心道眼照察其心，與舍利弗、目連等四大弟子，俱陵虛而往坐其頂上，舍利弗在右、目連在左，大迦葉在前、大迦旃延在後，告梵王曰：『汝自以爲常得自在者，吾今何得坐汝頂上？』」那麼這裡的四大弟子又跟《楞嚴經》講的有所不同。接著是《法華經》〈受記品〉爲四大弟子受記成佛，被 世尊授記的四大弟子是大迦葉、摩訶目犍連、須菩提以及摩訶迦旃延，和《雜譬喻經》講的不一樣。

接著是《佛說觀佛三昧海經》卷七〈觀四威儀品〉第六：「爾時如來勅諸比丘皆在窟外，唯佛獨入自敷坐具；敷坐具時，令此石山暫爲七寶。時羅刹女及以龍王爲四大弟子、尊者阿難造五石窟。」這一部經中前面的經文所說的四大弟子是指摩訶迦葉、舍利弗、摩訶迦旃延、摩訶目連以及阿難尊者。

接著在律部《十誦律》卷十二：「爾時有一居士請佛四大弟子大迦葉、舍利弗、目揵連、阿那律明日食，皆默然受。」那麼因爲《十誦律》講的是律部戒法的緣故，而律部部主是阿那律，所以阿那律尊者入四大弟子中，迦旃延與富樓那就不在裡面了。這是說，不同的經律中有不同層面的說法，那就看是偏在哪個部分。

這一部《佛藏經》因爲重視清淨見的緣故，〈淨戒品〉所說的境界內涵也是以無所得法作爲主旨，因爲這個緣故應當以第一義法爲歸，所以四大弟子的定義應當不同於《十誦律》，所以大眾應當另作認定。那麼上一堂課上課的時候，可能很多人喜歡把摩訶迦旃延列在四大弟子中，當然無可厚非；但是不管你們心中怎麼想，《法華經》中受記的四大弟子他也是其一，而且他最快成佛，至於他爲什麼最快成佛的原因，我在《法華經講義》中也都跟諸位講過了，在這部經中就不再重複解釋。

在不同的經論中有不同的說法，有時候以這四位爲四大弟子，有時候以另外四位爲四大弟子，那麼《佛藏經》以第一義法爲主，所以四大弟子的認定，諸位想要把摩訶迦旃延列進來當然也行，因為他是解經第一。到末法時代住持佛法還是需要以解經第一最適合；因為如果依說法第一而讓富樓那尊者來，或者以智慧第一而讓舍利弗尊者來，可能眾生善根太膚淺，他們可能會狡辯或者不信而說：「那是你講的，我不信你。」如果以經典為根據來講解，大家就沒話挑剔。解經第一可以把經典的眞實義清楚明確地註解或講解出來，大家便無法妄評、無可議論，所以末法時代可能由解經第一的摩訶迦旃延來住持正法會比較好。所以經中對四大弟子的說法互有不同，那麼大家喜歡摩訶迦旃延當然也行，無可厚非，也符合經論。今天在這裡順便為大家報告。

回到上週所說的最後經文，第六十八頁倒數第一段第一行說：「如來現前還在，善能守護法城，四大弟子的智慧也都很深遠，如今我釋迦牟尼佛的法城不畏懼被人破壞。」這是自說 如來在世當時的事，因為這是 如來所說的。接著說：「若與法城作障礙者，為是大賊，毀壞法城，盜我密法向外道說；是人常來至於我所，我與共語，示其教法，不說密要。」這一段經文倒讓我想起《景德傳燈錄》的記載，譬如說，有一個皇帝（我忘了他什麼名字），他供養慧忠國師；但因爲他是把慧忠禪師請去宮裡供養，是盡形壽供養，所以教界就稱他爲國師，是皇帝的老師就稱爲國師。但慧忠國師會喜歡嗎？人家盡形壽供養，皇帝作你的徒弟盡形壽供養，三不五時就來向你討教佛法，所以四事供養全部都豐足，無一欠缺，那你爲什麼還不喜歡？大法師們都喜歡得不得了，當國師何等榮耀！偏偏他不喜歡！這也怪喔？

可是其實不怪，你不喜歡、我也不喜歡，咱們大家都同意是不喜歡。那慧忠國師想的是什麼：「你盡形壽供養我，不讓我出宮去弘法，形同圈禁。」現代的話叫作軟禁，雖然日子過得舒爽，可是精神上其實不痛快，因爲禪師最喜歡的就是利樂有情。禪師又不是阿羅漢，如果是阿羅漢當然行，最好是每天足不出戶，連皇帝講話都不用出門；但禪師是菩薩，不是聲聞人，所以皇帝幾乎天天都來請法，跟他討論法義，也來談禪，可是這個皇帝盡其一生都沒有開悟。

大善知識在身邊，住在他家，但皇帝就是悟不了。也就是說，禪師認爲：「你名爲供養，其實是把我軟禁；你對我不懷好意，我對你當然不用客氣，所以你來時我就是跟你說法，但不會有機鋒給你，也不會幫你開悟。」因此到慧忠國師即將捨壽時，慧忠國師最後總算給他一個小機鋒，但那個機鋒很難悟；慧忠國師要捨壽了，皇帝說：「百年後，我爲您造一個塔好不好？」「當然好啊！」可是慧忠國師說：「你應該爲我造無縫塔。」塔而沒有縫，世間找得到嗎？當然是找不到的。那什麼叫作無縫塔？對了，就是如來藏。那皇帝不會，就說了：「那我不懂得無縫塔怎麼造，請和尚您給我一個塔樣，我照著塔樣來造。」那慧忠國師就良久，也就是坐在那裡不動也不說話，過了好一會兒又好一會兒，然後問皇帝：「會麼？」皇帝當然不會，那慧忠國師就此作罷。可是這皇帝不死心，就說：「和尚您走了以後，我要依止誰啊？那您這個無縫塔我又不會，我要怎麼造啊？」慧忠國師就說了：「我有個弟子名字叫作應眞，他卻會這個塔，到時候你找他就對了！」意思就是這樣，到時候你找他。

然後慧忠國師走了，皇帝爲他把後事辦好了，又去請應眞禪師，請他來開示。沒想到這師徒活脫脫一個模子鑄出來的，皇帝才一問無縫塔，應眞也來個良久，師徒一個樣兒。這皇帝還是不會，就求他開示，應眞就講了一首詞：「湘之南，潭之北，中有黃金充一國；無影樹下合同船，琉璃殿上無知識。」湘是湖南，潭應該是指龍潭，是說湖南和澧州的龍潭之中，都有黃金足可充實整整一國；在無影樹下合該同船而行，但是在琉璃大殿上卻是沒有能知能識者。那應眞說的這一首偈，皇帝當然也不會，但是也無可奈何，因爲應眞就是不幫他開悟：「**你把我師父圈禁在宮中，我失去了好多深造的機會，爲什麼要幫你開悟？**」所以師徒心性相通，當然不幫他悟，皇帝也是沒轍。

但是我又想到武則天。這武則天不懷好意，她那個人疑心病很重，現代話叫作狐疑。狐狸最會疑心，她的狐疑心很重；玄奘在寺裡翻譯，她名爲派人幫助其實是來監督的，疑心病很重，因爲她是奪權奪來的皇位。她也想要開悟，但是玄奘總是說忙，因爲譯經眞的很忙，正在趕著譯經，那譯經是前朝唐太宗吩咐不能耽誤的事，武則天只能繼續護持；但是她想求法，在玄奘那裡是求不到的，爲什麼呢？跟她講五位百法，看她怎麼懂？至於像幫助日本僧人證悟那樣叫他去找禪師印證的事，那是不會對武則天使用的；因爲那個女人心腸毒辣，心機特重，殺了好多人，這種人有什麼資格可以開悟？所以她如果來了，就跟她說深妙法，不給她機鋒。就像慧忠國師對皇帝同樣就是說法，如果是要講禪那就是很難悟的機鋒給他，譬如良久。

今天告訴諸位，如果每次打禪三我都是良久，良久多久？半個小時好了，然後便下座；你們也不能怪我，因爲你們來是學禪的，而我上山是要當禪師，良久正是禪師標準的行爲、標準的說法模式，你們眞不能怪我。譬如你們看那外道來見 佛，佛踞坐默然，不也是良久嗎？但人家就悟了。學禪眞的就是這樣。可是眞要這樣的話，那我一世大約生不了兩個兒子，一定門前草深一丈，要怎麼復興中華佛教呢？沒辦法了。所以對不應該得法的人，即使他貴爲皇帝也不幫他證悟。你們看 如來就這麼開示，所以佛弟子眞的遵循佛語，完全實行不打折扣。

武則天在玄奘那邊想要得法得不到，腦筋就動到嶺南去了；嶺南有個六祖禪師在幫人家開悟，於是她派了薛簡去；薛簡去邀請時六祖就是辭病，總之就是辭老辭病，當然不去。薛簡只好問一些法轉述給武則天聽，那武則天聽了總是不過癮，因爲終究不是開悟啊！於是第二度又派薛簡南下，但六祖依舊是老樣子稱老稱病不來；第三次又派薛簡去，依舊是老樣子。武則天心腸狠毒，她想：「如果不威脅，惠能一定不會來。」這次就威脅他：「要不行，就砍了他的頭。」心想：「反正悟不到，把他砍了，他在世對我也沒有用，就砍了他。」於是就交尚方寶劍給薛簡，薛簡只好第四次南下，心裡再不情願都得南下，只好又到嶺南來；到了寶林寺，又向六祖邀請，六祖還是一樣辭老辭病；薛簡一直三拜託、四請求，終究沒辦法，因爲六祖心意已決。像這樣的女人如果她有資格開悟，販夫走卒都應該可以開悟，阿貓阿狗也應該可以開悟，因爲貓狗都沒有像她那樣造惡，所以六祖依舊辭老辭病，不願意上京。

薛簡無可奈何只好拿出尚方寶劍說：「這一次皇上交代，您如果還不去，必須要提頭去見。」沒想到六祖才一聽，就把頭伸出來，預備讓他砍；那薛簡是個佛弟子，他想：「皇上也是個佛弟子，砍了聖僧的頭，這個業可怎麼辦？」他就想：「我還是不要砍，眞要砍了，我的罪也許比皇上還重。」當然要思量一下。最後沒砍，只好又請求開示，然後回去覆命。武則天終究也不敢砍他，因爲她既然學佛，也知道砍了聖僧的後果，來世會怎麼樣她心知肚明；她也不敢責備薛簡，只好派人又南下一趟，送上磨衲袈裟、水晶缽等前來供養。後來武皇帝悟入是觀音大士見她護持譯經有功，才幫她悟的。

所以你看，禪師就是這個風骨，怎麼可能皇帝一威脅就順從了。那現在更好辦，現代沒有皇帝，生殺予奪的大權不在了，如果威脅說：「你蕭平實要是不來幫我開悟，就砍了你。」門兒都沒有，這都是遵循　如來的教誡。因爲　如來已經這麼說了：「如果與佛法的法城來作障礙的人，就是我所說的大賊。」因爲如來藏這個妙法是天下天上最爲尊貴的法，一切的珍寶不論多麼珍貴，都及不上如來藏的千分之一、萬分之一、千萬分之一，算數譬喻所不能及。

諸位想想，如果擁有天下，誰擁有最多？以人間來講就是轉輪王中的金輪王最多，擁有四大部洲，可是他若沒有了如來藏，可就一切烏有——全部化爲烏有；如果以三界中來講，四禪天王擁有最多，但是他如果沒有了如來藏，他所擁有的天上天下一切也都沒有了，所以任何的財寶都不能與這個如來藏相提並論，因此說這寶是天上天下最珍貴的寶貝。若想要親證這寶，得要是個菩薩，得是要佛菩薩看上的、是禪師看上的才行；如果是殺人放火、詐欺拐騙、無惡不作，這種人沒資格得法，所以就不傳給這種人。

但是假使有人不是殺人越貨幹了五逆十惡的事，但他處處抵制正法，當他抵制正法的大罪未滅之前，不應該得這個法；或者他在佛法中修學，卻用佛法來斂財，那他也不該得這個法，如來說這幾類人是「與法城作障礙」；包括什麼呢？包括人家要學大乘法時他去阻擋，人家想要求證眞如時他去阻擋，這些都是「與法城作障礙」，如來說這種人是大賊。因爲這種人比竊盜世間財產、世間權位的罪更重，所以是大賊。那他的所行就是「毀壞法城」，這種人爲了達到自己的目的以遂私心，會來盜法——竊盜如來所說最深妙的祕密法叫作如來藏，竊盜如來藏的妙法去向外道說；他來求法的目的是要去向外道說，目的是要廣收供養，想要擁有非常多的眷屬。因爲外道永遠證不到這勝妙法，那他來盜法成功以後要去向外道說，外道們就會來供養他。

如來說這種人的心態是這樣，對於這種人，世尊有一個很明確的開示：「是人常來至於我所，我與共語，示其教法，不說密要。」這種外道來佛門中修學想要盜法時，就只跟他講四聖諦、十二因緣，應該如何修八正道等法，就爲他講這些法義。講最多的是什麼呢？是教導他苦、空、無我、無常，看他會不會轉變；又講外我所、內我所都是無常，如果外道盜法者能轉變，再爲他說更深細的法，就只演說解脫道的法義。如果他沒有辦法轉變，不能懺悔盜法的心態，就只為他說一些平常的解脫道法義；只是從教門上為他解說，這個第一義諦的祕密法絕對不為他講解，這是 如來的訓示。不但這裡這麼說，有些經中 如來更明講：甚至於佛弟子求法時，如果不是恭敬渴請，也不要為他講解。連證悟因緣不具足的佛弟子（連這種已經在佛門中出家很久的佛弟子），假使他對這個法不是非常恭敬，不是如渴求水一樣，也不為他講解。

那諸位想想看，今天到正覺來可以證悟，這是多麼不容易的事。也許你想：「**我到正覺來頂多十年吧，我如今也證悟了。**」快的話，例如有三年五載也悟了，就想：「**這有什麼難的？**」是沒錯，也許三年五載便悟了，也許十年、十五年悟了，看來是很容易，但那是因為我們親教師教得好，也是因為我們舉辦了禪三，老婆到無以復加。假使我都不幫忙，連方向都不給、方法也不給，然後吩咐監香老師從嚴照顧，我跟你們保證：每個梯次禪三，連一個人通過的機會都不會有。有時禪三來到第三天了，都還沒有人能通過第一關考驗，我想：「**糟糕了，這一回要掛零了。**」只好找了監香老師來請託：「**別考這麼嚴格，好不好？**」可是從嚴把關是他們的職責啊！因為希望有好的品質，不要有人悟了以後將來又退轉，那不是白搭了嗎？所以那是因爲我們有很多方便善巧，給你方向、給你方法，然後又施與很多的機鋒，每一次過堂又有許多的機鋒或者開示，如果這樣還悟不出來那怎麼辦？無可奈何啊！

不過我們總是每一梯次都能悟出幾個人，那倒也不錯。所以每一次禪三我都在注意每一個人，小參出來時我都要看記錄，能知道這幾個人下回再上山來一定會悟，幾人還要再上山兩回，有一些可能還要四、五回，這都可以看得出來。如果主三和監香老師們都不給方便善巧、不給機鋒，想要悟入可沒那麼容易的。例如雲門座下那個遠侍者，十八年才開悟，我如果到外面去說：「我十八年後讓你開悟好不好？」他們一定說：「好！」問你們好不好？都說不好；可是正因爲這樣會退轉。如果十八年才悟入，他怎麼會退轉？不管所悟是對或錯，他心想：「老子十八年才悟的，怎麼能放棄。」就是這樣。

所以說正格的，眞要開悟是很難的；自古就這樣，不是現在才這樣。那你們進了正覺以後悟得容易，那是親教師的功勞，是我們許多助教老師、義工菩薩們幫忙而可以安心共修，也是我們舉辦禪三時大家的辛勞，然後才有你們可以證悟，其實是不容易的。爲什麼不容易？因爲這是 如來最重要的法寶，當開悟時往往覺得：「**這如來藏只是這樣喔？**」好像沒什麼，其實不然，從這一個沒什麼的如來藏，繼續次第進修之後，會發覺眞的有什麼；不但有什麼，而且非常偉大；我就是個現成的例子，我這一世無師自通證了如來藏之後，次第發展出各種的法，往世的證量就回來了，都因爲證得如來藏，所以這是諸佛的密要。但如果是「**與法城作障礙**」的人，如果是大賊、如果是毀壞「**法城**」的人，如來告誡時說：「**不應該幫這種人開悟，他來求法時你可以爲他說法，但不應該幫他開悟；甚至佛門中的出家眾，那眞正是佛弟子了，如果他對這個法沒有非常非常恭敬，如果不是非常的渴求，也不應該爲他解說這個法。**」這是 如來的吩咐。

所以這個正法的密意眞的要好好護持，大家都要善護密意；也許你打過三次禪三了，有所觸證但還沒有被我印證，若依古時禪宗的標準來看你是算證悟的；這是因爲我們印證標準很高，但是依古時禪宗的標準你就算是證悟者，不應該隨便爲人說。如果隨便爲人說了，那就是虧損法事，也等於虧損如來，這個罪非常、非常之重，所以大家千萬要注意！即使你還沒有被我印證，但你參禪的所得還是不應該爲任何人說，這一點一定要特別注意，因爲這是 如來特別告誡。

接著如果有人來佛門中求法，是應該先加以檢驗，要經過一段時間的觀察檢驗，所以 如來開示說：「**是人爲求所示教法，出家受戒，我知此人後應得道，聽使出家四月中試；**」這是說，以前曾經「**與法城作障礙者**」，或是以前曾經毀壞「**法城**」的人，或者曾經是盜法者，或者他依舊有盜法的心態，但這樣的人不代表他完全沒有得法的因緣；因爲他這一世的受生與進入外道法中，可能是往世的因緣而投生在外道的家庭中，出生以來就一直都跟外道往來；身爲外道，所以會跟著外道抵制正法、破壞正法；這是因爲他的意識不是從上一世來，是這一世新生的，因緣是如此，他可能曾經破壞「**法城**」，可能曾經「**與法城作障礙**」，也可能來盜法，爲了盜法而來到佛法中出家；這一些人來求出家時不代表他們往世沒有修學正法培植福德，所以應當讓他們進入佛法中出家再加以觀察。

因此 如來說這些人爲了求得佛法中所說的法教，因此來佛門中出家受戒，他們也受了聲聞戒、菩薩戒，那麼這個人在往世所修學的那一些佛法因緣、所修集的福德資糧，累積到這一世時是應該證道的，只是因為他投生在外道中，那還是應該要為他們補救。因為菩薩不是只看一世，所以對這種人應該聽從及隨順，讓他們在佛門中出家，出家後整整四個月來觀察。但為什麼要觀察呢？如來說：「**為護法城故，又使未來世賊不更起故。**」

也就是說，當他們來到正法中出家受戒了，但是這四個月中讓他修學佛法，最後知道應該是怎麼樣才對、怎麼樣是不對的，然後他們可以對眾懺悔；對眾懺悔之後，大眾就以他們作為榜樣，知道有任何人來佛門中出家時，可能會有盜法者，也可能曾經造作過障礙「法城」、抵制佛法的惡業，那就應該在四個月中觀察教導使他轉變，然後滅罪；滅罪之後他們就不會成為盜法的人，滅罪之後他們就成為真正佛弟子了。這就像《阿含經》講的那位須深比丘的事情一樣，那須深比丘的故事現在先不談，我們到下一段講完了再來談。

那麼 世尊說：「**如是，如來善護法城，使不得便；所謂令受佛教，捨本惡邪。**」如來就是這樣，不但護念這一世的弟子，也善護念往世的弟子；如來會觀察弟子們往世世曾經在佛門中，或者往昔曾經在另外一尊佛那裡學佛，或者曾經奉侍過多少佛，如來都會觀察。這一世的因緣不好而生在外道中，此世雖然造作了對「法城」不利的事情，但無妨這一世應該證悟、應該得法了，就讓他在佛門中出家，以四個月來觀察；觀察的過程中當然要教導他佛法，讓他懂得佛法以後就不再信外道法。當他眞懂佛法時一定不信外道法，那他就會眞心歸依於佛門，捨棄了外道，這是必然的事情。

就像我以前也跟諸位講過，比如說你們有些人以前在基督教、在天主教、在回教或者在一貫道，不管在什麼教都好，來到佛門次第修學之後會知道：「唉！原來我以前所宗奉的那個宗教的教主是沒有開悟的，他只是一個凡夫；如今我在正覺學了兩年半以後，已經得到順忍。雖然還沒有證初果，也還沒有明心，但我有順忍，這時就超過我原來信奉的宗教教主，我如今的智慧已經超過他；我的智慧既然比他更高了，爲什麼還要侍奉他、信仰他？」這時若還繼續信受以前的宗教和教主，就像一位教授去禮拜一個小學生當老師一樣，那不是很笨嗎？

如果證了初果、斷三縛結，你又明心證眞如了，就好像是博士班的指導教授（也就是博士生的指導教授）；博士生的老師去禮拜一個幼稚園生當老師，其笨無比！懂這個道理以後，如果有人自稱是四地菩薩、五地菩薩，結果他家裡還是供奉著老母娘、心裡還歸依老母娘、還在讚歎老母娘，那是天下最可笑的事。老母娘只是個凡夫，他自稱是四地菩薩竟然還供奉老母娘、還歸依老母娘，那不是顛倒嗎？可想而知那個四地、五地是假的，只是文字上、語言上的四、五地，捨壽以後倒是眞的要到地下第四層第五層去——眞的讓他入地（獄）了。

由這裡可以看出來許多大妄語者的面目，譬如以前有個一貫道的老師姓劉，他自稱是四地或是五地的菩薩，還授記他的弟子是初地菩薩；但我的意思是說他連歸依三寶都沒有，連受菩薩戒都沒有，怎麼可能是四地的菩薩？那也是個盜法者。當我們這一宣示出去以後，他聽見了就趕快去歸依，宣示他眞是佛門弟子；那他找誰歸依？他去找個聲聞凡夫僧歸依。菩薩證悟了，而且到了四地、五地時，還會歸依凡夫聲聞僧喔？由此可見他根本沒有慧眼，就別談地後菩薩的法眼了！一個沒有慧眼的人就是個凡夫，才會去歸依聲聞僧；而且那個聲聞僧還不是阿羅漢或初果人，還是個凡夫，所以說這些人眞的可笑。因此我們就說，如果他接受了正確的教導，一定會知道那是凡夫、也是聲聞僧，都還不必證悟就能知道；那他如果真的有四地證量，難道不知道這一點嗎？真有四地證量的人一定會知道這一點，因為這只是常識，那他就不會去歸依聲聞凡夫僧。同樣的道理，佛陀觀察到那些來佛門中出家的人，本意固然是為了盜法，但他們往世的因緣是應該證悟的，就讓他們真的出家；然後四個月中一面觀察一面教導，當他們真正懂得法教以後，就會知道：「原來依止的那個道場、所跟隨的那個師父是外道，講的是外道法，根本不是真的佛法，而他也只是凡夫。」當他們斷了三縛結時，馬上知道：「我已經斷三縛結，不在凡夫之數了，那我幹嘛盜了法去告訴他？告訴那個凡夫而我又犯了盜法罪，何其愚癡啊！」那他們就不會再作外道，就會從身行發露懺悔，就真正成為佛弟子，永遠離開外道，所以「四月中試」是正確的作法。這就是 如來的「善護法城」，使盜法者、破壞佛法者不得方便。

我有時也跟諸位說，你們有的人喜歡上網護法，這行為很好，但是要提防有些外道故意藉著質難你的法義，特別是質難第一義的密意，想要讓你寫出來讓他知道。他用的是激將法，不斷地質難你：「你這個不是，沒有如來藏啦，**如來藏是施設**。」那你為了要證明真的有，所以就說明應該要怎麼樣實證，你就教他了，那你就是虧損法事、就是虧損如來，這顯示這樣作的人是沒有智慧的。應該只從法教上為他說明就好，至於怎麼實證的事不用告訴他；「**你想要實證，就到正覺來學吧**。」這樣答覆最簡單，也不會誤犯虧損法事的罪。所以 如來各種的善巧方便我們要學，要懂得如何「**善護法城**」，使得外道盜法者不得其便。

為什麼「**善護法城**」使外道不得其便可以成功呢？因為「**令受佛教，捨本惡邪**」。因為好好教導他以後，他接受佛法的教導，當他真的熏習進心裡去了，就會發覺佛法才是真正的正法；那他在原來地方所學的那一些法都是錯誤的，都是會殘害自己的法身慧命，而且都是偏邪的，不是正道，就會遠離外道，真的成為佛弟子，這就是 如來的方便啊！

接著又說：「**諸比丘眾皆應歡喜，聽使出家，得受戒已，天人世間不能動轉**。」也就是說，外道來盜法者，到了佛門中求出家，比丘眾們不應該拒絕，應該接受他們。以前有人會跟我說：「**這位是什麼外道，那位是什麼外道。這人是個盜法者，一定會有問題**。」特別是從一貫道過來的人，以往都會有師兄弟來說：「要小心喔！這是一貫道的人。」我說：「我不怕，他來了我正好多得幾員大將。」因為從一貫道過來的人，大概在那裡都學很久了，很多人也已經當上講師了，我正愁弘法人才不夠，需要度他們入了義佛法中當老師，我怕什麼？只要他學得好，早晚會知道一貫道不算什麼，那只是個凡夫而且是盜法的宗教，他最後一定會全心全意歸入佛教三寶，全心全意就在正覺裡面繼續成長道業。所以我的看法不同，如今我們現在有好多位助教老師以前都是從一貫道過來的；現在甚至有一貫道過來的同修當上親教師了！大家都想不到吧？

這就是說，往世的因緣我們應該要考慮進去，不能單看這一世的表相；如果你單看這一世的表相，那不就讓他們枉死了嗎？他們枉死不打緊，我們正法就少了一分力量，所以應該要遵照　如來的告誡：「**諸比丘眾皆應歡喜，聽使出家，**」他們如果來佛門中要求出家，就讓他們出家；因為他們有往世熏習了義法的種子，當你教導了以後他們那些種子又開始生芽，又開始長出來，最後終究會開花結果的，他們就證道而成為勝義僧了。所以不能看表相，要看實質；只要他們在佛門中受菩薩戒，總得要遵守戒法吧？當他們遵守戒法以後，心中自覺是三寶的一分子；三寶中的一分子是何等尊貴，諸天尚且要供養，那他們原來所宗奉的外教教主，雖然說是天主，那層次不過是在欲界天，而且是欲界天最低的層次，還上不了須彌山頂，最多就只是在須彌山的山腳下，還去不了半山腰，看清楚了正好離開外道。

我說這話沒有誇大，眞的沒有誇大！怎麼說呢？你們看那外道的天主，他們在《聖經》中明白寫著說，供養天主時要供養血肉（是要帶血的肉），煮熟了還不行；你們去讀《舊約》、《新約》都有明文記載著。他們那位天主—所謂的天主—眞的會是天主嗎？單說四大天王就好了，四大天王的住處是須彌山的半山腰，你用葷腥之物煮熟了去供養，他們還不願意受供，因爲他們吃甘露，很清淨；那種動物的肉煮熟了還是很腥，聞了作嘔。不說近前來聞，在三里以外聞到就會作嘔的食物，他們還會來受供？但他們所謂的天主要吃的是帶血的鮮肉，那他的層次在哪裡？你就知道了。

你如果已經得順忍—還不說證初果—快要證初果了，你就超過他很多，爲什麼還要歸依層次那麼低的所謂「天主」。懂得這個道理以後就想：「**我要永遠離開了，再也不歸依那裡了；如今我是三寶之一，諸天天主才是眞正的**

天主，他們還得供養我，還要禮拜我，那爲什麼我要歸依那個不是天主的假天主？」這個道理要懂。那麼當他們懂這個道理以後，眞的「天人世間不能動轉」，他出家後一定會很珍惜自己屬於三寶這個身分，即使還沒有證悟，即使連順忍都沒有，都遠遠尊貴於諸天天主，除非那天主是菩薩受 佛之命去當的，因此說：「得受戒已，天人世間不能動轉。」

接著 如來說：「舍利弗！何等是可試者？謂外道人及樂外道法者；」他們本來是愛樂外道法的，這種人是應該加以測試、加以試驗的，譬如他們來佛法中求出家，可是出家以後對於那些外道法總是津津樂道，對外道那些說法者總是繼續崇拜，如果是這樣，就是「樂外道法」的人，那他縱使來到佛門出家，也還是外道，應當這樣看。那麼 如來解釋說：「舍利弗！何等是樂外道法？所謂有所得者、我見人見者、衆生見者、貪者、邪者、於自相空法中心生疑者，受行種種邪虛妄法，不能入於第一義空，行諸邪道，是人名爲樂外道法。」

「樂外道法」的定義竟然這麼廣，這樣看來，如今海峽兩岸的佛教、包括南洋的佛教，是不是都「樂外道法」？對了！涵義是這麼廣的。先來講第一種「**有所得者**」外道法，「**有所得者**」四個字就一網打盡了。你們看所有外道法哪個不是「**有所得者**」？先說竊盜佛法的一貫道吧，他們的口號是「**天堂掛號，地府抽丁**」，這就是有所得，所以宗教學者都說一貫道叫作天道；其實他們以前也自稱天道，因爲他們都想要死後求生理天；理天是三界十八天中的哪一天？或者是忉利天三十三天中的哪一天？三界中根本就沒有這樣的天，是他們自己創造的。然後理天的境界是什麼，又說不出一個所以然來，所以那是子虛烏有的、虛構的、不存在的所謂天界。他們自己建立那個天堂而說要「**地府抽丁**」——地獄除名，然後要生理天——要生天堂，所以他們本來也自稱天道，是後來才沒有再自稱天道，其實不外於「**有所得者**」。

又譬如附佛法外道的密宗假藏傳佛教，他們不也是「**有所得者**」？一天到晚追求的都是六塵中的境界，所以看到喇嘛們一天到晚喝酒也是正常事，別奇怪。以前電視上也報導過，有人租了一〇一大樓中的一戶，供養一個喇嘛，給他在那邊所謂的「住持佛法」；聽說裡面到處都是空酒瓶，原來供養了一個學密的酒鬼。那喇嘛喝酒是有原因的，他們爲了增強性能力，所以喝酒助興可以行雙身法；他們把酒叫作甘露，天啊！天人們聽了一定額頭上三條線；而他們求的都是六塵中的境界法，都是「有所得者」。眞正無所得是離開六塵的，所以密宗假藏傳佛教根本全都落在我所中，還不如一般的凡夫。

那麼「有所得者」，例如世間人練氣功或修練什麼功夫等，也都是「有所得者」。但我這話不是禁止大家練氣功，練氣功或打拳都行，目的是爲了強身健骨，可以維護這個道器繼續修行而常住世間，這對眾生才是有利的；但那只是工具，作爲修道過程中的一種工具而不是目的。至於外教等等，最多不會超過四王天的境界；如果是道教呢？道教的經典，例如《道德經》，那是什麼境界？道教中的所有科儀或經典，大約以《道德經》的地位最高了，但《道德經》中多數還是講儒家的東西——修身齊家治國平天下；他還講到當國王時應該怎麼作，最後求的是平天下。至於講到理上的部分——講到實相的部分，他也知道有個實相，但是落於想像，所以才說：「道可道，非常道；名可名，非常名。」接著卻說：「無，名天地之始；有，名萬物之母。」已經成爲邪見了。

對實相不瞭解，因此老子才會說：「吾所以有大患者，爲吾有身。」說有這個身體在就是個大患，因爲大家都知道身體是會老、病、死而壞滅掉的；

他懂得最好是無身，可是他不懂無身之後還有這個意識在，也是大患，他卻不懂。以前我們有一位進階班的同修說他要註解《道德經》，他說：「老子也有開悟，我要為他註解，證明老子有開悟。」我說：「好啊！你如果不聽勸，真要寫的話，那我會再另外寫一本書來證明老子沒有開悟，因為《道德經》講的都是世間法。」後來他不敢寫，因為他怕寫出來以後會害了老子。那麼他自稱開悟，到底是悟個什麼？怪不得他進不了增上班，連禪三都去不得。這就是說，那些都是「有所得」的境界。

不談外道，已經談那麼多了，改談佛門中的事。佛教界在我們正覺弘法之前有好多的阿羅漢，包括南洋來的阿羅漢也非常多，大陸就不提，因為數不勝數啊！但最後都被我們證明只是凡夫，因為三縛結都在，我見都在，哪來的阿羅漢？當代所有「阿羅漢」們連我見都沒斷。至於釋昭慧推崇的那個葛印卡或是帕奧，昭慧說他有次第禪觀；問題又來了，有次第禪觀的人為什麼沒有證初禪，證明那也是騙人的。縱使他們有初禪、二禪乃至非非想定好了，依舊是「有所得法」，因為全都不離意識境界。意識住於四禪八定的境界中而有所住，就是「有所得法」。所以我們許多的書不斷寫出來之後，那些「阿羅漢」們全部都入涅槃去了，世間再也找不到一個。

接著說兩岸的大法師們，這位也開悟、那位也開悟，幾乎是大家都開悟了。甚至以前曾經有一個南部的法師在電視臺上經常說法，他開口閉口都說「開悟的聖人……開悟的聖人」；你們有沒有人聽他講過？有喔！那你們就知道是誰了，但現在他也閉嘴不談開悟的事了。這就是說，那一些所謂的證悟者都是「有所得者」。中臺灣最有名的「有所得者」大師，前些年捨報了，他總是說：「清清楚楚、明明白白、處處作主的心就是眞如佛性。」那就是六塵境界中的事，依舊是「有所得法」。因爲落入「有所得法」中，所以要蓋一個世界最高的寺院，來表示自己證量最高；又買入非常多的質貴藝品或古董展示出來。搞不好，哪一天有誰再蓋一個比他高的寺院，證量是否就比他高了？那眞是無知啊！至於其他所謂證悟大禪師們也就不提它，因爲都是「有所得」的境界。但如來說「有所得者」都是「樂外道法」，他們心中所思所想是「樂外道法」，全都是世間法；這是心外求法，就是外道。

「有所得」是一類，接著說「我見人見者」。末法時代的大師們總是開示大家說：「我們要當自我，不要捨己求人。」然後又說：「我們要把握自我。」

那麼把握自我不就是我見的具體表現嗎？「當自己」、「把握自我」的時候一定相對就有別人，因為他不可能是寡人，也不是孤家——地球上不是只有他一個人。如果只有他一個人，那是不可能成就的事，誰來出生他？誰來撫養他、供養他？誰來當他的弟子？不可能這樣的。有我時一定就會有人，這就是「**我見人見**」。只要落在意識裡面就是我，住於意識境界時一定會面對一切人，這就是「**我見人見者**」；也就是說他沒有斷我見，就一定我見人見都不能捨離。不離「**我見人見**」時就會心外求法，一定會求世間六塵中的種種喜樂之物，往往又會落入我所；落入我所中的人，就會喜歡內我所、外我所。

外我所中有一種叫作眷屬。當他貪愛眷屬時「**眾生見**」就出現了，他的眾生見就斷不掉。當他看到眾生時就想：「**這些人能不能全部來當我的徒弟？最好全部都來當我的信徒，希望我能擁有幾億信徒。**」他會這樣想的，這就是「**眾生見**」；這種人也叫作「**樂外道法**」，他一定喜歡外道法，因為外道法中總是希望徒眾越多越好。假使我有眾生見，一定會想辦法廣告，請廣告公司來規劃，然後作各種行銷。法鼓山以前是這樣作的，當年是請聯廣來作的。我想起來了，聯廣有一位副總，記得是姓林吧？請他們公司來策畫、來行銷，所以十年就變成大山頭了。可是成就大山頭以後，結果依舊不離「我見人見眾生見」。成就大山頭的目的是什麼？就是想要信徒很多，否則哪能成其大？這就是外我所的貪著，這也叫作「樂外道法」。

接著來講「貪」，貪者也是愛「樂外道法」。貪者，例如廣論團體的里仁商店；廣論團體是誰設立的？新竹鳳山寺的日常法師設立的；他設立廣論團體到處宣揚《廣論》，專門吸收學校的教師；他是奉達賴喇嘛之命這樣去作的，所以達賴的世間智慧很厲害：傳密宗假藏傳佛教是一條路，然後再藉佛教法師的日常法師身分繼續廣傳密宗假藏傳佛教，卻是以另一個模式來作，就是專門傳《菩提道次第廣論》。但那是邪論，也是外道論，可是沒有人知道；他爲了收集更多的錢財去供養達賴，所以到處開里仁商店，藉里仁商店賺大錢。

爲什麼賺大錢呢？因爲他種的有機蔬菜是學《廣論》的學員去種的，不用花工錢；採收以後送到里仁商店經營，也是《廣論》的學員去當義工，不用發薪水，當然他賺的錢多，達賴就用他賺來的錢。以前據說達賴的錢有一半以上來自廣論團體以及來臺灣所撈的錢；他的流亡政府經費一半來自臺灣

（最少一半），現在聽說已經下降了，因爲我們破斥了《廣論》全部內容的錯謬，而臺灣人也知道密宗假藏傳佛教的法是不對的，所以現在臺灣去的錢比較少了，但數目還是很大的。他們開里仁商店來經營生意，這是違背比丘戒的，因爲出家人不許經營生意；但日常法師這個作法的目的是什麼？是爲了錢財，這就是貪。

弘揚《廣論》時他們都只針對經過選擇後的出家人才教雙身法，對在家人不教；所以他們都說成佛就是抱身佛的樂空雙運境界，因此他們平常不教給在家人，導致學《廣論》的在家人永遠不懂雙身法，因此他們說：「**在家人是一壺永遠燒不開的水。**」好在你們在家人都燒不開，燒開了就倒楣。但跟著日常法師學的一大半出家人，想來應當都燒開了吧？可是這一燒開，滾燙滾燙的，就燙死他們的法身慧命；這都是因爲貪——內貪於邪法，外貪於錢財眷屬，眞的就是貪。

傳統佛教中就沒有貪嗎？也有啊！前些時候我不就跟諸位說他們有的道場轉型了？記憶猶新喔！轉型拚觀光，或是轉型去拚學術。法鼓山就專門走學術路線，所以世界各地只要有佛學論壇，他們都去參加，一定可以看見他們，因爲他們在佛法中已經沒得混了，現在只剩下學術界還可以出頭，顯示他們法鼓山還存在著。至於中台山、佛光山轉型作生意，所以他們兩個山頭是陸客必到；糟糕了！現在陸客不太來了，他們怎麼辦？不過沒問題，以往每年賺了一、兩百億元臺幣是小兒科，那些錢夠他們吃到未來十世了。問題是那些錢到底要怎麼存放？我都替他們難過；要是存放於銀行，哪一天臨時走人了能怎麼辦？可能要預先籌謀說：「**某某比丘分多少錢，某某比丘你分多少錢。**」不然怎麼辦？難道要像臺中以前聖印法師那樣？那是幾十年前的事，他身後留下七億元現金，還有許多的不動產，結果出家徒眾們到法院互相告來告去。咱們正法中不會有這種事，也不應該有這種事。

那他們拚觀光，是因爲什麼？因爲貪！其實出家人就應該像顏回，「**一簞食一瓢飲，在陋巷，人不堪其憂，回也不改其樂**」，應該這樣過日子。我們以前在天竺追隨 如來時就是這樣，沒有人抱怨過一天只能吃一餐；所以去托缽，今天如果沒有托到缽，缽裡沒有食物，回來挨不過餓就吃牛糞去；如果不會餓得很難受，就等明天再去托缽；就這樣子，但沒有人抱怨過。可是現在的出家人沒辦法安忍，總是貪，這已經變成正常現象了。那麼臺灣如是，大陸更加猖獗，貪得更厲害；現在甚至少林寺也要發行股票上市了，想想看那是怎麼樣的貪。至於達賴那個貪就不必說了，已經是無可名狀。

接下來「邪者」，邪是什麼樣叫作邪？一貫道是邪，密宗假藏傳佛教是邪。一貫道怎麼邪？佛法是世出世間法、至高無上的法，他們竊取了佛法表相的內涵，再把回教的說法拿來混在佛法中，近代又把基督教、天主教的教法拿來混在佛法中；臺灣初期的一貫道還把密宗假藏傳佛教的雙身法也混在佛法中，所以當年比我更老的老人家都說一貫道叫作鴨蛋教，欸！你們有人聽過了。鴨蛋教時期的一貫道都定期舉行祕密儀式，在儀式中不論男女全都脫光衣服一起禮拜，那你想他們在幹什麼？就是密宗假藏傳佛教的法。後來他們覺得想要在臺灣合法化，恐怕有障礙，才把男女雙修停掉；然後當政者為了選票就在那個時候(我記得是邱創煥當內政部長時)讓他們合法化。但合法化以後一貫道有都支持國民黨嗎？也沒有，但因此一個邪教就合法了，成為一個可以合法竊取其他宗教教義的邪教。但是一貫道在大陸依舊是邪教，因為大陸認定它是一個不離政治本質而且偏邪的宗教，因為他們沒有自己的教義，都是竊盜別人的教義，並且還要貶抑人家；仿冒人家還要貶抑人家，所以到現在爲止一貫道在大陸仍然是邪教。

那麼一貫道的偏邪我們說的多了，就不再談它，還是回到密宗假藏傳佛教來；天下最邪的宗教就是喇嘛教——密宗假藏傳佛教。有人說我們老是在批評藏傳佛教，我們沒有啊！我們認同覺囊巴他空見的教義，覺囊派才是眞正的藏傳佛教，我們沒有批評過。我們批評他們所謂的藏傳佛教，其實不是眞正的藏傳佛教，全都是仿冒的假佛教。那是上一代的班禪請求了毛澤東之後，獲得允許才改名成藏傳佛教，他們本來不叫藏傳佛教，本來就是喇嘛教。他們又稱爲密宗，是因爲佛教中有許多糊塗法師把它當作是佛教，才會被人說成是佛教八宗裡的一宗，其實根本是外道；徹頭徹尾，從裡到外都是外道，只是盜用了佛法的名詞罷了。

那他們爲什麼邪？假使說是佛法、是佛教，至少也要有跟佛法不相違背的說法，偏偏他們用翻轉法則，把佛法的義理與行門全部都顚倒過來說那樣才能成佛；他們那一些理論跟法門實修之後的結果是求升反墮，那一些喇嘛都已成就地獄種姓；假使信徒也跟著實修那也會成就地獄種姓，將來死後都成爲地獄種姓，所以那叫作邪。不正就是邪，而且又會害人，害人的就是邪；

佛教應該來利樂有情而不是殘害有情下墮的，可是跟著他們修學之後，捨壽了就是到三惡道去，害眾生就叫作邪，這也是外道。

「**於自相空法中心生疑者**」，這種也是外道，什麼叫「**自相空**」？首先要講「**自**」，這要帶上「**他空見**」來說明一下。眾生愚癡把虛妄法當作真實法，篤補巴提出來說：虛妄法不是真實的自己，虛妄法是他，因爲虛妄法是暫時而有，真實而常住的自己才是真正的空；而虛妄法無常故空，不是真我，他是假有的，所以稱爲他空；那真正的空性是常住不壞的法性，乃至連刹那生滅都沒有，有這樣的自相才是真正的空，就是這裡講的「**自相空**」。自己的法相是真實而且是空性，才是真正的佛法第一義諦。

但是五陰十八界我都是虛妄法，從真實的自我如來藏來看，五陰十八界一世來了又去、來了又去，就這樣來來去去、生滅不住。來來去去、生滅不住的我，會是真正的自己嗎？不是。來了又去就好像旅客一樣，就是過客，過客應該稱爲「**他**」，不應該稱爲真正的我，所以「**他空**」。因爲無常空，真正的自己是常住的、是永不壞滅的，這一個法相顯示出來可以證明這個自己才是真實的空性，這才能稱爲畢竟空——最究竟的空才是真正的自己，這個眞正的自己就是第八識如來藏，又名「無名相法」。

那麼身爲佛弟子，特別是大乘法中的佛弟子，如果對於這樣的「自相空」不信受，心中懷疑；即使遇到親證「自相空」的善知識來教導他，但他心中對善知識所說一切法都不信，全部都懷疑，這樣的人就叫作佛門中的外道。那麼請諸位檢查一下，看釋印順是不是外道？是了！如來說：「是人名爲樂外道法。」他身披僧衣、燙著戒疤、住在蘭若，結果愛樂的都是外道法；密宗應成派中觀六識論，哪來的中道觀呢？不叫他佛門外道又該叫什麼呢？

當他對於「自相空法」在心中生疑，他不但是聽聞，是已經出家住在「自相空法」之中了，也就是在佛門中出家了，而佛門中說的都是「自相空法」，但他在「自相空法」之中，心中老是生疑，這樣的人一定會「受行種種邪虛妄法」，例如什麼樣的邪虛妄法？大乘非佛說。所以日本學術界在那邊倡導大乘非佛說，否定《起信論》，他也在臺灣呼應「大乘非佛說，如來藏是外道法」。日本學術界這樣講，是日本佛教界的事；他在臺灣受學的是傳統的大乘法，爲什麼要呼應日本人？對啊！所以我說那個人腦筋是有問題的。

他「受行種種邪虛妄法」，不但呼應日本人的那些邪見，還把《廣論》

所謂的下士道、上士道也拿來談，但他不認同上士道的雙身法，因爲他知道《廣論》後半部的止觀在講雙身法，但他刻意不明講，他很清楚，所以他否定雙身法；但他卻把前半部講的附佛外道法當作眞正的成佛之道，編寫成他自己的成佛之道，結果使他斷不了我見。因爲《廣論》所講的所謂的下士道、中士道，以及所謂的般若道——菩提道，其實不是眞的菩提道，那都是外道之道。因爲他們全都落在意識中，他吃了宗喀巴的邪見唾沫，認爲意識是常住的，就公開寫在文字上，那他不正是外道嗎？常見外道都是這樣的，差別是所認的意識是遠意識、近意識、粗意識、細意識等，同樣都是意識我，所以都是外道；而糊塗的釋印順竟然把那一些說法當作眞正佛法，把它整理出來寫成了《成佛之道》。如今那一本書應該改名了，要改個什麼名字？改爲《常見之道》比較適合吧。

也就是說那是偏邪的，那是虛妄法；喜歡這一種偏邪虛妄法的人，領受這種虛妄法、奉行這種虛妄法的人，都不可能「入於第一義空」。第一義空講的是如來藏空性，祂運作的過程中顯示出空的法相。空的法相是什麼？就是如來藏法相。而一切空不論是哪一種空或其他的空，全都不究竟，不是眞實空；畢竟空卻是如來藏這個空，這才是究竟空法，這就是「第一義空」，因爲所有的眞實理都不超過這個眞實理。諦就是眞實理，不管世俗諦、勝義諦，或是四聖諦連同八正道的道諦一樣，都不超越這個眞實義，所以這個眞實義才是「第一義諦」。那麼「第一義諦」講的就是空性如來藏這個空，這才是畢竟的空。有一首偈說「菩薩清涼月，常遊畢竟空」，畢竟空就是如來藏空性的境界，沒有一法可以超越這個空性境界，所以這才是「第一義」，由於所有的眞實理都不能超越這個理，所以叫作「第一義諦」。

那麼「有所得」的人，乃至「於自相空法中心生疑者」，一定會「受行種種邪虛妄法」，當然不可能「入於第一義空」之中。現在佛門不能「入於第一義空」而偏偏說自己講的就是佛道，偏偏說自己已經證果，說他們自己是實證的菩薩，那一定是「行諸邪道」；因爲他們落在意識境界，或者落在識陰境界，就無可避免地落入「邪道」中，邪道即非正道；這樣的人就稱爲「樂外道法」的人。那你們看，如今佛門好像被 如來給一網打盡了！但爲什麼 如來會一網打盡？因爲早就看見末法時代會變成怎麼樣了，所以已經預記在先。那麼接下來 如來又怎麼開示呢？

經文：【「舍利弗！不可試以種種色衣，若白衣人、若著袈裟，有如是不善有所得見，皆名外道；於我法中出家受戒，是人應試，何以故？有所得者於我法中即是邪見，是名大賊，一切世間天人中賊，是名一切世間怨家諸佛大賊。舍利弗！是邪見人，我則不聽出家受戒。舍利弗！一切法無我，若人於中不能生忍，一切法空、無我、無人、無眾生、無壽命不能信解，於我法中所受供養，名爲不淨。是人則是不供養佛、不供養法、不供養僧，強入我法；形是沙門，心是外道，爲盜法人。」】

語譯：【如來又開示說：「舍利弗！不可以嘗試用種種不同色彩的衣服來判斷，或者穿白衣的人、或者穿著袈裟的人，凡是有像這樣不善良的、有所得的見解，全部都叫作外道；在我這個修行法中出家受戒的話，這樣的人是應該加以試驗的，爲什麼呢？有所得的人在我的法中就是邪見者，這樣的人稱爲大賊，是一切世間中的賊、是一切天人中的賊，這種人名爲一切世間的怨家，名爲一切諸佛的大賊。舍利弗！這樣的邪見的人，我就不聽從他出家來受戒。舍利弗！一切法中沒有眞實的我，如果有人在其中不能夠安忍而住，對於一切法空、無我、無人、無眾生、無壽命不能信受或理解，在我的法中所受到的種種供養，都叫作不清淨。這樣的人就是不供養佛、不供養法、不供養僧，是強行進入我的法中；他的外形看來是出家人，他的心其實是外道，這樣的人就是盜法的人。」】好，今天只能語譯，時間到了。

釋義：講經前先與大家聊一些話，兩個梯次禪三圓滿了，豐收！第一個梯次有助教王老師眼見佛性了，第二個梯次是我們班級義工陳晏平眼見佛性，她們都自稱是 佛加持的，事實上也是如此。我想這也是 如來特地送給我的禮物，因爲我立下一個目標在那裡：將來捨壽面對 如來時，我想要掛著一串無形的一百零八顆（明心又眼見佛性的）瓔珞面見 如來。確實這兩位都是 如來加持，那細節就不談，等她們的報告印在書中，將來大家讀過就知道了。我在想，是不是因爲我們很久沒有發行《我的菩提路》了；見道報告已經積了一堆，但是因爲一忙我就把它忘了，應該是要每年出一輯的。我準備這一、兩個月就來印出第三輯，可能就把王老師的報告插進去，原來書中的某部分內文就抽掉留到下一輯去；然後晏平的見性報告可能留到明年初的新書中，或者提前一點、或者今年年底放進新書中，你們讀了就會知道眞

的是 如來加持，否則沒辦法的。她們兩位的見性，我都不敢引導，只指導她們參究的方向讓她們自己參；這跟永來一樣，我也是指導方向讓他自己去參。他有一個願：「這麼久都沒有人見性，希望可以起個頭，以後大家有信心跟著見性。」還眞如他所願；所以因緣不可思議。這三位我都沒有引導，都指示他們參究的方向；那個方向跟明心的方向截然不同的，必須是過來人才會知道。

那麼前天永來是來奉侍我喝湯藥，因爲我閃了腰，很不好，那他跟我說：「老師啊！我們以後每年都有兩位見性，數目就夠了。」我說：「對啊！希望如此啊！」可是昨天我轉念一想：「不對啊！每年兩個人，二十年後才不過四十個人。」我就說：「不夠！不夠！」後來我昨天和監香老師、糾察老師說：「我們每年得要四個人見性才夠，不然我這一串瓔珞串不起來。」那我看他們(特別是後面這兩位)很明顯就是 如來加持，而且是有具體的證據和體驗的。那麼因此我想是 如來看我拚得這麼努力，要來幫助我圓滿這個願望。所以這一串無形的瓔珞是很不容易串成的，因爲有佛教史以來能串成這串瓔珞的還沒有過。如果這一串讓我串成了，大概可能也是後無來者，不僅前無古人。這是非常非常珍貴的瓔珞，如今我也不知道串不串得成。

那麼串不串得成，不單單是如來能否加持的問題，也是諸位是否夠努力的問題。因爲就我的體驗來講，要眼見佛性所需要的福德一定十倍於明心以上，所以該作的義工要更努力，該護持的要更努力，在什麼方面你可以護持的都要更努力，因爲見性所需要的福德確實很大。至於定力，我希望你們如果認爲福德夠、慧力也夠了，想要求見佛性的時候，看話頭的功夫一定要在報禪三前先來和我討論，等我認爲可以了再報名上山去。不然上山去了，老實講也不輕鬆，而我也得分時間來照顧，眞的也是不容易；我的時間不會很多，只能抽個空去屋外看顧一下，看到底現在話頭看得如何。

昨天禪三最後一天，到下午時實習監香簡老師跟我說：「**老師！您是把所有時間充分利用到頂點、利用到極點。**」那我也不能不這樣，因爲前三天我照顧了這一批應該要開悟、應該要印證的人，我若不照顧是很難拚得過去的；但是到了第三天，我一定要撥時間出來，就得照顧今年冬天或明年夏初應該開悟的人，否則到了冬天、到了明年夏初，有誰能開悟？我當然得要預先安排一下。所以該指點的，該戳一戳、敲一敲的，找出來就戳一戳、敲一敲，預先安排下個梯次能通過考驗的人，然後到明年夏初或者今年的冬初大概緣就熟了，這也是要預先安排的。那麼禪三的第三天你們在跟監香老師小參時，我在外面也要時時去看你們的小參記錄表，看你們小參出來時究竟怎麼樣，這也得要觀察。所以大概第四天是沒什麼空閒的時間了，因爲破參的人考過了，來到我這裡時還有題目等著，也還有喝水的指導，剩下時間就是要安排找些心性好、定力好、福德好的人，再找來指點一下，那麼希望他們到冬天或者明年夏天四月時，可以拿到金剛寶印。

現在不安排，到時候一定考不過去；因爲我們的勘驗標準高。到時候萬一解三時結果得到是一個鴨蛋，又怎麼辦？所以這些事先都要安排好。那你想：我辦禪三就得這麼安排，當然是辛苦。而且老實說，現在是有點懂得什麼叫作老了，眞是歲月不饒人，所以在指指點點時不免有時也會打呵欠；有的同修就爲我難過，其實不用的，因爲老不算什麼，比起往世被那些小乘僧人派了外道來殺死，那已經太好了。沒有被砍、被殺就夠好了，不要抱怨這麼辛苦，最後有了成績那才是眞棒的事，一切辛苦都値得。但是諸位也得努力，不能單靠我；因爲我是可以幫助你們的，如來也可以加持你們，但實際上努力的還是要諸位自己。

閒言表過，我們回到《佛藏經》，上週我們六十九頁第二段好像講完了？唸過？語譯過了？好的，接著來解釋這一段經文，如來說：「**舍利弗！不可去試驗善知識，憑著他所穿著的衣服顏色來判斷，或者說譬如對方是白衣人、或者對方是穿著袈裟的人。**」爲什麼 如來要這樣告誡？因爲自從兩千五百多年前三寶成立之後，就開始有一個現象——僧衣崇拜。這個僧衣崇拜的狀況一直都存在，不是現在才有，而是 如來在世就已經有了；到末法時代繼承了那一些凡夫知見的人就越來越多，那也是因爲末法時代那一些瞎眼大法師教壞了信徒，所以信徒就會有這種邪見，特別是六識論者的法師與信徒們。

爲什麼六識論的那一些法師們會特別注重僧衣呢？原因無他，因爲她們落在意識境界中。落在意識境界時就不免要從意識的層面來看修行人修得好不好，所以她們認爲自己穿著僧衣的身分最高；可是她們沒想到的是 如來在世時，穿著僧衣的那些大阿羅漢們大部分已經迴小向大，但是最多是像富樓那尊者那樣得四無礙辯、九地菩薩的境界；又有誰及得上穿著白衣的 文殊師利菩薩、觀世音菩薩呢？有誰及得上娶妻生女的 維摩詰大士呢？都沒有！但她們都不懂這一點。所以 如來住世時所有大阿羅漢們都對 文殊師利菩薩、觀世音菩薩、維摩詰菩薩非常恭敬，因為證量不可思議！但那些六識論的法師們，你們看臺灣釋印順這一派人，她們對 佛都沒有什麼恭敬，特別是對 文殊、觀世音、維摩詰菩薩沒什麼恭敬。因為她們只看僧衣，這是因為她們落在意識中，從意識層面就想：「**我是僧寶的一份子，你們穿白衣的都只是信徒而已，要聽我使喚、要恭敬禮拜我、要供養於我。**」這就是印順門徒們的想法。

釋印順這樣子教下來，流風所及，四大道場也就跟進，信徒們就這樣被教導了，也就不分緇素，因為黑衣與白衣他們都分不清楚。我們舉個例來說吧，印順派的那一些比丘尼們，她們慣常說的一句話是：「**我們不讀居士寫的書。**」有沒有？很多人聽過，所以你們點頭。問題是她們不聽不看居士說法寫書，結果她們就失去了大利；想想看維摩詰菩薩所說《不可思議解脫經》是誰講的？《勝鬘經》又是誰講的？她們都沒想到這一點，所以她們腦袋是有問題的。那麼在善財大士五十三參之中，只有那麼六、七個人是出家人，而且都在三賢位中，入地的菩薩都不在三賢位中，卻都不是出家相，都是在家相，看看那五十三參就知道了，但其實那些在家相的地上菩薩才是眞正的出家人，她們都不知道。其實就算知道也不信，因爲她們認爲《華嚴經》是後人創造的，她們認爲所有的大乘經都是後人創造的。

既然如此，咱們就來看《阿含經》吧；《阿含經》是一次結集就完成的，因爲《阿含經》中的記載是四十位阿羅漢跟其他三果、二果、初果和聲聞中的凡夫們一起結集，總共五百個人共同結集出來四大部阿含諸經。但結集出來之後大家可以讀讀看，那裡面有一位迦葉童女是個女性，她修童貞行，所以即使五、六十歲或七、八十歲了都還是叫作童女。童女不是指小女孩，是因爲她修童貞行，所以稱爲童女。她率領當時的五百位比丘遊行人間，如果不是大菩薩，她能辦得到嗎？特別是印度重男輕女非常嚴重，就像基督教講的「**女人是男人的一根肋骨**」，說得眞是可惡，那不談它；古印度女人是男人的財產，所以男人隨時可以把她賣掉；但這五百比丘也不是全部凡夫，那他們爲什麼願意追隨迦葉童女？一個女人率領五百比丘們，而迦葉童女並沒有示現聲聞相，他們爲什麼死心塌地追隨？顯然這是個已經入地的大菩薩。

至少這是《阿含經》中明文記載的，所以我說印順派那些六識論者，眞叫作「**其心顚倒無以復加**」。

那麼流風所及，我就講講自己的經驗；我這一世剛學佛是在農禪寺，我在那邊受三歸、五戒、菩薩戒。但其實受那些戒也是白受，因爲我本來有道共戒、有定共戒，也有佛世所受菩薩戒，何必再去受那個戒？不過受了也好，就算增上戒吧。我在那邊剛學佛，因爲剛去不熟悉人家的道場，人家說：「**我們這裡週末晚上有念佛會，可以來唸佛。**」我說：「**那我就去試試看吧。**」就去參加唸佛。唸佛之後，他們唸佛的後半段有繞佛，繞佛時當然法師們走在前面，後面是居士們跟隨；居士之中如果有受菩薩戒的人就走在法師們的後面，在其他居士的前面，就這樣繞佛。這樣唸佛倒也很順。

後來他們傳菩薩戒，有一年就開始改變，不發給戒子縵衣，改發他們去日本東密學來而製作的，就這麼一個長條掛在肩上、垂在左右胸前（我記得以前東密有一個陳聖華先生，最近十年來沒見他在電視上弘法了，他每一次說法時就掛著那一條）；自從那次傳戒以後，居士們都不許再穿縵衣參加唸佛，只能掛著那一條參加唸佛。但他們這樣作的目的是什麼？他們是要區別出家人跟在家人，以免受了菩薩戒以後就跟他們表相差不多了。他們的看法是說：「你們在家人，假使也剃了光頭穿起海青縵衣來，大家還以爲你們是出家人呢。」他們因此受不了，所以後來唸佛時就不許在家人搭縵衣，以後唸佛就掛那一條菩薩戒的布條一起來唸；大家一看，就知道這不是法師；這就是他們的作法。不但法鼓山，其他的道場也都有崇拜僧衣的狀況，在末法時代這是正常的。

但在佛法中區分緇素時，不是依是否穿僧衣來定的；這就是說，其實證量不在僧衣上。假使要說穿僧衣，從過去世來到現在一起來計算，我穿得不比他們少。因爲兩千五百年前我就在 如來座下，多世出家下來，我穿得還會比他們少嗎？他們只看這一世的五陰，而我們看的是如來藏；但因爲有如來藏，就有過往的無量劫，除了在 釋迦如來座下以外，在以前的諸佛座下也追隨過，我也是出家人；眞要比的話，一起來比比看，總的來算一算，看誰穿的僧衣比較多世。他們眞的沒弄清楚，只看這一世五陰的表相。

還有他們弘揚禪，也把他們的寺院很清楚地表明叫作禪寺，所以叫作農禪寺。既然標榜教的是禪，那他們認不認中土第一祖達摩祖師？認吧？不認不行啊！可是達摩祖師說，不應該以黑衣、白衣來看待善知識，假使妳證悟了，穿著白衣、點了胭脂、抹了粉，依舊是緇衣(依舊是黑衣)；可是下一句，達摩說得很難聽：「如果不悟的話，穿著黑衣時其實還是白衣。」你看達摩說得多嚴重，他就是要破除眾生執著的外相，如果不破除這些外相，想要證悟是不可能的；因爲全都落在意識裡面，都在五陰之中打轉。也就是說要以法爲歸，不要只看表相。

假使穿僧衣就是證悟者，那好極了！我趕快請行政組去訂製僧衣，正覺可以舉辦一日出家或者短期出家三天就好，讓大家來出家，都換僧衣穿起來；女眾一樣把頭髮剃了也沒關係，因爲穿了僧衣就會有證量，都可以開悟有什麼不好？對吧？對啊！所以女眾一樣可剃掉頭髮。男眾就不要再留西裝頭，全都剃光頭，來出家三天就好，那時把僧衣穿起來，三天後就是開悟者了，因爲穿僧衣就表示有證量了。眞的可以這樣產生證量的話，我請行政組趕快去訂製僧衣，那我們每年都來辦短期出家三天，三天後你就悟了，去寺裡出家三天都不用作什麼，唸唸佛、誦經就好了，三天後就有證量了；因爲依她們說的道理，穿起僧衣就是有證量者，那麼悟了以後三天可以卸下僧衣回家，下一週我再讓另一批同修複製一遍，這樣所有人都開悟了，多棒！但問題是不行啊！

所以悟或者不悟，有證量沒證量，都不在衣服也不在出家表相上。衣服不能幫助人家開悟，只有善知識才能幫助人家開悟，證量要從善知識身上來，不是從僧衣上來。所以穿什麼顏色的衣服無所謂，假使哪天人間都沒有灰色、黑色的顏料了，只剩下紅色的顏料，那時就全部染成紅色也無所謂，或是綠色也無所謂，因爲顏色不重要，重要的是法的實質，因爲僧衣不能使人開悟。但僧衣有個好處，就是在古時（現在反而壞了）善知識大多數出家，在家的善知識數量少，所以出家遇到善知識的機會大，就容易開悟，這是事實。但是到了末法時代諸位想想看，以我當年剛悟時的狀況，我能去哪個道場出家？會有道場收容我嗎？不會的。

當初農禪寺聖嚴法師還設計了我去，當眾洗了我一把臉，都不接受我。是到後來看到我說的法越來越勝妙，無可推翻，然後才透過李美惠那位禪坐會長，打電話問我說要不要去那邊出家；好在我沒去，阿彌陀佛！（大眾笑…）我若眞的去出家了一定會被綁死，那我還能破密嗎？我還能像這樣幫助諸位嗎？都不可能了！更何況我今天立下了目標，那一串明心又見性的瓔珞要有一百零八顆，更不可能了！想要復興佛教，更甭提了，現在想起來好險、好險！

這就是說，他們都看重僧衣，自以為是眞正的僧寶，可他們不懂什麼是勝義僧與凡夫僧。不但有勝義僧與凡夫僧的差別，還有菩薩僧與聲聞僧的區別，他們也都不懂。那他們自己當個啞羊僧、粥飯僧，自己卻不知道，還以為自己很行。其實眞正很行的人，一定都說自己不怎麼行，全部是 如來加持；而我們最近見性的這兩人的體驗，事實上也眞的印證一切都是 如來加持，沒有誰眞的很行，都因為 如來加持的緣故所以定慧具足。眾生沒有定、沒有慧，而看見這樣的善知識時就說這善知識很行，可是善知識自己覺得不太行，認為 如來才眞的行！所以那一些人都是增上慢，穿著一襲僧衣就覺得自己很厲害，然後就大妄語，現代佛教界大妄語的情況非常普遍了。因此有智慧的人看實質，沒智慧的人看表相，就像俗話說的「**內行看門道，外行看熱鬧**」。

哪兒熱鬧呢？信眾幾百萬人就是熱鬧；但若是信眾不多，大不了一、兩萬人吧？可是每到週二講經時，全省各地講堂坐滿，這樣算來有多少人？單單臺北六個講堂就有一千多人聽經。每逢週二都有一千多人在這裡聽經，世尊入滅後，有佛教史以來曾經有過嗎？還沒有過。那內行人就不看信徒，他想：「每週二講經單單臺北一地有一千多人聽經，不是一天兩天，而是每一週如此。」人家就懂：這一定有法，否則大家這麼努力追隨來聞法是爲了什麼？這就是內行人。所以內行人搭著計程車從這個大樓經過，他們就會說：「我聽人家說正覺同修會在承德路三段，每到週二晚上都要排隊才能搭電梯上去聽經。」他們看過的人有一天想起來要學佛時，就會聯想起來：「啊！我知道！是那一棟正覺大樓。」可是眞抱歉，這一棟大樓不叫作正覺大樓，但他們已經給我們取名叫作正覺大樓。大樓有的住戶很擔心我們把它改成正覺大樓，但我們不會改，因爲正覺大樓已經名聲在外了，又何必再改呢。

這就是說他是內行人，知道每逢週二晚上就有人在那邊排隊等電梯上樓。「聽經還需要排隊上樓喔？這一定是有內容的，否則不會有人每週二都來聽經的。」這就是看懂門道了！所以眞正懂法的人，或者眞有世間智慧的人都不看表相：「我管你剃不剃頭髮、有沒有燙戒疤？我管你穿白衣、穿僧衣？我都不管，只看你的本質。你要是沒有法，即使穿著九條大紅祖衣我也不信你；你要是有法，穿著短褲截兒又一件汗衫，我也信你。」這就是有智慧的人。

你們可別說：「欸！蕭老師！我又沒看過您穿短褲截兒與汗衫在街上逛。」我說：「怎麼沒有啊！因爲現在沒有在寄書了，夏天就沒這麼穿。早期寄書都是我自己寄的，那時同修會才一、二百人，寄書時都是我自己親手寄；都是用手拉車拉到郵局去寄，夏天太熱了我走路晒太陽、熱得不亦苦乎！所以就穿短褲截兒加一件汗衫，就這樣親自去寄。」寄到後來郵局的人都認得我。現在很久沒去了，有時看見我去時就說：「欸！你來了！」他們認得我，有時會特別爲我服務。

所以善知識不一定示現什麼模樣，不需要後面有人擎著寶蓋，然後前面四個人守護、後面又四個人守護，那陣仗眞大。哪一天誰弄個寶蓋給我，我怕！我是待不住的，眞的沒那個必要。如果下雨或者太陽很大，幫我拿個雨傘，我倒是感謝、感謝，寶蓋就免了，那是排場用的。寶蓋留到將來成佛時再用，現在不要用，成佛才會快；將來成佛要用的東西，現在先拿來用，損福德呀！有智慧的人要懂這一點，所以低調的總是好，因此我出門不要一堆隨從，除非去參加世俗的聚會；譬如同學會，那我就帶一位同修去，要會功夫的，萬一有事可以擋一擋。通常是不會的，但因爲我們幹部不放心，所以得要這樣作，否則我總是一個人就出門了，只帶著一個老太婆一起走（大眾笑⋯⋯），反正也沒有人認得我。就像影片中穿著隱形斗篷一樣，多棒！

也就是說，不需要在意外表，應該在意本質，這才是聰明人。如果哪天大家都封我說：「這蕭平實一定是如來示現⋯⋯等。」可是我沒有本質，那怎麼辦呢？乾脆隱遁去，不要接受。會接受不當奉承恭維的都是愚人，聰明人就推辭，推不掉時就隱遁。也就是說本質比較重要，但有了本質以後不必炫耀，當你被逼不得不說出什麼法時你就說什麼法，但不必去炫耀說我是十地、八地、五地等，全都不用；內行人會看懂的，你不需要炫耀。這就是像如來說的：「不可試以種種色衣，若白衣人、若著袈裟，」如果說穿袈裟者的證量比較高，那麼《阿含經》中的迦葉童女又怎麼說？

所以六識論者很氣那一部經典的記載，他們就故意去考證而推翻它。古時就有人這麼作的，古人爲了推翻《阿含經》的記載，特地寫了一部《分別功德論》，故意主張說：「迦葉童女是個男人，不是女人。」迦葉童女可以曲解為男人，瞎編得眞厲害！然後現代人繼續講迦葉童女是男人，甚至於可能還會有人說她也是出家人，所以率領出家人；這種人眞是不可救藥，遇到這種人只好給他巴掌，否則他醒不來的。所以我寫出一本呼巴掌的書叫作《童女迦葉考》，那他們就不敢再吭聲了。因此說，法不是依身相來定，而是依實證的本質來定。所以達摩祖師講很清楚，他們那些禪寺裡的法師們也得要遵循。

這意思就是說，你只要實證了，就是菩薩僧，不管你是在家或出家。假使妳是個女人，每天上班時禮貌上不能一臉黃黃的，所以要稍微撲點粉，不能一副黃臉婆的樣子給人家看，不然主管要罵妳的；這是基本的禮貌，在現代社會。薄薄的胭脂也要點了，如果眉毛太淺太淡，接待客人也不很好，總經理、董事長也會要求妳：「畫一畫眉毛好吧？」妳也得要作，這也是基本的禮儀。但妳悟了以後無妨繼續上班，繼續撲粉、點胭脂、畫眉毛，沒問題，依舊是菩薩僧。大小乘經中都說妳也是沙門，不是依妳的身相來講，而是依妳的證量說妳是沙門，因為不論大乘或小乘所證的都叫作沙門果。

沙門是出家人還是在家人？是出家人。大乘法中如此，二乘法中也如此說，所以《阿含經》中說有些在家人證得三果、證得四果，如來都說他們已得沙門果，都說他們是證得沙門果。先不分在家與出家，只要你證得初果時就是沙門果，證得二果、三果、四果也都是沙門果。所以有的在家人沒有家眷，譬如養牛的那個阿支羅迦葉是阿羅漢，是證沙門果；又像摩羅迦舅也是在家人，也是阿羅漢，證得沙門果。那阿支羅迦葉沒有眷屬，他養牛爲生；那天中午他惱亂著　如來，沒辦法，如來就是那麼慈悲，就爲他說法，幫他證得阿羅漢；你們看　如來多慈悲，就爲了一個阿支羅迦葉。

他一直擾亂著　如來要爲他說法，如來沒辦法只好爲他說了，說完了法他當場證得阿羅漢果，這就是沙門果——出家果。這才是佛法，佛法是當場實證的。哪有說十世百生還不可能證悟初果的，講的是什麼話？是外行話，是渾話。他證得阿羅漢果以後繼續去牧牛，那天中午一頭小牛被一頭大牛欺負，一頭成年的母牛爲了保護小牛，用角去牴觸大牛想要把牠觸死，阿支羅迦葉爲了救那一頭小牛，結果被那一條母牛刺死了。後來僧眾知道了，如來當然也知道；如來就吩咐大阿羅漢位的菩薩們，吩咐他們幾個大阿羅漢去供養阿支羅迦葉的屍身然後闍維。出家的大阿羅漢們就依照 佛的命令準備了供品，去供養阿支羅迦葉的屍身，然後爲他荼毗。這是爲什麼呢？因爲他身是在家相，心卻是出三界家的；他已得沙門果，得沙門果就是出家人。

聲聞法中如是，大乘法中更是如是，所以在我們同修會弘法之前，不管誰講禪宗或大乘的哪一宗，說的證果全都跟二乘法一樣，所證得果都是二乘果，沒有人在講菩薩階位，結果菩薩們實修所證的階位都變成是聲聞果；直到我們正覺出來弘法以後，才正式提出來菩薩的階位：明心是第七住位，通達位是初地，然後到十地、成佛等。但他們都不談菩薩果。可是菩薩果也是沙門果，當你實證了菩薩法，這是出世間法，那你就是沙門了——你已經證得沙門果。所以《楞伽經》中說，證悟第八識時就成爲菩薩摩訶薩。《阿含經》如是，大乘經中亦復如是。

所以眞正要學佛時都別看表相，假使哪一天有個在家人徒眾廣大，名聲非常響亮，佛教界都推崇他；另外有一個出家人道場小小的，沒幾個出家眾跟隨他，信徒也不多，可是他說法勝妙，有內涵、有次第、有方法，那時你就不要管那個居士，他的名氣再大也不用理他，你就要追隨那個小寺院裡的小比丘，好好跟隨他學法。這意思就是說，眞想得法，得要看本質，不要看表相；被表相所唬弄，那是愚癡人。所以達摩大師來到中土就是這麼說的，而 如來也是這麼說的。當你證悟空性如來藏時，依空性如來藏來看什麼人是出家人、什麼人是沒出家的人，才是最正確的檢驗方法。要選擇善知識就應該這樣選擇，「不可試以種種色衣」來判斷誰是善知識、誰不是善知識。

如來接著說：「有如是不善有所得見，皆名外道；」假使只看表相，只看他穿的衣服，是在家白色衣或出家黑色衣，有這種不善的有所得見解的人，都叫作外道。這就是我常說的佛門外道——身體住在佛門寺院中，心卻是外道。內明之法不看表相，這種只看表相的心態叫作「不善」；如來說這是不善之法，學人千萬不要落入「不善」的「有所得見」中；只看身相的出家或在家而不看心中的實證，就是「有所得見」。將來哪一天佛門出家人的袈裟會變白，經典有記載說，到後末世某一個時節袈裟變白——出家人都穿白色光鮮的僧衣了，大家不穿染色衣，穿得非常光鮮潔白，那時你也不要看到就說：「這個人是穿白衣，應該不是實證的人。」那可不一定，搞不好哪一天衣服穿得很白(因爲大家都這樣穿他不得不隨俗)，可是他有可能是個實證者。也許那時在家人反而都穿黑衣，那你不要看說：「如來說穿黑衣的才是實證者。」就去崇拜那個在家人，那你就錯了！換句話說，要看本質而不看外相，這才是有智慧的人，否則就叫作「不善」。「不善」就是落入「有所得見」中，落入「有所得見」就是不斷身見，跟意識相應，這樣的人一定心外求法——外於眞實心而求佛法，就是外道。

如來接著說：「於我法中出家受戒，是人應試，何以故？有所得者於我法中即是邪見，是名大賊，一切世間天人中賊，是名一切世間怨家諸佛大賊。」如來爲什麼要講得這麼嚴重？如來一向大慈大悲，爲何要講這麼嚴重？但我告訴諸位：正因爲大慈大悲才要講這麼嚴重！因爲這種人會耽誤眾生的法身慧命，甚至有時會戕害眾生的法身慧命。爲了眾生，不得不制止這樣的惡賊，因此凡是有人來佛門中出家求受聲聞戒，這樣的人應該先要檢驗；「試」就是檢驗，讓他住進來看看是否適合於佛門中出家；因此最少要有四個月的觀察期，這四個月中加以觀察，如果他的心性不適合，如果樂於求有、不樂於空性之法、不樂於滅盡之法，那他與解脫道無緣，也與佛菩提道無緣，就讓他回俗家去。

此外，到了後末世，這觀察的時間又得加長，因爲有的女眾來出家，她出家時還不知道自己懷孕。不是每一個女人懷孕時都會有嘔吐的現象，可能那個孩子跟她很投緣，將來很孝順都不讓她反胃，所以她完全沒有懷孕的症狀；在前一、兩個月時也看不出有肚子，就讓她出家了。出家以後四個月到了，也許人家以爲她出家後心寬體胖，就爲她落髮；落髮以後肚子越來越大，又過了幾個月後她生了孩子，人家就亂想：這一定是出家後跟比丘如何如何。這就壞了！害眾生造口業，也把僧寶的名聲搞壞了，那你要去解釋可得解釋很久。特別是古時還沒有辦法驗 DNA，如果現代還行，DNA 檢驗出來是跟她出家前的先生有的，孩子的 DNA 跟她先生相符合，那就是她先生的，大家也就無話。但古時又沒有這個檢驗法，僧寶的名聲就被搞壞了。所以後來有的道場對女人來出家的就增加爲八個月觀察期，有的增加爲一年；現在大部分道場都以一年期觀察的爲多，所以出家一年之內通常是近住男、近住女，再成爲近事男、近事女，這麼長的時間觀察出來沒問題了，他們的心性適合出家，那就讓他們出家吧，所以應該加以檢驗。

如果出家後喜歡「**有所得法**」，落在表相中，這時候對他必須再加以特別觀察，如果不適合出家，也就是說他繼續執著於「有所得法」，不願意捨棄「有所得見」，那就讓他還俗了，因爲這是「邪見」。在佛法中出家不應該存有「邪見」，在佛法中出家還有「邪見」時，不但會影響僧眾還會影響信眾，佛說在佛法中出家後而繼續保有邪見，全都叫作「大賊」，因爲他是盜取 如來的福德，也是盜取國王的資源。因爲古時國王護持佛法，很多資財都由國王來負擔；那他也是盜取信眾的資源，所以這叫作「大賊」。如果以世間慈善的名義去勸募，然後納入私囊，那是欺騙一般人；如果是欺騙三寶、侵吞三寶，這眞是世間最大的賊人，所以 如來說他叫作「大賊」。

這也是「一切世間天人中賊」，因爲他穿著袈裟，諸天禮拜，有因緣時諸天也會來供養，因此他也是欺騙諸天；並且是欺騙人間的一切有情，所以叫作「一切世間天人中賊」。不但如此，他們爲人說法時一定是「邪見」連篇，說的看來好像都是佛法，其實都是「邪見」。那「邪見」會害人，譬如釋印順害人落入大妄語業中，不單是自己造下大妄語業，釋證嚴就是個具體的例子，因此導致證嚴法師也跟著自認爲開悟成佛了。因爲她看釋印順的境界就只是這樣，於是心想：「那我的境界跟他一樣，印順師父證悟成佛了，

我當然也是證悟成佛了。」於是自認為是宇宙大覺者，因此害人不淺。那惟覺法師有樣學樣，並且他更加口沒遮攔到處嚷嚷。聖嚴法師還算保守，他印證了十二個出家弟子明心見性；當然是無效的印證，但他比較保守，而且他只印證出家人、不印證在家人，這也可以看見他的心態；但至少從另一方面來看，他比惟覺好些，因為被他陷害而犯大妄語業的人少很多了，但是被惟覺印證開悟的人多不勝數，那個業可就重了。

害人家大妄語，那眞是「**一切世間怨家**」，因為當他們這樣作，而且是廣泛去作而蔚成風氣，世間人有樣學樣，一定會有很多人自己讀幾本經典、打坐一念不生時就說自己開悟了，死後會下墮地獄或修羅道中；本來學佛的人死後多數會生天，天眾大增；但現在變成空歡喜，諸天很生氣。因為這樣接受大妄語的人很多，天眾會越來越減，修羅眾越來越多，所以諸天很氣，因此他們都是「**一切世間怨家**」；不單是人間有智慧的人怨他們，知道眞相的學佛人也怨他們，諸天也怨他們。並且他們更是「**諸佛大賊**」，因為這是盜取　如來的資源來破壞　如來的正法，當然是諸佛的大賊！試想你開了一家公司，聘請了幾個經理，這些經理名片都印著是你這一家公司的經理，但出去作生意時都賣別人的東西，都掛上你這家公司的標記，收了錢給別人的公司，每個月領薪水時來你這一家領，你要不要這樣的經理？一定說：「**早知道，我把他開除。**」一定非常生氣。

諸佛如來看這樣的人，就像我舉例的這種經理人一樣，在你的公司領薪水，說出去要賣你的產品，但其實他們都賣別家的產品，甚至有一大半還是拿你家的初級產品還掛上別人的標記，那產品中還摻雜一些別的東西，例如在佛法中摻雜外道的法門而宣稱比佛法更高級，這樣賣給人家；搞不好其中的內容一半是別人的、一半是你的，所以你就賺不到什麼錢，因爲他賺的錢拿去花了，然後每一個月來跟你領薪水。這種人當然要開除！有沒有人認爲不必開除？沒有喔！

那麼諸位想想這種人在現代佛教界是哪些人？（有人答話，聽不清楚）這是你們講的，不是我講的喲！那咱們就把他們開除。眞的需要開除，因爲那種「**有所得見**」都是在陷害眾生的法身慧命。如果他們不穿僧衣、不受供養、不積聚佛教界的資源在他們手裡，也不妄語說法，我們就不拈提他們；他們就宣稱自己是外道，明說自己是某某教而不是佛教，那他們說什麼法都行，別來仿冒佛教的佛法，那我們可以相安無事。因爲眾生自己會選擇相信誰、學誰的法，那是眾生的權利。但如果他們仿冒的是佛教，我們當然得要講清楚，因爲他們穿著僧衣，當然應該宣講佛教的正法，而他們所得的錢財應該歸於三寶常住，不該歸他們自己所有，道理應當如此。

所以他們出家人不如我這個在家人，我這個在家人依於此法而獲得的一切資源，沒有一分一毫落在我口袋中，而且我還以自己在世間賺的錢來捐錢護持，所以現在他們大山頭的出家人遠不如我這個在家人。可是如果從法的本質來講，我才是眞正的出家人，他們可都是在家人了；因爲他們住在五陰家宅中，我不住於五陰家宅。所以只要落入「有所得法」中，就是諸佛的「大賊」；因爲落入「有所得法」的出家人，就是 如來說的：「住如來家、穿如來衣、食如來食、說如來法而破如來法。」當然是「諸佛大賊」。特別是好好的眞正佛法不學，反而去迎請教外的狐群狗黨喇嘛外道法進入佛教寺院裡來，正是臺灣一句話說的「內神通外鬼」，那還能稱爲「神」嗎？不能！神爲什麼稱爲神，因爲正直，但他們已經不正直，就是家賊勾引外面的強盜來竊盜 如來的家產，當然是「諸佛大賊」啊！

接著說：「**舍利弗！是邪見人，我則不聽出家受戒。**」如來說像這樣的人在佛寺裡住上四個月觀察以後，覺得不行就不要讓他們受戒，他們再怎麼求受戒也不讓他們受戒；不管菩薩戒、聲聞戒都不讓他們受，不讓他正式成爲佛門中的僧寶。

接著 如來又說：「**舍利弗！一切法無我，若人於中不能生忍，一切法空、無我、無人、無眾生、無壽命不能信解，於我法中所受供養，名爲不淨。**」換句話說，對於「**一切法無我**」不能生忍，不能信解，這樣的人繼續主張粗意識、細意識是常住法，是眞如佛性，這種人在佛的「**法中所受供養**」，都叫作「**不淨**」。請諸位檢查一下，當代海峽兩岸的出家人，有誰於「**一切法無我**」生忍的？有誰能離開有所得法？再擴而大之，亞洲地區從南北劃分來看，北方中國，南方的印度和南洋諸國，所有的佛教出家人有誰能於「**一切法無我**」生忍？有誰能離開有所得的邪見？一個也沒有。

前些時候新聞報導泰國法身寺的住持，被泰國派了警察封鎖法身寺要抓他，因爲他斂財等，結果抓不到，因爲聽說他打了兩條地道，所以成功逃走了。斂財斂到需要打地道來自保，諸位想，他自己是不是也認爲作得很過分，否則何須事先打地道？而且打了兩條地道。那法身寺現在金碧輝煌非常莊嚴，以前不是如此；以前是一個修苦行的優婆夷，加入打坐修行，後來她認為自己很有證量，有很多人追隨她；說穿了就是有未到地定，但是當時南洋認為未到地定一念不生可以整整一天，就是證涅槃了！阿迦曼尊者—所謂的尊者—也是這樣，就只是意識的一念不生就認為是阿羅漢了。因此二十幾年前農禪寺聖嚴法師派了他的徒弟果□師兩個人去那邊參學，在那邊學了好像兩、三年吧，就是每天打坐；據果□師自己說：回到臺灣大概半年後就散掉了。因為那是靜中的定力，不像我們有動中修來的定力。我們再怎麼忙，淨念相繼不會丟，但他們的功夫就只是靜中修來的。縱使永遠不失一念不生的功夫，也只是未到地定，我見都還具足存在，依舊是個凡夫而自以為是阿羅漢，和 世尊示現之前的印度外道阿羅漢們一樣。

你們看這樣的出家人，如果是真正證得解脫果的證量，特別是證得阿羅漢果了，還會歛財喔？阿羅漢們連自我都不要了，捨壽就捨棄自我而「不受後有」，何況是貪著我所？這從表相看就知道了。假使有人說他已經是幾地的菩薩了，還一天到晚要人家供養，還喝酒、吃檳榔，這樣算什麼入地的菩薩？當然也可以說是入地，因爲死後要入地獄。想要進入初地之前，必須先完成非安立諦三品心以及安立諦的十六品心、九品心，那時至少是個阿羅漢，連我都可以不要了，捨壽時願意、也有能力滅盡一切；但因爲是菩薩，入地時再依十大願而起惑潤生，怎麼還會貪著外我所呢？所以如果有人貪污、搞錢財等，卻說他是已經幾地的菩薩，你們千萬別信；遇見了他，一巴掌給他，看他醒不醒過來。他當然要質疑你，你就說：「**我這一掌如果沒有打醒你，這一掌也是浪費。**」看能不能救得他。

所以「**一切法無我**」的實證者，一定不會落入有所得法之中。「**一切法無我**」是要怎麼樣才能「**生忍**」？必須先斷我見，然後證眞如，這時看見如來藏那麼眞實，但祂卻是無我性，永遠都不生不死，永遠都不增不減、不來不去、不垢不淨，永遠不墮於世間法中；而祂是那樣的眞實與如如，相對之下五陰十八界等我就非常虛假；也看見一切諸法莫不從之生，而如來藏眞實，一切諸法都有生，有生則必有滅，所以一切法都無眞實我。當你這樣現觀了之後，當然可以「**生忍**」。因爲你明心之前所應該有的降伏其心的修定過程已經修了，這時你就可以「**生忍**」。這時接著觀行「**一切法空、一切法無我、一切法無人、一切法無眾生、一切法無壽命」，這些都是你的現觀，不是思惟或想像；既然有這樣的現觀，當然能夠信解，這時的信叫作證信，這時的解不是理解，叫作勝解。如果不能這樣，那麼在佛法中安住而受信眾的供養，都叫作「不淨」。

當代佛教界仍然有好多出家人還沒有證悟，怎麼辦？他們至少要信受理解、至少要有順忍；如果能如實理解、能信受、能有順忍，受人供養就算是清淨的了，應當如此。如果不是這樣，如來訶責說：「是人則是不供養佛、不供養法、不供養僧，強入我法；形是沙門，心是外道，為盜法人。」如來這是說：如果於「一切法無我」不能信受、不能理解，對於「一切法空、一切法無我、一切法無人、一切法無眾生、一切法無壽命」，不信受也不理解，堅持意識是常住的，就是對這一些正法都不理解、不信受；這樣的人在佛法中出家受供養，即使每天都有上供，佛說這樣的人是「不供養佛、不供養法、不供養僧」的人，如來不樂意他們在佛法中出家，而他們強行進入佛法之中出家；他們的身形雖然是出家人，但他們的心是外道，這種人來佛門中出家就是盜法。

盜法其罪甚重！《阿含經》中有一部經就是講須深盜法的故事。須深是個很聰明的人，他後來成爲阿羅漢。他本來是外道，外道們因爲佛法興盛的緣故，信眾大大的減少，供養就減少很多，那些外道們就說：「**師父總不能去佛門中出家盜法吧，因爲太張揚，大家都認得。**」所以從弟子眾中去尋找，找到了須深。須深很聰明、很有智慧，他去學法一定很快，而且人家不認識他；於是就這樣說好了，派須深來佛門中出家。須深來禮拜　如來求出家，如來當然知道他的來意，但是　如來有宿住隨念智力，一看就知道：「**這個人也是該回來了！**」先不跟他點破，就爲他說法，讓他得聲聞法中的法眼淨。法眼淨是什麼？是初果的智慧，就是得忍——於解脫道得忍，所以　如來聽使他出家受戒。

那須深自己想一想：「**如來所說的法確實可以實證，不是像我師父那裡說的法天馬行空，說得天花亂墜，都是虛有其表不能得解脫。**」他現前觀照的結果發覺情況就是這樣子，所以他想：「**這是眞正的人天導師，我現在因爲聞法而得證，這是如實之法，一點兒都不虛妄，那我來盜法回去向我師父說，一定有果報。**」他知道免不了果報，他想：「**那我都證初果了，可我師父還是一個凡夫，並且是在誤導眾生，我何苦為他盜法來擔負這樣的重罪呢？」他果然是聰明。他師父還派他、徒眾還派他，是因為他聰明，認為他來盜法一定很快；他也還眞聰明，自己想通了這一點，乾脆發露懺悔，不回去了！於是他向 如來懺悔，如來當場接受他懺悔，在 如來法中出家，他就滅了盜法的罪。

他接著請示 如來，在 如來法中盜法將來會得到什麼果報？如來說：「其罪甚大，將來下地獄！」如來接著就說一個譬喻：就像有一個人犯了劫盜罪，主事者把他捉捕並綁了起來送去國王那裡，國王就加以治罪，命令士兵們早上把他押到廣場去刺他一百矛（是一百矛而不是一百根針），到了中午國王問說：「那罪人死了沒有？」回報說：「罪人還沒有死。」國王說：「再刺他一百矛。」當然很痛的，除非死了就不會痛，偏偏他沒有死；到了傍晚國王又問：「那罪人死了沒有？」回報說：「沒死。」國王又下令再刺他一百矛。如來問須深：「你看這樣痛苦不痛苦？」須深說：「當然很痛苦啊！世尊。」如來就說：「盜法的人下了地獄所受的苦痛，比起每天早上受一百矛、中午受一百矛、傍晚再加一百矛的痛苦，在地獄中所受的痛苦遠勝於此。」這就是盜法果報的故事。

諸位如果會觀想的話，把它觀想看看，看那個景象是何等模樣；而地獄中的苦遠勝於此，因爲地獄的每一天時間都是非常長的；那就不是早上一百矛、中午傍晚各一百矛的苦了！那是隨時隨地刺了悶死過去，業風一吹又醒過來繼續再刺，而且是連續的；不幸的是地獄身都是長壽身，若是受苦就不想要長壽，偏偏地獄身都是長壽身，看這盜法之罪有多大？所以在佛法中成爲盜法人是最愚癡的，在世間法中、在外道法中盜法，那個罪很小。如果是在密宗假藏傳佛教裡盜法，全部無罪；因爲盜法之後知道他們的底細，出來把他們大力批判一番，這有大功德，因爲救了許多人不下地獄。但是假使諸位以前從一貫道來的、從天主教來的、從道教來的，不管從什麼教來的，也都無妨；只要你不存有盜法的心態，全都無妨。我們有許多從一貫道來的，現在都有人當上親教師，也有人當上助教了；也有從天主教、基督教過來的，現在當上助教老師了。

我不怕人家盜法，因爲他如果斷了三縛結，就有解脫道的慧眼了，有一天突然起個念頭說：「**我來檢查看看，我信奉的天主、上帝有沒有斷我見？**」

於是把他們所謂的《聖經》拿來讀一讀，結果找不到斷我見的證據，而且充滿了對我所的執著和貪與瞋。充滿了貪與瞋表示什麼？表示他還落在外我所之中，譬如說基督教，你們看它的《新約》或《舊約》，只要有人不信他，那上帝怎麼幹？降下天火把他們燒死；有的人不信他，信外教，上帝怎麼辦？弄來大洪水把他們淹死；瞋心好大，只爲不信他；又沒有毀謗他，結果他就這樣不能忍！那瞋心眞的重大，大到無以復加。

上帝有貪，希望人家獻供給他的肉是要生肉，還要帶血，而且煮過的還不接受，看他的貪瞋如是嚴重，有可能斷我見嗎？把斷我見的內涵告訴他，他一定不接受的，想一想就知道了。如果不信，把整部《舊約》、《新約》都讀完，你找不到他斷我見的證據，並且處處都看見他非常的自我；講他很有自我，還算很客氣，應該說他是非常狂妄的。有人這時也許想：「**你敢公然毀謗上帝，不要命了！**」我說他近不了我的身，因爲他的層次太低了，我們佛法中隨便哪個護法神層次都比他高。

所謂上帝只是以色列以前那一家兩兄弟把他推高的，但不管是什麼宗教，如果來到同修會斷了我見，就會知道自己原來所信奉的教主沒有斷我見，至於開悟明心就別提了。有世間智的人都會想：「如果哪一天我到正覺同修會修學，斷了我見、證初果，而且進一步開悟明心了，我可以現見眞如法性，上帝之所不知，那我幹嘛還要歸依他？」是吧？哪有人那麼笨的？斷我見之後又明心證眞如了，一定看得出來上帝是沒有開悟的，是連我見都斷不了的凡夫。譬如說你現在都已當大學教授了，還去認那幼稚園畢業的人當老師嗎？一定是這樣看待的。

因爲斷三縛結而證初果之後又明心了，相當於世間法中頂級的教授，而且相當於教授的老師。世間法中誰最高？是諸天天主；但諸天天主沒有斷三縛結又沒有明心，縱使他是四禪天的天主，擁有那麼廣大的世界，但沒有明心，依舊是在輪迴之數；那你想想，何必歸依他？是他應該歸依你呀！縱使他以大神通也無法知道實相，所以眞要說起來他得歸依你，那你幹嘛還要繼續歸依他？當然就不必盜法向他說明，這是一定的道理。

所以我不擔心有人來盜法，我需要作的就是教導他成爲眞正的菩薩，然後我幫他證悟，這樣就好了。如果他的菩薩性還沒有起來，不必幫他證悟，也沒有盜法的問題。如果他的菩薩性起來而且具足了，他不急著開悟，我卻比他更急；因爲他若是早早證悟了，對眾生才是有利的。我們的想法是一切爲正法的久住，而正法的久住就是利樂眾生同證無生。我們的想法不爲名、不爲財、不爲利，因爲那都是生滅法，帶不到未來世去；可是所造作的一切利樂眾生，令眾生悟入三乘菩提，這樣得到的功德如影隨形，永遠跟隨著你，去到未來無量世之後，乃至成佛都還跟著你，這才是堅固之財。有這堅固之財隨身，幹嘛要去貪世間的不堅固財？所以世俗人看我是個傻瓜，我看世俗人是傻瓜；我認爲我這樣才是聰明，不貪世間的利益，我賺法財賺飽飽的，誰也搶不走，我才是聰明人。所以說，菩薩的看法跟世間人不一樣。

但我因此小時候就很不幸了，因爲我小時就是這樣的個性，所以人家都在想世間法怎麼樣發達等事，我一天到晚都在看課外讀物，特別喜歡古仙劍俠行俠仗義，然後超然於物外；因爲那時臺灣還沒有佛法可聞，能找到的就只是這樣的書本與思想。當兵回來二十來歲，在臺北街頭，那時寧夏路非常熱鬧，重慶北路圓環都還在，還沒有拆除；那時人擠人，我就專門逛舊書攤，因爲那時也還沒結婚，孤家寡人週末散散心，就逛夜市那幾個書攤，那時就看見一本《寒山詩集》，翻一翻，心想「這內容好！我要」，就買下來，是精裝本的；精裝本才兩塊半臺幣。你們想想看，那是多久以前的事，臺幣才兩塊半；現在要找五毛錢銅板都不好找，但那本書我現在還保存好好的，就是對這個有興趣。

小時候鄉下也沒什麼佛法可聞，因爲那時佛法不興盛，能找到的就只是飛仙俠客之類的書，特愛看。還有就是喜歡《聊齋誌異》、《古文觀止》，人家說晚上看《聊齋誌異》會害怕，晚上不敢讀；但很奇怪，我從來不怕。我們那時很窮（被兩位阿姨的孩子們每天午餐吃窮了），我的房間是一個大通鋪掛著蚊帳，剛開始是兄弟五個人睡一起；後來長大了些，是和二位兄長睡那個通鋪，上面只有一個五燭光的透明燈泡；我就拿著《聊齋誌異》，把頭和雙肩探在蚊帳外面讀，但這眼睛也沒變近視，還好好的；看到半夜裡我繼續看，看到人家來喊：「**都快半夜了還看什麼小說。**」只好關了燈睡覺。我不怕，那時是中學生，心想如果有個狐仙朋友也不賴，如果有個鬼王當朋友也很好；人家都避之唯恐不及，我卻喜歡這個，不喜歡讀學校裡的書。

所以小時候左鄰右舍總是說：「**這小孩子沒用了，扗角啦！**（臺語）」因爲我的想法跟人家不同，小時看起來似乎沒有用。但古人有一句話說：「**小**

時了了……」大聲一點！（大眾重答：大未必佳！）對啊！我這人小時不了了，大了倒也還好。在學校裡，我總是吊車尾，學業都不好，因爲我對那些沒興趣。可是到現在垂垂老矣，以前班上那一些才子，不必讀書也都考第一名的同學現在也來到會裡修學，這倒是奇怪。我這樣有一點像是倒吃甘蔗，越來越甜。但是甘蔗頭最硬最難啃，我如今正在啃，大陸那一塊就像甘蔗頭，但還是要把它啃下來，我想讓大陸有正法弘傳。

但是我不怕盜法的人，因爲我有的是法，我的法寶太豐富了，我恨不得都塞給大家；都塞給大家是有好處的，諸位成就越快，我不就越快成佛嗎？所以有人罵我傻：「**老師最傻了，你跟他要五毛，他給你兩塊錢；有時你要一塊，他給你十塊錢。**」對啊！早期有的同修私底下就這樣講，可是我不改其志，依舊是如此，沒有想要改。因爲我把法給大家，盡量給、盡量給，而我的法並沒有減少，還是具足的。如果大家都進步得很快，我挑的重擔就越來越輕；這 如來家業有好多人幫我挑，我的負擔就越來越輕，有什麼不好？既然不求世間財，把法統統給大家，對自己沒有損失，有什麼不好？

所以有人說：「**導師！您現在也有年紀了，現在週末的增上班請您改爲**

兩個鐘頭吧，要不然就中間休息一下吧，看您也蠻累的，怎麼辦？」他們不忍心我累，因爲我到這個年紀，現在連講三小時，大概下課前半個小時睏意就開始上來了，因爲快下課了心就鬆懈下來。我今天故意不鬆懈，保持著很興奮的心來講，這樣我就不會打呵欠了。當然今天也值得興奮，這回禪三有兩個見性的同修，怎麼不興奮？所以我說我不怕盜法者，因爲我法寶多。

諸位不要以爲證得阿羅漢就是「所作已辦」，什麼都不用再學了；其實不然，阿羅漢在菩薩道中只值得六住位滿心而已；只值得六住滿心而已，那麼六住之後的十住、十行、十迴向、十地、等覺、妙覺之後，才能到如來位，那距離多遠？在同修會中列出來的修學次第表，你們自己瞧一瞧，能在這一世完成嗎？難矣哉！所以我不怕人家盜法，因爲假使他得了斷三縛結的功德，接著得了明心的功德之後，再來增上班聽聽看，假使沒什麼法就會走人了；沒想到一聽之後越想聽，越聽越覺得好像還有點東西，心想：「我下回再聽聽看。」結果是：「好像眞的有東西欸，那我下回再來。」聽久了以後卻說：「唉呀！太棒了！」走不開了，那他就不會回去安逸懈怠，也不會老想著私心要幹什麼，所以我不怕人家盜法，這是我的觀念。

因爲佛法的殿堂高大富麗堂皇，無以倫比；如果有人在佛法中實證了以後，還會把所盜的法帶回去告訴他的師父，就表示他是非常愚癡的——慧眼並沒有生起。如果他是實證者，一定不會這樣作；如果他會這樣作，表示他所謂的親證仍然是一知半解，慧眼尚未眞的生起來。如果是一知半解，他回去講給原來的師父聽，我並不擔心，因爲其實他無法洩露密意，所以我永遠不怕盜法者。我只要盡心盡力把本來作意要盜法的人，心性改變使他成爲菩薩，再進一步使他的菩薩性具足，然後我就幫他證悟，將來他就是菩薩勝義僧，一定肯爲眾生來努力，爲正法久住來努力，就沒有盜法的問題存在，這就是我的觀念。今天講到這裡。

《佛藏經》上週講完六十九頁第二段，今天要從第三段開始：

經文：【「舍利弗！於未來世當有比丘不修身、不修戒、不修心、不修慧，是人輕笑如來所說、如來所行。如來常於第一義空，恭敬供養，常樂是行；是諸比丘輕笑如來所行眞際畢竟空法，舍利弗！爾時若有苦行比丘亦共輕笑；今我弟子有行空者，我讚其善，安慰其心。爾時是人輕笑空行，但求不

牢堅事，以有我及有諸法如是等事令眾心喜。若說一切諸法空者，亦輕是人，何以故？舍利弗！法應爾也。眾生善根欲斷，本相則現；眞實妙法在於世間，無有受者，譬如癡人以栴檀香同於猥木。」

語譯：【如來開示說：「舍利弗！在未來世將會有比丘不修身、不修戒、不修心、不修慧，這類人輕笑如來的所說，也輕笑如來的所行。如來永遠都是對於第一義空，恭敬而且作種種的法供養，永遠都是愛樂於這樣的空行；但這一些比丘們會輕視及嘲笑如來所修行的眞實際、畢竟空的法，舍利弗！到那個時候如果有苦行的比丘也一樣跟他一起輕笑如來所說、如來所行；如今我的弟子中如果有行於空的人，我讚歎他們的善行，安慰他們精進修行之心。但是到了末法的時候，像這一類人總是輕笑證得空性的修行人，他們只是追求不牢靠、不堅固的世間法，因爲他們是以有我以及有諸法，像這樣的各種事相來令大眾心生歡喜。如果有人是爲大眾演說一切諸法空的人，同樣也會被他們來輕笑，爲什麼呢？舍利弗！法本來就應該是這樣的。眾生善根即將斷壞的時候，他們的本相就會現前；到那時眞實勝妙的法出現在於世間，沒有人會接受的，就好像愚癡人把栴檀香木當作是一般朽壞不清淨的木

頭一樣看待。」】

講義：如來的所說，大家來比照看看，到現在是不是眞的如此？臺灣佛教界經過我們二十年的教育，目前倒也還好；但是眼前的大陸佛教界正是如此，大陸那一些比丘們絕大多數既不修身、不修戒、不修心，更不修慧，因爲大陸佛教說穿了百分之九十是密宗假藏傳佛教；連中國佛協的會長都修密宗假藏傳佛教，都信密宗假藏傳佛教了，你們說大陸佛教還有前途嗎？在目前大陸的政治與法律環境下，這也是無可奈何的事。因此我們在臺灣復興佛教二十年，大陸可能要加一倍乃至加兩倍的努力才能復興；因爲大陸整個佛教幾乎都是密宗假藏傳佛教的天下。那麼他們會修身嗎？他們都信密宗假藏傳佛教的法了，所以一定要搞名聞利養；但搞名聞利養都已經算是上焉者了，因爲還沒有跟著達賴去搞那些無上瑜伽樂空雙運的法，還算是上焉者。下焉者就暗地裡專搞密宗的雙身法了，座下的比丘尼們就是他們的明妃，將來若是有人覺醒時，一定會被曝出來的。（編案：次年就有中佛協會長釋學誠學習《廣論》的止觀，修雙身法而搞上部分比丘尼，被受害者舉發出來。）

那麼他們不修身是正常的，在佛法中，既然是菩薩，本來應該都要修身，可他們都不修身。一般來講，持戒在表面看來還算是好的，可是你要追究到骨子裡，其實他們戒都持不好、都犯戒，因爲他們認同《菩提道次第廣論》的意識常住法，那就是抵制三寶，就是毀謗三寶，就犯了十重戒中毀謗三寶的重戒；因爲他們誤認爲那就是 佛說的法，其實已經是毀謗佛、法、僧三寶了，菩薩戒早就破了。但這還算是中焉者，下焉者是經常性的在修大樂光明無上瑜伽，那他們其實破戒破得很嚴重，所以他們是根本不修戒的人。

至於修心呢？修心在這裡不是一般說的心。一般是說，要怎麼樣修行使自己的心地變得很好、很調柔、很隨順；但這裡說的修心不是指這個，是指修證禪定。因爲修身是一個基礎，接著就是戒、定、慧三學，所以不修心就是不修定。那麼在佛法中爲什麼都說要修定？因爲唯有修定才能降伏其心；不修定而沒有經過修定的過程，這六識覺知心就像一隻猿猴一樣四處攀緣，不可能安定下來；心不安定就不可能降伏，所以修定的目的是降伏其心，因此所謂修心就是修定的意思。是藉定力來降伏覺知心，所以這裡講的不修心就是不修定。

這個不修心跟不修定幾幾乎乎是畫上等號的，但爲什麼不等於修定？爲什麼修定不等於修心？這還是有差別的。通常講不修身或者不修戒，主要是在菩薩戒上面講，是從律儀戒上面來講的；如果舉止輕佻、愛樂於世間的戲論諸法，就說他不修身，每天都在攀緣。如果對於戒不能守持好，一天到晚在攀緣外法，心不能得定，那麼他要修心是有困難的，所以通常都要教導大家在各種身行、口行上約束自己，要符合戒律的規定，然後才有可能好好地修心，也就是依於定法來使心降伏。那麼不修心與不修定幾乎等同，卻不是完全的等同；因爲修定是修心的一個部分，修定的目的也是爲了修心，可是修心的範圍稍微廣泛一些，包括時時刻刻都要觀照其心；但是修心時還得要配合修習定心，才能完全的降伏。

那麼修定的目的是要壓伏煩惱，三界法中的煩惱最重的是欲界法，欲界法中的煩惱如果能藉由修定的串習，就可以漸漸降伏下來；降伏之後再經由智慧來把煩惱斷除，那麼禪定就會發起來，所謂初禪。所以修心與修定的定義有一點點差異，但是以修定爲主要；修定可以降伏其心，比如努力精修欲界定，可以於欲界法不貪求——於現有的欲界法得滿足，這就是降伏欲界中的覺知心；如果繼續進修未到地定，這未到地定修得很好時，他一坐就是三個鐘頭、四個鐘頭，心中都無雜念，能這樣持續下去只要一個月就夠了，他對於欲界愛就可以降伏；當他能夠降伏欲界愛時，只要斷了三縛結，那麼他就會立刻成爲初果人，不是只得順忍。

如果他不曾修得未到地定，很努力觀行，觀行的內容也沒有錯，斷三縛結的內容也沒有錯，但他就無法得到初果人的解脫功德，因爲他沒有先藉定力降伏其心，所以跟斷煩惱的智慧境界不能相應——只得順忍而非證初果，人們就說他解行不一，因爲他所理解的智慧跟他的行爲舉止不相符。所以智顗大師說「初果人貪欲轉盛」，轉盛是可能的，但那只是一段很短的時間，大不了一個月、半個月，總不能兩年過去、三年過去還在轉盛；那就表示他連順忍都沒有，就不要說是初果的證量。因此一定得要修心，而修心的內容主要是以修定爲主。就好像三果人必定要有不退轉而且圓滿的初禪來作驗證，否則他就不能自稱是三果人，否則就免不了大妄語的口業，這就是因爲他沒有修心。如果他有修心、再來修慧，才能解行一致，才能讓人家眞正相信他是三果人。所以修心是修慧的前提。

以前佛教界不談定力相應的事，就只有我們正覺提出要求：進禪淨班一開始你得要把無相念佛的功夫作好，得要有動中的未到地定。所以假使定力修得不好，禪三不會錄取；親教師評語說定力很差，那一定把你刷掉，上不了山的。因爲如果去了，弄成個解悟反而更麻煩，馬上就會慢心高漲。所以一定要有定力和所悟相應才行，因此定力是審核的一個重要標準。那麼佛教界以前都不談定力，所以有三果人、四果人是連未到地定都沒有的。後來我們《阿含正義》寫出來說：有證得初禪的凡夫，沒有不證初禪的三果人阿那含與四果人阿羅漢。所以佛教界所謂的三果人、四果人就消失了，因爲他們發覺：**「我沒有初禪，那我自稱三果不就大妄語了嗎？」**那大妄語都已經講了，想要繼續籠罩下去都不可得，因爲人家同樣會讀到《阿含正義》，他們曉得瞞不了人家，所以乾脆「入」涅槃去算了，於是再也沒有三果、四果人示現在人間了。

如此，我們算是救了不少人。當然以前也有人自稱是證得阿羅漢，印證他的弟子是三果、四果等等；後來也有人自稱已得初禪、二禪，可是那個初禪、二禪的境界都是語焉不詳，那怎麼叫作證初禪、二禪呢？想來是把未到地定當作二禪，這是最標準的判斷，而且八九不離十。後來我們把初禪的境界講了，二禪也講過了，他們終於懂得自己的禪定其實是沒有初禪、二禪的，所謂的三果、四果也就變成大妄語了；說好聽一點叫作因中說果——還在因地就已經說他到達五地了。所以這種情形是末法時代很常見的事，那我們要一一把它扭轉過來。至少現在臺灣已經扭轉過來了，但是大陸還很早呢！因爲現時那些大法師們對既得利益都不肯放棄，這個最麻煩！所以名聞要繼續保持，利養更要繼續保持，大家都不肯棄捨。這表示他們不肯修心，他們也沒有修禪定；既沒有修禪定來降伏其心，我們的書努力去精研細讀然後去作觀行也沒有用，因爲他沒有降伏其心的過程與境界，所以修慧是沒有用的。因此這個不修心是末法時代一個很常見的現象。

至於有很多道場教禪的，以前都有努力在修心，但他們不修慧；至於他們所謂的修心——就是禪定——也都是假的，爲什麼是假的呢？因爲連未到地定都修不好。所以他們讀到我們書上講的看話頭心境，他們覺得無法想像。這表示什麼？表示他們沒有未到地定。假使有好的未到地定，讀了我的《無相念佛》，以及我講的看話頭境界，一定會懂的。可是爲什麼連專門教禪的大法師都不懂？要求我把看話頭的境界寫下來給他讀，讀了也還是不會，直到死前還是講錯。在臺灣佛教界有誰講過看話頭的？有嗎？怎麼沒有？可見你們沒有讀黃老師寫的那一本書，黃老師都舉證出來：聖嚴法師講的話頭結果是話尾。早年我專門寫給他看，他說是要登載於《人生月刊》的，但他讀了以後既不刊登，我就跟他要回來，稿子連同他寫的便條都還在我手裡。那他讀了以後，想來他應該有拷貝下來再研究，但是從他死前發行的書中可以確定一件事：他到死爲止還是不會看話頭。

所以將死之前兩三年，他的弟子寫的那些看話頭的書，其中的內容都由他校對過，結果還是落在話尾中，這表示他沒有證得未到地定。所以禪七那七天坐在那裡，道貌岸然其實是妄想紛飛，從這裡就可以判斷。那他一生努力教禪，每年夏天、冬天都舉辦禪七，他的禪七不是禪，而是打坐的七——數息七。很多人數息七打了幾十次，也沒得悟；數息數了二、三十年的弟子多的是，沒有一個人有好的未到地定；所以他得要派果□師二人去泰國的法身寺學所謂的「禪」，但結果是每天靜中修來的定力，回來半年也散掉了，因爲那只是靜中的功夫。那現在泰國的法身寺就別提了，那是搞錢、搞名聞的地方，已經不修行了。這樣看來他們也不懂得修心，所以連未到地定都沒有，至於其他的道場，那就更別提了！

對於這些不修心的人，你跟他講如何修慧是沒意義的，因此他們究竟修不修慧呢？答案是不修慧。也許有人想說：「你蕭老師講這個話可能偏差了吧？人家印順法師不都是在修慧嗎？」可問題來了：他有沒有修心啊？因為他的禪定不好。如果他的禪定很好，他的《妙雲集》就不會那樣寫，可偏偏《妙雲集》是那樣寫的，你就知道他沒有未到地定。那他們號稱有在修慧，其實他們頂多就是聞慧與思慧，修慧是沒有的，哪來修慧？釋印順本身就只有聞慧與思慧，而且他的思慧是完全錯誤的，至於他的聞慧則是選擇性的；所以要說正格的，他也沒有聞慧與思慧。我這樣講好像很嚴重吧？等於把他一筆抹煞；其實不然，我講的完全沒冤枉他，因為當他對大乘法都不信受，又對阿含部的諸經取少而捨多，不是全面接受，那他的聞慧就已經偏差了；因此他以六識論來取捨《阿含經》，來認定某一部分被他信受，大多數經典他不接受，這表示他的聞慧是偏差的，所以他的聞慧是錯誤的；既是錯誤的就不能叫作聞慧，得要正確才能叫作聞慧。

至於思慧，他一直往意識的層面去思惟，認定意識中較細的某一部分是眞實常住的不壞法，這並不是眞正的思慧。意識的任何層面常住絕對錯誤，因爲都是生滅法，如來早就破意識常住的邪說了，把一切粗細遠近意識全部都破斥過了，所以說一切遠近意識、過去現在意識、未來意識，或者粗意識、中意識、細意識，皆是無常無實、不堅固，如來早就說了：「**彼一切皆意法因緣生故。**」早就講了，但他竟然去認定細意識常住，這怎能是思慧的結果呢？如果要認定細意識常住，那乾脆說第八識常住就得了，什麼過失都沒有，但他竟然把第八識否定了，再來建立細意識常住，顯然他的思慧是錯誤的，那就不叫作思慧了！所以他沒有思慧可說，修慧就別提了。

至於以前法鼓山有時偶爾也會講四聖諦八正道，那就算是修慧嗎？也不算啦！因爲他們講的四聖諦八正道是以意識常住的前提來說的，那也是錯誤的邪見，可見也沒有眞的修慧。二乘解脫道如是，大乘法呢？那聖嚴法師到底有沒有修大乘法的慧？答案也是沒有。他教禪幾十年，可是教禪幾十年的人都不講證眞如的事，從來不講眞如，眞的很奇怪！而且他還否定第八識眞如，說要找出阿賴耶識來把祂壞滅，這怎麼是修大慧的人呢？教禪的人宣稱證悟了，而且也印證座下的出家弟子十二人明心又見性，那爲什麼從來都不講第八識眞如呢？這不是很奇特，應該說是很怪！他既然教禪，禪是大乘法，禪就是般若；般若的最核心要點就是證眞如，那什麼叫眞如，他總得提一提，可是他的有生之年並沒有講過眞如。所以臺灣佛教界是我們開始講眞如的，然後我們把眞如幾乎發揮到淋漓盡致，大家才終於知道說：「喔！原來這才是大乘法，**原來大乘法的證慧就是證眞如，才能發起了般若實相智慧。**」所以我們說這樣叫作修慧，但他們從來不談這個。

那這樣看來他們有沒有修慧？也沒有啊！我稍微這樣一講，實在也有點不好，又是一竹篙打翻一船人；可是我打翻了這一船人，只是臺灣這一艘小船，大陸那一大船我一樣把它打翻了，現在大陸有哪個大法師敢出來說他證眞如了？他們連講都不敢講，想盡方法把正覺從網路上消聲毀跡，又怎麼敢出來說他證眞如呢？所以我這一竹篙等於也把大陸那一大船的所有大法師們都打下水了，還眞是惡人一個；不過這惡人不當也得當，因爲沒有人願意當，我只好自己來當。那我當了這個惡人，他們私底下讀了我的書，至少知道自己沒有證悟，捨壽前在 佛前懺悔，省得下三惡道，那麼將來 彌勒菩薩降生人間成佛時，我就可以向 彌勒尊佛說：「**我當年當惡人，讓這一些人不**

下惡道，所以您今天九十六億、九十四億、九十二億人，沒有少了人，您看多棒！」所以當這個惡人還當對了。

有時佛法的弘揚不能只看眼前，要看很長遠。如果只看眼前，一定會氣壞了，搞不好還氣死了；因為明明是有心要救對方，結果對方竟然還來反咬你。現在不就這樣嗎？在大陸他們那些大法師們就是這樣咬我，雖然我騎著馬飛快跑去要救他們，他們卻在半路上先弄個絆馬索讓我跌倒，現在的大陸佛教界就是這樣。但跌得鼻青臉腫，也得要繼續騎、繼續救；救幾個算幾個，要不然大家都被他們那樣弄下去，到最後他們一個個、一群群、一隊隊都下三惡道去，到時候 彌勒尊佛要度誰？龍華樹下搞不好只剩下一千萬、兩千萬、三千萬人，那時 彌勒佛要責怪說：「你當年怎麼沒有好好救他們？」這個道理大家要懂。

所以救人時被咬了，不必怪東怪西怨天尤人，都不需要！該怎麼作就怎麼作，丟失名聞利養在所不惜。何況我們沒有追求名聞，我們也不收利養，既沒有這些考慮就繼續幹，只是要你們跟著我多委屈一點，多幹一些吃力不討好的事。但我說這叫作倒吃甘蔗，現在我們啃甘蔗尾沒關係，就啃吧！但是漸漸地就會吃到甘蔗頭，那時齒牙也鍛鍊強壯，啃得動了，那時就啃到最甜的地方去了，一定沒問題。那時 彌勒佛一定說：「**你們當年在釋迦如來末法時代作得好。**」只要這麼一句話就夠了，眞的就夠歡喜了，因爲諸佛如來不輕易讚許人，未來諸位成佛以後也是一樣。

那我們現在看遠一點，人家看的只有一吋，或者看的只有黃豆那麼一丁點的長度，我們要看到幾十萬公里外去。佛道的修行本來就這樣，所以眼前吃虧不算吃虧；眼前的局勢越辛苦，那你成就的福德與功德跟著越大，這是成正比的。所以不用抱怨，辛苦歸辛苦，委屈歸委屈，腳步照樣往前行，不要管它腥風血雨，繼續走，最後得利的不單是我們，連那一些毀謗正法、抵制我們的人最後也可以得利，這才是眞正的大功德、大福德！所以我說這個修慧，其實不是一般人所能夠作得到的，因此在末法時代可以說大部分的道場都是不修慧，表面上看來有在修慧，其實是錯誤的邪見，不是眞正的修慧。那麼這樣來看 如來所說的：「**於未來世當有比丘不修身、不修戒、不修心、不修慧。**」這確實是誠實語。

有些人說：「**那大乘經典是後人創造的，是因爲後代已經出現那個狀況**

了，所以把事實寫起來而編造出那些經典來講。」那麼好吧！我來舉例說明，臺灣佛教界現在的狀況，大陸佛教界現在的狀況，以及南洋南傳佛教也是一樣，搞不好比北傳佛教還糟糕，往前追溯到幾百年前的中原與西藏，一千年前的中原佛教界廣傳密教；那麼這《佛藏經》在中國譯出來已有一千多年了，當然是在印度更早就弘傳的，總不能說這是現代才寫出來的吧？但現在的佛教界不就是如此嗎？經中說的已經見骨了，也就知道這經典不會是後代才寫的，道理是一樣的。

那麼「於未來世當有比丘」，就是末法時代的比丘們，如果他們「不修身、不修戒、不修心、不修慧」，這樣的人他會依照 如來所說去修行嗎？一定不會。他一定想：「如來看似很聰明的樣子，為何這麼笨，有好處都不會想要，還約束弟子們不可以去獲得世間法上那麼多的利益，還教導大家要離欲；人生在世間就是要享受五欲的，那是天經地義的啊！為什麼要離欲？」那些比丘一定這樣想。不但是末法時代，在 如來那個時候，如來座下就有那樣的比丘了，到了如今的末法時代可想而知！

所以有一次 如來跟阿難尊者在路上走著，阿難尊者看見地上有一包黃金，他就向　如來稟告，如來說：「快走！那是毒蛇。」對世間人來講，這眞的想不通；對於末法時代四不修的比丘們來講，當然更是想不通：怎麼有那麼笨的　如來？但是以這個境界來衡量　如來，其實智慧還是太粗淺。我們說這是老實話，眞的還是太粗淺。當你知道　如來的十力、一切種智、四無所畏、三不護……等，就知道這根本不足以比喻　如來。所以這樣求有的比丘一定會「輕笑如來所說、如來所行」；他們心裡一定想：「如來很笨，有好處都不會得。」但其實這樣才是聰明，這樣才是智慧；否則就被人間的欲所繫縛了，就別談出世間法的解脫以及世出世間法的實證了。所以「如來所說、如來所行」，不是一般世人所能理解的。

到了後末世四不修的比丘們當然都是貪著世間法的，當然對「如來所說、如來所行」不會認同，反而心裡覺得　如來太傻。但我們如果自認爲是　如來的弟子，就得要像　如來這樣，全面依循　如來所說、依循　如來所行，去爲人說，也自己去實修，否則成佛之道就不是三大阿僧祇劫，可能是三百大、三萬億大阿僧祇劫，因爲他一定是化短劫爲長劫。那我們如果能依照「如來所說、如來所行」去爲人說，也自己去實修，你便可以化長劫入短劫，成佛也就快速。所以這時我倒想起臺灣歌壇有一位憨憨厚厚的陳雷，他有一首歌很有名：「**吃虧就是占便宜。**」有沒有？對了！表面上看來是吃虧的，菩薩本來就這樣，但其實你成佛反而快。

所以在當代的佛教界，像我這樣傻的人大概找不到了，偏偏你們跟著我、都要學我傻，所以還眞是異類。但學我傻其實不傻，這才是聰明人，成佛才會快！如果學他們那一些人很聰明、很伶俐、斤斤計較，那他們成佛就得很久，所以世間法的一體兩面，很少有人看得透；當你看透了，就知道這方面失了就會在那方面有得，一定不會只有失而沒有得。但是很聰明的人處處得了，其實他也是處處失了（在另一方面他失了），這得失之間其實很公平。

如來接著說：「**如來常於第一義空，恭敬供養，常樂是行；是諸比丘輕笑如來所行眞際畢竟空法，舍利弗！爾時若有苦行比丘亦共輕笑；**」如來在世時對第一義空，永遠都是心中經常恭敬供養——總是作法供養，所以於一切有情樂說無礙，從來都不吝法。因此如何幫助眾生實證菩提，如來總是牽掛於心中，心心念念想的就是弟子等眾的道業，心心念念想的是未來世佛弟子們的道業，這就是法供養，所以要不斷地說法。但是後末世的四不修比丘，對於「如來所行」他們是不信受的；所以 如來行於「第一義空」眞實法而不是斷滅空，這樣的「第一義空」是眞實際，是有實際而非斷滅，不是空無，這才叫作「畢竟空」。但是 如來所行的這個眞際、這個畢竟空法，後末世的苦行比丘們也不懂，就會加入四不修的比丘們一起來輕視、來嘲笑。

諸位想想看，臺灣佛教界以前有一些專門修苦行的道場，談到如來藏、談到眞如，他們也會嘲笑！甚至人家說參禪開悟的事他們也笑，這是眞實發生過的事情，他們認爲：「**末法時代不要說什麼開悟了，那都是假的啦！**」當然，他們講對了，當年只有修苦行才是眞的，所謂的開悟全都是假的。所以面對沒有修苦行的人，他們就排斥，而這種事情是確實存在過的。所以修苦行者有一個現象，跟持戒清淨者同樣都會輕笑別人；同理，對於戒法很嚴格受持的道場，他們也瞧不起一切道場，就像修苦行者一樣。

可是這些修苦行的出家人，我總是很想問他們：「**你們半夜不倒單是眞的不倒單嗎？**」我很想問他們，因爲就我所知，能夠眞不倒單的人一定會發起初禪，至少得要未到地定很深厚才有可能；如果初淺的未到地定，到了半夜一樣打瞌睡，所以他們所謂的不倒單通常只是坐著睡覺。（大衆笑…）欸！

你們別笑，那是眞的，就是坐著睡覺。那我就要說了，說他們笨，乾脆放倒身子好好睡一覺，然後白天來修定時就很好修，因爲精神好啊！結果他們不是，半夜裡坐著打瞌睡，覺也就睡不好，精神不濟，所以到了白天打坐時還是打瞌睡；那就是半夜瞌睡、白天也瞌睡，那叫作什麼不倒單？看來身子不倒心早倒了，這是事實。

以前大陸八大修行人之一的元音老人有一個弟子，王驤陸居士的孫女趙曉梅，來臺灣在萬里某個禪寺主持禪七，誰邀請她來的呢？北投地熱谷外面不是有一家某某寺嗎？是那位通度法師邀請她來主七的；結果我們有一位同修很好奇，偏偏要去看她們搞什麼鬼，結果七天都在打坐，因爲她們修的就是一念不生，說一念不生時就是開悟；結果那位元音老人的弟子、王驤陸的孫女，白天在大殿上打坐，坐到打呼嚕了（大眾笑……），哪有一念不生？只是坐著睡覺。你們看這還叫作佛法嗎？唉！我聽那位同修說了也只能搖頭。

所以那些所謂的苦行，其實沒有什麼苦行可說，就只是苦其身而不苦其心，不叫作眞的苦行。眞的苦行，就應該好好一念不生一整天，不論作什麼都是一念不生去作，別打妄想。勞其心志才是眞正的苦行，勞役其身不是眞苦行；她們勞役其身如果也能說是眞苦行，那麼慈濟那一些會員出去作義工也可以叫作苦行，因爲有時也作得很辛苦。那麼嘉邑行善團，專門造橋鋪路的善心團體，那更可以叫作修苦行，因爲他們作得更辛苦。可是從佛法來說，全都不能叫作苦行，因爲其心散亂攀緣。眞正修苦行是修其心，不是在身；就像成就禪定是在心，而不在腿。

所以修苦行的人跟持戒精嚴的人，一樣都有個壞處——瞧不起別人。那他們以前瞧不起別人，也還算是稍微有那麼一點點道理，所以我們正覺剛剛開始弘法的時刻，他們心裡也是瞧不起的；到後來發覺說：「人家有智慧，人家有解脫，人家還有禪定，咱們都沒有欸！」終於不講話了，這證明如來說的眞有道理：「**爾時若有苦行比丘亦共輕笑；**」這是眞知灼見，早就料到了。他們以苦行作爲傲視他人的修行，瞧不起一切人精修中道之行，如來爲了改正這些人的偏見，就說：「**今我弟子有行空者，我讚其善，安慰其心。**」如來的世代已經是這樣的：「**如果有弟子行於空，**」也就是依於「第一義空」而修行，「**如來就讚歎他眞的善於修行，並且安慰其心，令他可以安住。**」

如來「**安慰其心**」只要一句話就夠了，弟子聽到就歡喜得不得了，這是事實。但是「行於空」，到末法時代就變了。如來的弟子依第一義空而修行，才眞的叫作眞正的空行者；但密宗假藏傳佛教看到佛教經中有說空行者，他們也來弄個空行者；而他們的空行者專門幹什麼？專門修雙身法，說樂空雙運時觀察色身空、覺知心空、樂受也空，那樣精修雙身法時就是空行者，但那時全都落入五陰有之中，還叫作空行啊？所以你們看密宗假藏傳佛教有空行勇父、空行母，根本就是外道法，所以佛法的名相被密宗假藏傳佛教盜用得很厲害，那根本就是外道，完全無涉佛法。但是 如來很看重「第一義空」的空行者，因爲行於「第一義空」才是眞正的修空行，其餘都是行於有中。即使是已經離欲而證得初禪、二禪，乃至證得第四禪也都是行於有中；除非他證得「第一義空」而轉依了，否則都不是行於空者。

像這種行於空行的人，如果是在末法時代一定會被輕笑，這是正常的。所以大陸現在有好多省的佛協，包括中國佛協，他們都在抵制正覺的法、輕笑正覺的法，這是正常的。你們聽到這個消息時不要說：「哼！怎麼這樣？」不應該起瞋，因爲現在是末法時代，誰叫咱們活在末法時代？這是我們應該接受的。相信諸位前一世捨壽投胎到今世來的時候，在中陰階段就知道現在是末法時代，都已經知道了；既然知道就不要抱怨，這是我們要面對的。而且那些抵制正法的人，正是我們要攝受的佛土；如果不是他們還在輪迴、還在五欲中打轉，你有機會救什麼人？沒機會救人啦！所以要想通：他們也是我們的福田。他們破壞正法者也是我們的福田，我們要救他們，救一個算一個，救一萬人就是一萬分佛土，這樣共同來成就未來 彌勒尊佛座下那九十六億、九十四億、九十二億人成爲阿羅漢，所以他們也是我們的福田；我們若能把他們從三惡道的種姓中救回來，這才叫作大功德，所以我們還要繼續努力。

那麼 如來早就已經授記這一類人：「**爾時是人輕笑空行，但求不牢堅事，以有我及有諸法如是等事令眾心喜。**」你們看海峽兩岸都一樣，所以他們對於眞正的空行者不喜歡，私底下還嘲笑：「**正覺這蕭平實眞夠笨的，不求名聞也不求利養，偏偏要出來幹那些吃力不討好的事情。**」他們一定是這樣嘲笑的。可能他們一樣會嘲笑：「**那蕭平實座下有好多親教師、好多學生也都是笨蛋，只會付出而不懂得什麼回報，眞是笨！藉這個法可以得到好多世間法的回報，他們都不求，眞的是呆瓜。**」他們也一定會這樣輕笑。但是呆瓜不呆，就是因爲有這個呆、有這個傻勁，才可能努力不懈去救他們。努力到最後的結果，他們每一個人捨壽時不墮三惡道，那就是諸位未來攝受的佛土了，這是好事，這樣作才是聰明人，所以呆瓜不呆。這個道理諸位要懂，事情不要看表面，要看骨子裡是什麼實質，我是這樣看的。

那一些人——四不修比丘和苦行比丘等人，他們都會「輕笑」空行者。我們不就是空行者嗎？因爲我們行於「第一義空」，才是眞正的空行者。密宗假藏傳佛教都沒有空行者，那都叫有行者；是什麼有？是落入欲界有的行者。那麼他們「輕笑空行」，因爲他們不喜歡我們這種「無所有、無所得」的境界，他們都是「求不牢堅事」；他們求的都是不牢靠的事情、不堅固的事情。名聲不牢靠，什麼時候會毀壞都不知道；假使哪一天咱們把大陸所有佛協的會長都收集資料評論了，他們的名聲不就敗壞了嗎？當然我們不會幹這種事情，但是名聲眞的不牢靠。

至於藉著名聲得來的寺院一大片產業，以及藉著寺院隨後得來的好多利養，也都不堅固，唯有法財才是堅固的。那些世間財是五家共有的，既是五家共有的，隨時都可能被劫奪；假使五家沒有來劫奪，死的時候也要棄捨，縱使他帶到墳墓裡去也還不算他的，因爲他已受用不得了；也有可能盜墓者來了照樣把它拿走，他也無可奈何，因爲他已在後世的五陰中了。所以那些都是不牢靠、不堅固的事情，唯有實證解脫道，唯有實證佛菩提，才是眞正牢靠的事；唯有依於佛法而作的三種布施，那種後世的福德才是堅固的。但是那些四不修的比丘追求的是三界有（特別是人間的有），所以他們一定墮入我、一定墮入諸法之中，因此你跟他說無我，他們聽不進去，根本不接受。

不說大陸，大陸那些大法師們已經等而下之，我說臺灣的法師就好，他們現在相信正覺是正法了，可有一個問題是：爲什麼他們都一直沒有人出來公開聲明說：「**我接受意識是虛妄的。**」爲什麼沒有？表示他們喜歡的依舊是有我，不是無我。那他們爲什麼喜歡有我、不喜歡無我？有沒有人料到什麼原因？啊？對了！就是落入有境界法名聞利養中；就是這個，就是貪愛名聞利養。如果他們也說無我、說意識是虛妄的，那他們繼續追求名聞、追求利養時，當他們繼續廣收紅包時，人家供養的人會怎麼想：「**師父您都說無我了，爲什麼我這一供養您就那麼高興？爲什麼某甲供養少了您就不喜歡？**」這是跑不掉的問題！

如果他們也都出來說無我法，到了歲末年終、嚴寒隆冬時節，有許多百姓不好過年，那他們每年收一、兩百億元的錢財，不說全部拿出來救濟眾生，只要十分之一就好了——每年捐十億救濟貧苦眾生，好不好？要他拿十億出來，是臺幣而不是人民幣，他就已經要一直摳著：「**我要不要拿出來？**」得想上老半天。因爲他主張無我，那時他不拿出來也不行，所以乾脆就不要談無我，問題就解決了。可是問題其實沒眞解決，捨報以後問題更大，而他們並不知道。

所以像我們正覺講無我、講眞我，歲末年終我們救濟的範圍一年一年擴大，雖然買正覺寺的土地錢總還是不夠，高不成低不就，因爲太小的我們沒辦法用，現在也買不齊全；大的地要十幾億元，我們更買不起，就這樣高不成、低不就。可是我們不要聚斂錢財，寧可晚一點蓋起來，但是救濟貧苦眾生的事要繼續作；因爲無我，這樣才能解行相應，也是實證與身行相應，所以我們可以繼續演說無我法。但他們不敢說無我，當然要說有我，所以繼續主張意識是常住的，要不然就說：「**粗意識是生滅的，細意識常住。**」這樣就可以繼續擁有那些錢財，拔九牛之一毫以利天下而不爲焉，眞是厲害。可是未來世要怎麼還這個債，這才是大問題；但他們沒有想這麼遠，他們只想著眼前，所以說他們目光如豆眞不爲過。

我們不要效法他們那種愚癡的想法與作法，我們還是一本初衷，依照我們現有的路繼續走下去，法布施也作，無畏施也作，財施也繼續作；假使正覺寺不能成就，再拖個十年也沒關係，無所謂，冬令救濟還是繼續要作，這就是我們的原則。那他們因爲有我，所以他們所說的就會是有諸法，當他們主張諸法實有的時候，那些愚癡大眾會跟著歡喜：「**原來佛法不是空無，佛法不是斷滅空。**」他們就歡喜，然後大家跟著求有。

問題來了，佛法本來就不是斷滅空，是被他們誤會了變成斷滅空。對他們來說，所謂的空其實是有，不是無，那就不對了；佛法固然講無我，但無我並不是斷滅空，這是被他們誤解了。所以當我們《阿含正義》把解脫道講出來，說阿羅漢入涅槃是十八界俱滅，不受後有，但無餘涅槃不是斷滅空，他們到現在也沒有接受。他們寧可接受意識是常住的：「**所以我紅包可以繼續收，一大片產業我可以繼續擁有。**」但他們沒想到的是，能夠繼續擁有多久？所以只能說是愚癡人。

因此這種後末世的「不修身、不修戒、不修心、不修慧」的四不修比丘或比丘尼們眞是愚癡！諸位看看這樣的愚比丘，現在是不是普天下都是？眞正在修學　如來正法的人可能不到十分之一，臺灣目前看來是這樣，至於大陸佛教界的法師們就更別提了。所以我們正智出版社的書到目前爲止都還沒有洛陽紙貴，可想而知；如果天下比丘、比丘尼都努力在修　如來的了義正法，那正智出版社的書一定是洛陽紙貴了，一定是每本書一年之內都要賣十幾刷才夠，可是沒有啊！大部分是我們同修自己買的多。我們自己人買的一定超過一半以上，那外面買的大概是一半不到，我的看法是這樣。

這表示什麼？他們主張的是有我，只是口中不方便說出來；既然有我就會有諸法，我實有時諸法就同樣認定爲實有，這一定免不掉。他們正好就因爲這樣而對於座下不喜歡無我、不喜歡無諸法、無所有的信徒們，兩相歡喜、互相籠罩，自以爲學佛，就這樣混日子。

如來又說：「**若說一切諸法空者，亦輕是人，何以故？舍利弗！法應爾也。**」也就是說，這一些人如果遇到有比丘說「一切諸法空」，他們就會輕視這樣的人，爲什麼呢？因爲他們著於有。他們的見解不是無我，而是有我，自然就會去輕視正法比丘，會笑這樣的人是傻；道理應該是這樣的——「法應爾也」。所以你們一定有不少人來正覺之後被外面某一些道場的人嘲笑：「你這麼笨，去正覺？去那邊修行又苦，證悟以後還不能藉證悟來獲取錢財利養等，那你去那邊幹嘛？太笨了！」一定有出家人被嘲笑過，因爲就有人曾經來跟我訴苦，我說：「你來跟我訴苦，其實這一件事情本身才顯示你是聰明人，不笨。」然後跟他解釋後，他想通了：「喔！果然是這樣喔！」對啊！事實上是這樣。因爲在世間法上聰明的人，他們在佛菩提道以及解脫道上的遮障是很大的，正法利益上的損失也是非常大的，可他們自己不知道。但一體的兩面我們全部都要看清楚，利與害都看清楚以後你懂得自己該怎麼走，這樣佛道才會快速。

那麼他們既然主張有我，主張意識常住，就一定會落在有所得法中，當然會從有我而主張有諸法。所以你們看後山那個比丘尼，當她說「意識卻是不滅的」，她就會怎麼樣？不斷地去搞錢，不斷地設法國際化，去追求大名聲，後來還想弄個諾貝爾獎，不是嗎？都落在世間法上了。因爲當她認爲有我時就會求諸法，如果無我就不會求諸法。求世間法幹什麼呢？有智慧的人會求一切種智，而一切種智所證的境界是越來越勝妙的「**無所有法**」。這樣才是聰明人，成佛才會快！道理一定是這樣的。當他落入我裡面，那就相對會有諸法，他就會尋求世間諸法的利益，道理必然如此，所以如來說「**法應爾也**」。

接著說：「**眾生善根欲斷，本相則現；眞實妙法在於世間，無有受者，譬如癡人以栴檀香同於猥木。**」眾生的善根即將斷絕時，世間心的本相就現前了；就如儒家講過的一句話：「**食、色性也。**」有沒有？所以儒家亦不免焉，但怎麼會講這一句話？想一想，儒家講那句話的背景是什麼？不正是這樣嗎？世間聖賢猶尚不免，那麼出世間聖人呢？所以世間聖人要像出世間聖人那樣免掉這個境界是不容易的，因此說，眾生的善根即將斷絕的時候「**本相則現**」。

欲界的眾生有什麼「**本相**」？就是貪、瞋加上無明，三種具足。如果離開了欲界貪，那就可以生到色界天去了。但色界天還有兩個本相：瞋與無明。如果超過色界天時，還剩下一個「**本相**」叫作愚癡，所以在一念不生的境界中不只住上萬年，而一念萬劫就這樣過去，過完以後福報盡了就下來人間當毛毛蟲；因爲福報享盡了，而且萬劫之中他一直都一念不生，正好相應於毛毛蟲的一念不生。這說起來很好笑，但也很可悲欸！所以看見人家證得非想非非想定時，心想：「喔！好厲害！」其實不用這樣羨慕，反而要爲他覺得可悲，因爲他生到那裡去福報都享盡後，長劫一念不生的結果變成一種習氣，下來人間時他並沒有起淫欲上的貪，所以受生在人間成爲人類的機會不大，因爲他的種子是這樣。

所以他跟人間的年輕父母不容易相應，不容易相應就不會入胎，結果是與長時間一念不生的有情境界相應，可能就受生到毛毛蟲的卵裡面去，一出生後就是一念不生一直吃。很多人都沒想過這個道理，我可是怕這個；長劫一念不生的習氣種子就會跟那個境界相應，結果就這樣一念不生，出生後一直吃然後長大變成蛹，蛹也是一念不生；然後變成蝴蝶時，蝴蝶也是一念不生，只想著尋找花蜜吃，尋找怎麼樣繁衍下一代的對象，然後死了又繼續一念不生，這是很可悲的境界，可是很少人知道這一點。

話說回來，欲界的眾生善根即將斷絕時，「本相」現前是什麼模樣？叫作貪、瞋、癡，就是這三個法。當佛法的弘傳即將斷絕時，眾生這三相很嚴重現前了，「眞實妙法」出現在人間時是沒有人會接受的，所以爲什麼九千年後佛法會滅絕；因爲那時的眾生善根已經斷了，那貪、瞋、癡的「本相」全都現前了。這時咱們繼續流傳下去的了義正法，世間沒有人願意接受的，所以我才跟諸位說，這九千年是最好的修福德時機；過了這九千年以後別再繼續住於人間，要去兜率陀天，去那裡修慧快；但是想要去那裡修慧的背後要有福德支持，該怎麼辦？去那裡時沒機會修福了，就是要在這九千年中趕快把福德修起來，憑藉這些福德去到兜率陀天修慧就快了！何況這九千年的人間都還有慧可以同時修，這是很好的事情；雖然很辛苦，但是收穫頗豐！

那麼「眞實妙法」到那個時候沒有人接受，於是月光菩薩只好帶領大家入山。因爲世間沒有人能接受這個正法了，在人間遊行已經沒有意義，不得不帶領大家到山中繼續修清淨行；到那個時節大家都要取證阿羅漢果，然後起惑潤生，繼續當菩薩。也許有人覺得我這個說法好像跟以前說法不一樣，其實沒有不同；我一向告訴大家說你最多修到三果，現在不要取證阿羅漢果；但是到月光菩薩那個年代，能跟隨月光菩薩入山修清淨行的人，都必須證阿羅漢果；只是證得阿羅漢果以後你當菩薩，當然不能入無餘涅槃，所以你還得起惑潤生依舊是三果人，就是頂級的三果人；成為七品三果人中的頂品三果，沒有不同，還是一樣的。

那時入山修清淨行，然後一個又一個捨壽後都到兜率陀天去，跟隨 彌勒菩薩修學。等到 彌勒菩薩要來人間成佛之前，有許多人就得要先入地，應該是這樣；當他即將下生人間之前，大家就先要來人間布局——分散在各個地方先來人間受生，然後他示現成佛之時，大家就來聽佛說法，那時 彌勒佛看見你們來了，就說：「善來！比丘。」然後你是初地、他是二地、他是五地等，應當要這樣。否則 彌勒佛座下哪來那麼多的八地、九地、三地、五地菩薩，哪兒來？總不能讓佛一個人要負責度化九十六億、九十四億、九十二億人的種種事情吧？一定是要諸位來分擔的，這個道理是一樣的。

那麼 釋迦如來遺法的弟子，沒有往生到兜率陀天去而繼續在人間流轉的人，將來就是那時要成為阿羅漢，再經過教外別傳的法以及演說般若的法，到 彌勒佛第二轉法輪即將圓滿時，開始漸漸有人入地，而諸位的階位都應當要超過初地以上，應該是這樣。否則 彌勒佛哪來的那麼多菩薩來相助？這個大家要有正知正見，所以現在正是大家該努力的時候，一分辛苦就是一分收穫。我們現在不像正覺成立之前，佛教界大家都是空談玄想，我們卻是可以實證的，所以大家要把握這一段時間努力，現在就剩下這九千年；修福修慧都在這九千年，將來去到兜率陀天的時候，就是你的道業快速增長的時節，這就是化長劫入短劫。所以《解深密經》說的那個道理是眞的，諸位要信受。

九千年後「**第一義空**」法「**無有受者**」，因爲了義正法太難接受了，到那個時候人心是很貪著五欲的，想要他們接受「**無所得法**」是不可能的事，所以月光菩薩要帶領大家進入山中修清淨行，就不再弘法了。那時的人如何看待「**第一義空**」的「**無所得法**」？就好像愚癡人把栴檀香當作一般朽壞的木頭一樣。如來在本緣部的《百喻經》中也講過一個譬喻：有一個父親把兩捆上好的沉香木，叫兒子挑到市場上去賣，吩咐兒子說：「**這如果沒有賣到多少黃金，就不可以賣，你就挑回來。**」但他挑到市集上，看到左鄰右舍，張三那一捆木頭兩文錢賣掉，李四那一捆木頭又是三文錢賣掉，而他這兩捆要多少黃金才賣，人家都笑他說：「**你是個瘋子。**」沒有人買他的。後來他想想說：「**既然都賣不出去，好吧！那我燒成木炭後一斤一文錢就把它賣掉。**」

結果回來老爸責備他說：「你眞愚癡！這是上等的沉香木，你竟然把它燒了以後當作一般木炭賣掉！」表示他不識貨，而大眾也都不識貨。到了末法時代正好就是如此。且不說九千年後，單說現在，你們看大陸各省佛協會長和中佛協會長那些大法師們，他們還是在聯合努力抵制如來藏妙法，那不就是「以栴檀香同於猥木」看待了嗎？正是這樣。所以我們在大陸要作的事情還多著，雖然受到限制，還是要努力去作。

那麼 如來說了這一段經文是講什麼？有兩個道理：第一個道理是說，「第一義空」妙法太深妙，很難令人接受，特別是末法時代；第二個道理是在告訴大家說：「你們大家要堅持第一義空，這個第一義空是如來的心要。」世尊來到人間是爲了什麼？就是爲了傳授給有緣人實證「第一義空」，不是單單爲了解脫道而來人間的。所以 如來看重的正法，我們應當繼續堅持；不管人家怎麼否定、怎麼毀謗，我們要堅持到底。假使有人把世間法或者把意識境界當作是「第一義空」，我們一定要加以辨正，這是身爲實證者的我們不得不作的事情，否則我們就對不住 如來。接著 如來又怎麼開示呢：

經文：【「舍利弗！迦葉佛說：『未來世中釋迦牟尼佛諸弟子眾，以利養故，為諸白衣說第一義空；爾時多有在家出家愚癡不受，違逆不信而反誹謗，失於大利。以是因緣當墮惡道。』舍利弗！爾時多有相違諍論：我論、人論、眾生論、壽者論、命者論。善法欲少，但樂利養；實是愚癡，自謂有智；互相違逆，常共諍訟；樂有斷事，生怨嫉心。是人捨沙門法，但求利養；多樂事務，所營非一；常樂伺求他人長短，自隱其過稱說功德，如今比丘覆藏功德，自出過惡。當爾之時，咸共不能護持重戒，無所曉故，破於義利，而言：『諸法空，自相空，何所能作？』如那羅戲人種種變現，無所知者見之大笑，何以故？不解戲法其術隱故，生稀有心，驚怪大笑。如是，舍利弗！爾時眞實比丘說空寂法，求活命者咸共嗤笑；何以故？是人不知佛法義故，聞說空法驚疑怖畏。舍利弗！汝觀此人於安隱處生衰惱心，於衰惱處生安隱心；是人顛倒，逆行善法，順行惡法。舍利弗！如是癡人多懷慳貪、瞋恚、愚癡，具行三不善根。舍利弗！我為利益持戒比丘故，說二百五十戒經；如是癡人乃以世間小因緣故，向在家者說，乃至書寫以示白衣。舍利弗！如是癡人說言：『諸法空，自相空，何所能作？』何以故？如是癡人尚不能除慳貪煩惱，

何況能斷無明？」】

語譯：【世尊又開示說：「舍利弗！迦葉佛曾經說過：『未來世中釋迦牟尼佛的弟子眾們，由於貪愛利養的緣故，爲諸在家人演說第一義空；那時許多在家和出家人愚癡而不能接受，違背第一義空、拂逆第一義空，心中都不信受反而加以誹謗，因此失去了很大的利益。由於這樣的因緣將會墮落於惡道。』舍利弗！那時有許多互相違背的諍論出現：所謂我論、人論、眾生論、壽者論、命者論。當時有善法欲的人非常少，大家都只愛樂利養；其實都是愚癡人，竟然都自稱是有智慧的人；而且還互相違背拂逆，經常在一起共同諍訟；他們愛樂於有以及愛樂斷事的境界，互相產生怨嫉之心。這一些人捨棄了出家人的法，只是追求利養；他們大部分都喜歡各種世間事務，所營謀的事情各自不同；而且同樣都喜歡伺求別人的各種長短，隱匿自己的過失而稱說自己有許多的功德，猶如現在的比丘覆藏功德，而自己說出過惡一樣；到了那個時候正好反過來，大家都不能護持重戒，又因爲對正法無所曉知的緣故，破壞有義有利的各種事情，而口中這樣說：『既然諸法都空，自相也都空，那又有什麼可以作的呢？』就譬如變魔術的人有種種的變現，無所知的人看見了就歡喜大笑，這是什麼緣故？因爲他們不懂那一些戲法中的隱密性的緣故，所以產生了稀有心，因此驚怪而大笑。就像是這樣子，舍利弗！到那時眞正有實證、眞修行的比丘演說空寂之法，出家爲求活命的那一些人全部都共同來嗤之以鼻、來嘲笑他們；這是什麼緣故？是因爲這一些人不知道佛法眞實義的緣故，所以聽聞到眞實比丘說空法時，心中就驚疑怖畏。舍利弗！你看這一類人在安隱的地方產生了衰惱之心，反過來於衰惱的地方竟然產生了安隱心；這樣的人是心行顚倒的人，他們對於善法是顚倒著作的，對惡法卻隨順去作。舍利弗！像這樣的愚癡人大多心中懷著慳貪、瞋恚、愚癡，具足行於三種不善根之中。舍利弗！我爲了利益諸持戒比丘的緣故，爲大眾說明二百五十戒的經典；像這樣的愚癡人竟然由於世間小小因緣的緣故，把這二百五十戒拿去向在家人宣講，甚至於寫下來交給在家人去看。舍利弗！像這樣的愚癡人說：『諸法空，自相也空，還有什麼可以作的事情呢？』爲什麼呢？像這樣的愚癡人尚且不能捨除慳貪的煩惱，何況能夠斷除無明？」】

這就是說，末法時代「第一義諦」很少人能信受，因此在末法時代弘揚第一義諦時受到抵制也是正常的，不要憤恨不平，要生起悲心，設法救他們，讓他們不要繼續毀謗而墮落惡道。我也知道，要大家對他們生起慈心是不容易的，因爲當他們正在毀謗正法時要你們生起慈心很困難，因爲你們知道自己無法幫助他們來實證；他們實證的因緣還沒有來到，但是至少要有悲心，救護他們不要繼續毀謗而墮落惡道；這是因爲「第一義空」在末法時代本來就很難被人信受，這一點大家要能夠接受。今天先講到這裡。

第三個梯次禪三圓滿了，累是蠻累的，但是人逢喜事精神爽，不斷地添丁，菩薩種姓家族越來越興旺，當然是喜事！閒話不說，回到《佛藏經》來，上週我們七十頁第二段語譯完了，接著要加以解釋。

講義：如來說：「舍利弗！迦葉佛說：『未來世中釋迦牟尼佛諸弟子眾，以利養故，爲諸白衣說第一義空；爾時多有在家出家愚癡不受，違逆不信而反誹謗，失於大利。以是因緣當墮惡道。』」如來把以前 迦葉佛爲祂授記時說的話轉述給我們聽。迦葉佛這麼說：「未來世釋迦牟尼佛成佛時，祂的弟子眾們，由於利養的緣故，爲許多白衣演說第一義空。」這「白衣」作何解？白衣有時解釋作在家人，但其實這個解釋不太正確，白衣應該說是世俗人。

如果說白衣一定解釋爲在家人，那麼下面這一句「爾時多有在家出家愚癡不受」，這又要怎麼說明？這句「在家出家」裡面有「在家」二字，顯然不在「白衣」二字所含攝的範圍之內；所以這裡「白衣」是指世俗人，他們根本就不是佛弟子——或者是外道或者是世俗人。

只因爲有錢，他們也想附庸風雅一下：「聽說佛教有證悟般若、有開悟的事，那我也來開悟一下。」他就只是希望實證的人或者懂「第一義空」的人去爲他演說「第一義空」，想要因此悟入。這倒讓我想起蘋果手機那位過世沒幾年的賈伯斯，聽說他出了一本書，說是去達蘭沙拉求得開悟的。他去跟達賴求什麼開悟？達賴那個「悟」只是耽誤的「誤」，結果他信以爲眞，還出了一本書說明開悟的事情，也覺得眞可笑。達賴其實就是個白衣，他連出家在家凡夫都談不上，只是個大外道，是竊佔佛教果位欺騙佛弟子的狡詐者。這裡「白衣」指的是世俗人，類似達賴一樣的人。

那麼 迦葉佛預記說「未來世」釋迦牟尼佛成佛時，有許多弟子眾是爲了利養的緣故，去爲許多白衣—爲許多世俗人—演說「第一義空」的深妙法。演說倒也罷了，偏偏他是爲世俗人說；那麼說了以後我們就應該加以判斷：

會去向世俗人演說「第一義空」的人，就算他有證悟，一定不會是入地的菩薩，一定還在十住位以內，通常是剛入第七住位不久，轉依還不很成功，像這樣的人才會爲了利養而去跟那些世俗人講「第一義空」的法。

「第一義空」的法非常勝妙、非常奧祕而難以了知，但是明講了，祂卻是非常的平凡與實在；正因爲太平實的緣故，所以聽聞的人不信受。我也常常說末法最後五十二年，是因爲密意廣被洩漏而壞滅，導致佛法的弘傳期正式結束。正因爲祂太平實所以許多出家人與在家人都不信受，不信受的後果就是會加以誹謗。假使二十幾年前我出來弘法，我的證量就只有明心這一個法，沒有見性的法，也沒有過牢關的法，沒有道種智的法，那麼我的遭遇會如何？經過那三次的法難後遭遇會如何？諸位想想看，一定是很多又很多的人都不信受；不信受就要誹謗，會指責你說的這個「第一義空」如來藏的妙義是外道神我……等，那麼你無法讓他們信受的。也許一個不巧度了幾個弟子，他們偏又把佛法的密意公然四處宣說，這四處宣說的結果大家就會懷疑，一定譏嘲說：「笑死人了！這就是般若的密意？這就是如來藏喔？」爲什麼眾生會這樣譏嘲？因爲他們愚癡；眾生愚癡無法理解這爲什麼就是如來藏，為什麼這如來藏與真如有關聯？他們不懂，於是就會誹謗；誹謗的結果就是下地獄，這個問題是很嚴重的。

假使當年我不是因為有這麼多法，早就被推翻了！不說被自己人推翻，外面的人都可以推翻我；他們可以說：「你只是一家之言。」那我也沒轍。好在我們有許多法，從各個層面來應付那一些人的愚癡、無明，所以我們不斷地有許多不同層面的說法，深入淺出加以說明之後印出書籍來流通，如今的佛教界（我說的是臺灣佛教界），已經承認正覺是正法，沒有人敢再說三道四了。末法時代的眾生始終是愚癡的，即使在正法時期，在家出家的佛弟子愚癡的人也不在少數，在這種情況下，才剛悟入不久，少數比丘為了利養就去向世俗人演說「第一義空」，就開始把密意私下流布出去，結果沒有智慧的在家出家弟子都會加以誹謗，因此導致下墮三惡道，這就使那些世俗人——白衣——失於大利。

迦葉佛早就這麼預記了，果然佛世有六群比丘、善星比丘……等人出現，那些人甚至有人是生身下地獄，可見那是非常嚴重的事！這一下去可不是短短一劫、兩劫、三劫、五劫就可以上來人間的。由於他們能言善道四處誹謗，結果就是一大群又一大群的愚癡眾生受害，這裡面有許多人是佛門中的在家弟子、出家弟子。世尊說的這道理，是在告訴我們說：到末法時代「第一義空」的了義正法，愚癡無明的眾生無法信受的。所以我們剛出來弘法那五、六年，臺灣佛教界罵翻了，都說正覺是邪魔外道；也有比較客氣的說法，說我們是不如法。但是當他們口出如是惡言時，那重罪已經成就了。

但我們知道他們造了那個業將來必墮地獄，可不能眼睜睜看著他們死後下墮，所以我們得要救他們。就因爲這個緣故，如今我變成著作等身，不斷出書而從各個層面講解出來，就是爲了要救他們；所以各個層面的書我都要寫，不能缺漏。好在現在臺灣佛教界在家出家人大概都不會誹謗正覺的第八識眞如妙法，都信受說：「**正覺的法是眞正的佛法，只是很難修。**」表示他們不會下三惡道了，這是我們應該要作的事。有人說：「**導師！您寫那麼多書，他們又不會來學。**」我告訴他說：「**誰說我要他們來學，他們若是都來學，對我是個大麻煩，我買十棟大樓成立很多正覺講堂也不夠用。把這樣的整棟大樓買下來，買上十棟也不夠用，而且哪來那麼多的親教師教他們？**」

這是說「**第一義空**」的實證，不是那些十信位修不滿足的人所能信受的，就算他們信受了，也不可能修學，還得繼續熏習把十信位修滿足了，才有辦法進得正覺來。但是等他們有能力進正覺時，正覺可能已經不在了，那也許是正法滅沒以後，等 彌勒尊佛來人間時他們才有因緣來學解脫道，至於般若他們能不能學呢？尚在未定之天。所以別看到有人手上掛著一串念珠，你就說：「**你趕快來正覺學法**。」也不要看到有人披著僧服燙著戒疤、身上掛著念珠，你就說：「**你趕快來正覺**。」焉知他們十信位已經滿足了呢？所以與「**第一義空**」能接觸到又能信受，而且願意修學，這都不是一般的佛弟子。

所以我才說你們是異類，不是一般的佛教徒當然叫作異類。「異類」二字好像是罵人，但在佛教正法實證者中，異類才是好的；因為當佛教界大法師們認定有我、有人、有眾生、有壽者時，我說的卻是無我、無人、無眾生、無壽者，而你們竟然能夠信受，這也眞是奇怪，所以我說你們是異類。你們不該叫作當之有愧，而是理所當然、當仁不讓，因為這深妙法太難讓人信受。那麼「**違逆不信**」的人是因為什麼而違逆？是因為這是個「**無所有法、無所得法**」，而眾生都愛樂三界有；好不容易接觸佛法而開始修學了，然後開始參禪，卻總是病在有，一個個都病了。

病的原因是因為貪著三界有，那我說的是「無我、無人、無眾生、無壽者」的「無所有法」，叫他們如何接受？所以他們就得「違逆」。如來明明說意識是意法因緣生，是生滅法；末法時代的大法師們，甚至於自認為成佛的「宇宙大覺者」，都還公然主張「意識卻是不滅的」，公然跟 佛打對臺，這不是「違逆」嗎？那為什麼她要違逆？因為 佛跟她說的不同調，她無法接受，所以就違背 如來的聖教，拂逆 如來的善心，她公然主張「意識卻是不滅的」。她的師父釋印順那個老糊塗，他比較聰明，拐個彎說細意識是不滅的，那不還是意識嗎？

就這樣想著種種方便法來誑惑眾生，對於「第一義空」無法信受、無法接受，因此釋印順甚至在書中公開否定大乘法，所謂的開悟、證得大乘果他是不信的，因此他提出一個主張：凡夫的人菩薩行也可以成佛；他的人菩薩行指的是凡夫位的菩薩行，說永遠以凡夫身行菩薩道就可以成佛；釋證嚴就依著他這樣的邪見，不必斷我見、不必證阿羅漢果、也不必開悟般若，只要努力修布施行然後就可以成為初地、二地、五地乃至成佛。太棒了啊！如果這樣的話，哪一天張忠謀、郭台銘把財產拿出來布施也就能成佛了，那眞的很容易：只要老子有錢就可以成佛，這太棒了。

但佛法不是這樣的呀！一定得要先斷我見，相應的定力也要事前先修好，然後你還得要證悟般若—實證無所有的眞如境界—可以現觀眞如，然後次第進修圓滿道種智後成爲一切種智，這才算是成佛。所以他們那一些人因爲喜歡三界有，發現到 如來所說與他所想要的是矛盾、是牴觸的，所以他們就開始「**違逆**」，「**違逆不信**」的結果就會誹謗；所以釋印順的《華雨集》、《妙雲集》，他哪一本書不是在否定大乘法？可以說他否定大乘法是處心積慮的，變著法兒利用各個層面、各種說法、各種方式來否定大乘法，那你說他是不是「**失於大利**」？他得要下地獄的。我這不是詛咒他，因爲這是事實，因爲他一直到死都沒有公開懺悔誹謗大乘妙法的重罪。

有的人對因果不太信，不但外面的人，我們會裡還有人明心以後不太信。我舉個例子來說，例如有人在會裡證悟明心，可惜他一直在七住位打混，人家已經爬上八住位、九住位、十住位、初行位去了，他還在七住位打混；由於放不下外我所，所以出去弘法自立道場。出去弘法自立道場，自己建立一個自以爲了義正法的團體，這正是「**破和合僧**」重罪；了義正法的菩薩僧團自古以來沒有分裂過，如今他來作了這件分裂的事，就是「破和合僧」。「破和合僧」就是使菩薩僧團一分爲二，不管兩個團體是一樣大或是一大一小，總之就是分裂了；分裂就是「破和合僧」，這不只是十重戒的違犯問題，這也是七逆罪之一。所以如果用盡各種方法都無法救轉他，護法菩薩們就會採取行動，這是不可避免的。

假使由你來當護法神，你處理不處理？你得處理呀！否則就是失職。那麼如果聽了我這一席話心中還是不服氣：「眞的會有那個果報嗎？」那沒關係，就站出來爲那個人或那些人說話吧！沒關係！就試試看。我是沒這個膽子，釋提桓因把膽子借給我，我也不敢。那如果有人敢的話，我眞的佩服他；因爲去地獄受苦我忍受不了，如果他能忍受得了，那他比我行，我佩服他。佩服他什麼？愚蠢的膽大。

所以人要有智慧，我有時告訴大家說，其實從悟後的現觀（當然外面或者古時那些只有明心的祖師——沒有道種智的那些禪宗祖師，他們未必能夠如實現觀），以我的現觀來講，我現在也依著我的現觀在禪三中這樣教導諸位：我們每一個人有生以來都在如來藏中生活，不曾離開過如來藏，不是在如來藏的外面生活而用繩子綁在一起，而是你的五陰夯不啷噹就是如來藏；你始終都在如來藏中生存著，不曾外於如來藏而生存著，那麼謗佛毀法或者誹謗賢聖這些業造了，當然種子還是存在如來藏中，不會落在如來藏外面。努力行菩薩道，利樂有情，護持正法，增進般若，也同樣是在如來藏中行道，這些種子還是在如來藏中，永遠都不會遺失的。如果有人不相信，站出來為「破和合僧」的人說話，那也不打緊，等到未來幾十劫或者一、兩百劫回到人間證悟了，再來看看是不是我說的這樣。所以有的人不信，那我們也無法救他，只好由著他。

但實際上每一個有情從生至死、再從死至生，不曾一刹那外於如來藏，從來都生活在如來藏中，因此所造的一切業種也都收藏在如來藏裡面，因果是跑不掉的。也許有人想：「欸！真的有因果嗎？」那麼咱們合計合計看，假使沒有因果，那我請問：那些畜生牠們願意當畜生嗎？難道牠們不想當人類嗎？譬如寵物，有的人養鸚鵡當寵物，鸚鵡也可以活上五、六十年；有的人養狗當寵物，主人好疼牠，牠也覺得很幸福，因為主人很疼牠，但是如果告訴牠說：「你下一輩子可以當人，就不能跟我在一起，你就得跟我分離；

現在你就去投胎當人，好不好？」牠一定說好，一定馬上就走，主人再怎麼對牠好，牠也是立刻就走。

但牠們爲什麼要繼續當狗、當貓、當鳥？這是爲何？牠們也想脫離畜生身啊！除非牠的世界中就只有鳥，大家都是鳥，不知道當人比較好，那牠們當然就繼續當鳥，喜歡啊！可是明明看見有人：「人的生活過這麼好，這麼有權利，飲食無憂等，而我竟然得要當他的寵物，全都要聽他的，每天要討他歡心；我如果能當人，那該多棒！」可是牠們爲什麼脫離不了那個鳥身、貓身、狗身？這就是業力。那畜生道還好，即使當蟑螂都比餓鬼道好；假使當餓鬼都還比地獄好，那爲什麼有人要當餓鬼？臺灣七月半流行盂蘭盆節開鬼門，其實哪有鬼門可開？餓鬼到處都有，把鬼門關了他們就會回去？到處都有鬼。有的鬼以樹爲家，有的鬼以花木爲家，有的鬼只能以一莖草爲家，但這還不是最慘的鬼，最慘的鬼連一根草都沒有，那就叫作孤魂野鬼。所以爲什麼比丘不踏生草？正是如此。這也證明那些孤魂野鬼是很痛苦的。

但是說白了，孤魂野鬼還不是最苦的，餓鬼才是最苦的。餓鬼肚大如鼓，口裡只要一張開，火就噴出來，把食物都燒焦了。有的人沒學過佛法，初次看到那圖畫時就說：「哇！那個鬼那麼厲害，還會噴火。」不是的，他是餓火中燒啊！看見人家吐一口痰時趕快去搶來吃，往往也搶不到；就算搶到了送進嘴裡，嘴巴一張開，火噴出來就變成焦炭，成年挨餓，餓火中燒，那才苦啊！那他們四處遊蕩，特別是下午三點過後開始出來到處遊蕩；他們看見人類生活過得蠻不錯，也許他們遇見了乞丐，乞丐討得一缽飯菜已經有點餿了，但那對他們而言，可眞是好美的美味，卻是求不可得。即使乞丐那樣的生活，他們看著也覺得：「乞丐眞幸福，哪像我這樣！」難道他們不想來人間當乞丐嗎？想！想得很，可是作不到。

那地獄的眾生更想回來人間，可是他們沒辦法。爲什麼沒辦法？因爲業障。所以舍利弗尊者看見鴿子時，如來問他說：「你看牠前世是什麼？」「還是鴿子。」「不然你看牠十世之前。」「是鴿子。」「你再看牠幾萬年前好了。」舍利弗尊者一看：「牠還是鴿子。」一直往前追、追到八萬大劫前，乃至往後未來八萬大劫依舊是鴿子。如來說：「牠不只往後八萬大劫繼續當鴿子，牠將於恒河沙等大劫中仍然繼續當鴿子。」明明牠的如來藏跟我們一樣，爲什麼牠就是鴿子要當那麼久？正是業障啊！所以不是沒有因果的。假使沒有因果的話，就不應該有三惡道的有情求生為人而不可得，應該大家至少都是人，世間不該有三惡道；假使沒有因果，也不應該人間有人，應該大家都是天人，這也證明確實是有因果。

那麼為什麼人類生來人間同樣是人，偏偏窮通壽夭各個不同、智慧各有不等？這是什麼原因？都是因為過去世的業導致今生各不相同，這就是因果。就像我看見自己無量劫前當老鼠，那一世為什麼當老鼠？因為誹謗一個證得第四禪的人，那個人都還沒開悟呢！當時誹謗也沒看見什麼因果，但死後就知道，可是來不及了；而那個誹謗也許諸位會認為那不算是誹謗，當人家在介紹稱讚說他有四禪，眞不得了。我口裡說：「**那也不過是四禪而已，那有什麼。**」只是這樣而已，但四禪的威德就讓我下一世變成老鼠了，然後死在貓爪之下，立刻又回來；還沒有成家立業就回來人間，那是因為很努力修福，那你們看因果在不在？

當老鼠的時候也是八識心王具足，人類在講什麼我聽得懂。我眞的聽懂啊！我那時候聽得懂，那到底有沒有因果？有啊！如果是毀謗宣揚如來藏妙法的人，那因果又要加重很多了。所以不信因果的人可以去支持那「**破和合**

僧」的人，我可不敢。所以爲什麼在弘法的過程中我一直都是很謹愼在弘法，當人家問我說：「**那位某某大師，您看他有沒有開悟？**」我又沒讀過他的書，沒聽過他的演講，我就說：「**我不知道。**」我有幾分證據就說幾分話，我不要把人家一言推翻，就是這個原因，因爲那個果報不可思議。如果人家有膽量造了七逆罪之一，卻有誰還去爲他說話、去支持他，那我告訴你：那是七逆罪的支持者，這個惡業跑不掉。所以 如來所說的那一些聖教，如來所施設的那一些規範，全都不要去違犯；違逆 如來以後，如來不會有損失，但是我們違逆者自己的損害就大了，確實失於大利，這眞的不是小事。

藉這個機會我就順便談一點，讓大家多瞭解，因爲學佛的人有一個通病，看見自己身旁發生的事，當時都不覺得怎麼樣。我的看法是這樣：眼前看時都不覺得怎麼樣，未來世當你修到我這個證量時，那時再來看現在的這件事情，你就會覺得很有怎麼樣、眞會怎麼樣！因爲因果不會立刻報，都是一期生死結束以後才報的，所以有的人殺人越貨，他殺了人時覺得「**我也沒有什麼果報啊**」，是啊！當時是沒有，但不是不報，時候未到，得要到一期生死結束的時候，才會來算這一生的總帳。

當他一口氣上不來而開始捨壽，那第一剎那開始不到半分鐘的時間，一生所造的業全都出現，就像幻燈片一般，一格又一格好像電影放映出來給你看；電影是連續的，但那業鏡不是連續性的，是像幻燈片一樣，由上而下一格一格這樣下來，是由上往下一格一格拉下來，大概不到一秒鐘的時間，一生的事情都像幻燈片一樣放給你看。那時心智很伶俐，一格一格這樣閃過去，一看就知道每一格的影像是什麼業；一生所造的業都在那裡顯現出來，這叫作業鏡。不是有一面鏡子在照你，這業鏡出現後就得轉入中陰身去了，那時手不能動口不能言，要怎麼補救？連家人都不知道，想要為他補救也沒辦法。但愚癡的人不相信因果，有智慧的人單從世間相觀察就會相信，所以違逆 如來聖教、違逆 如來聖義，沒有一點點好處。如來凡有所說都是為利益眾生，不是為利益自己；如來已經福慧雙足了，還需要眾生來利益祂嗎？

由於愚癡的緣故，才剛剛悟了就開始去搞名聞利養等，或者他不搞名聞利養但是他搞眷屬，以這個不正當的心態導致他去為世俗人、或是為悟緣未熟的人演說「第一義空」，這樣的事情會導致許多佛門中的出家、在家人輾轉聽聞，乃至當面聽聞者也不信受，跟著一起誹謗，這是殘害眾生的極重大惡業。就像我們有一批退轉的人，把他們所知的表相密意去告訴一貫道的推廣者，那位一貫道如今在大陸混、到處鑽營，那個業，當時退轉的那一些人跟那個一貫道要共同承擔起來，一定跑不掉的；不是我要叫他們承擔，而是因果律就是必須他們來承擔，絕對跑不掉的。

這就是說，「第一義空」的勝妙法不該為世俗人講，管他多有錢，就是個世俗人。要說有錢，他不會比轉輪聖王更有錢吧？轉輪聖王下焉者擁有一大天下，上焉者金輪聖王擁有四大天下，人間最有錢的人能跟他們比嗎？但即使是那樣都不能得到 如來的授記，得要福德修足了、定慧也都修足了才能證悟，悟後才能得到授記，這表示什麼？表示「第一義空」的法想要實證，得要有非常多的福德加上正知見與定力才能得到，單憑慧力頂多只能得到順忍。世俗人連佛弟子的身分都沒有，結果有人才剛悟了就去為世俗人宣講「第一義空」的內涵，就把這如來藏妙義直接明講，那麼雙方一樣都「失於大利」，並且會導致輾轉聽聞者跟著「失於大利」；由於這樣的因緣，死後都會墮落惡道，所以 世尊說：「以是因緣當墮惡道。」這事情對我來說，一直都戒慎恐懼，不敢當作小事；可是愚癡的人因為智慧不夠，全都不當一回事。所以如來再三囑咐要善護密意，他卻不管 世尊這個吩咐，繼續我行我素，結果不但害自己來世墮於惡道，也害許多人「失於大利，以是因緣當墮惡道」。

那麼話說回來，上面說的是 迦葉佛為 釋迦如來預記時說的話，說世尊法中某些證悟的人，為了名聞利養就去跟世俗人演說「第一義空」，死後「當墮惡道」。當他為世俗人演說時，會導致許多出家人、在家人因為智慧未開所以不信受，不信受就會誹謗，導致這許多人死後就下墮惡道。迦葉佛已經預記 釋迦佛的時候會有這種事情發生，所以中國佛教打從元朝以來就有許多人抵制正法、打壓正法、否定正法，因為元朝信奉的就是喇嘛教。好不容易來到明朝朱元璋，他得過佛寺的庇蔭，不信密宗那一些鬼怪，正統佛教總算得到一點希望；但是朱元璋傳下來沒幾代，皇帝也開始搞雙身法。至於清朝就別提，幾乎都信喇嘛教當作是佛教；甚至雍正還大力打壓如來藏妙義，他還自稱開悟，也主持禪七，大臣們都來追隨他打禪七，因為這是保住官位最好的方法。如果當了他的弟子，又多了一重緊密的關係，不但是皇帝臣子，還是師生。

那雍正怎麼印證開悟的？只要早上坐到下午都一念不生，他就印證你開悟。他還要打壓如來藏妙義，凡是弘傳如來藏妙法的寺院全部不許敲鐘、不許打鼓，也不許課誦；還寫了什麼《揀魔辨異錄》，最好是辨正他自己。他是個精修雙身法的人，能斷我見嗎？能證悟如來藏而得「第一義空」嗎？他對於國家掌控得很好，大小事他都要管，不信任臣下，所以他從早忙到晚；晚上還要忙到早上，因爲晚上要修雙身法，那是他的成佛之道，所以日操夜勞，導致他在位不過十幾年就死了。這樣的人你說他捨報後會有什麼結果？可想而知啊！

但這種情形是 迦葉佛的年代已經預記過了，因此如來藏妙法一直都處在被打壓的狀態，那我們不得不去喇嘛教的老巢投胎。當年你們也有許多人跟著去，所以現在增上班有許多人都夢見過自己被淹死、被刺死、被打死的，直到進入正覺以後這種夢才不再出現，但這都很正常。我希望從那個地方——從喇嘛教的老巢翻轉過來，可是沒翻成功，功虧一簣，這就是業力——眾生的業力。但我們還得要努力救，不努力救不行；假使很多人都繼續誹謗而又以文字流通到未來世去，又會有更多人繼續誹謗、繼續跟著下去，那麼到彌勒菩薩來成佛的時候，哪來九十六億、九十四億、九十二億人成阿羅漢？

這當然是我們要作的事情。

那麼話說回來，世尊又開示說：「舍利弗！爾時多有相違諍論：我論、人論、眾生論、壽者論、命者論。」你們看看現在的佛教界，南洋就不談它了，因爲南洋那些所謂阿羅漢其實都只是凡夫。南洋六、七年前一直到現在，都沒有人敢再自稱是阿羅漢或推崇誰是阿羅漢了，因爲《阿含正義》已經流通過去了，所以南洋的阿羅漢如今也死光了，只留著色身五陰繼續在人間混日子，不知如何是好。且不談他們，說海峽兩岸中國佛教界，這算是大乘佛教僅存的地區，那麼大家來檢討看看，除了咱們正覺說的法，那些人說的所謂開悟境界，有哪一個人是離開了「我論、人論、眾生論、壽者論、命者論」？全都不能外於這個範圍。

他們所謂的開悟都是離念靈知的境界，離念靈知正是識陰我，也是人間的我、欲界天的我、色界天的我，三惡道同樣是以這個爲我。既然有我，相對的就有人，成爲我離念靈知心面對你的離念靈知心，面對五陰的我就會有他人，有人、我就有眾生。而這種離念靈知的我也離開不了壽命，所以離念靈知以現在的人間而言，最長壽的人活多久？一百三十、一百四十歲好不好？通常都在百歲以內，就是《阿含經》中說的「少出多滅」。即使是彭祖活八百歲後，一樣是要壞滅的，到不了未來世去。

可是海峽兩岸這些大法師們主張說：離念靈知就是眞如，常住不壞。緊接著問題就來了(他們都不知道問題跟在腦後，全都沒有感覺問題的存在)：假使離念靈知眞能連貫三世，是常住不滅的，是同一個離念靈知，那就應該在這一世才一出世馬上要跟他媽媽說：「媽媽！辛苦您了！」不論他前世是會英文、西班牙文、法文、葡萄牙文或中文都行，應該馬上要開口致謝。可是他們剛出生時同樣只會哭，什麼都不懂，表示這是全新的識陰，不是從前世往生過來的。

外國人就是不如中國人聰明；外國人說沒有前世，只有這一世，而這一世出生了以後不會滅掉，會往生到下一世去。眞是沒智慧！但這邏輯講不通，這一世可以去下一世，就表示這一世也是從前世來的；中國人想：「這一世死了會去到下一世，那一定從前世往生過來的，可是爲什麼不記得上一世是幹什麼的？啊！原來是喝了孟婆湯。」中國人發明這個說法就把問題暫時解決了；直到佛教出現，這個問題才眞正解決。

中國人相信有三世的流轉，中國又是禮儀之邦，所以孔子弘揚的儒家思想可以流傳下來，因此才說震旦有大乘氣象；震旦就是指我們現在講的中國，當然不是佛法的中國，佛法的中國現在是指臺灣，這裡才是佛法的祖國。所以佛法的中國函蓋了大陸，這是一體的，是不可分割的，不論法上或政治上都跑不掉。因為我上輩子生活在江浙，這一世生活在臺灣，那你要說我是什麼地方的人？不然把我家祖先牌位請下來，最早可以追溯到河洛；河洛是哪裡？（有人答話，聽不清楚）對啊！如果不信的話你們回家把祖先牌位請下來，看裡面是怎麼記載的。但政治的話題不好談，有些人不太理性就不管它，但我們是這樣的見解。

中國地區海峽兩岸那些大法師講的離念靈知，明明就是識陰我，也就是眾生我。這離念靈知一定有壽命，大約百年就一定會死，死了就滅了，不能去到下一世；上一世的離念靈知也不能來到這一世，所以落入離念靈知的人正好這五論都有：「我論、人論、眾生論、壽者論、命者論。」這就是末法時代的現象。這不能稱為怪象，這叫作現象，因為末法時代有這樣的大法師充斥人間才是正常的。所以正覺同修會出世弘法，以第八識如來藏妙義來推廣正法時都被視爲異類，諸方大法師們都說：「只有你們正覺跟人家不一樣，人家都這樣證得離念靈知稱爲開悟，你們偏不這樣。」然後氣起來：「就只有你們講的對，我們都不對！」

是啊！我們講如來藏，你們不講如來藏，那你們當然都不對啊！因爲法界實相的事實就是這樣。自從二〇〇三年那一次法難之後，我們出了好多書，現在他們不這樣講了；現在他們沉默不語，這倒是好事。但我還希望進一步：希望他們每一個人捨壽前都懂得懺悔以前誹謗正覺的口業，不要下墮三惡道。至少他們要保住人身，來世無妨再當個佛弟子，好好修學，彌勒佛來了就能得阿羅漢果，這是我的希望。

但是末法時代這種現象是正常的，所以千萬不要憤恨不平。我們早期有的師兄每次遇見我就抱怨：「老師啊！我們明明是正法，爲什麼他們要誹謗？」有時就說：「我們明明是正法，但我們要作什麼事情時錢都不夠，他們不論作什麼都是一大堆的錢。」我說：「你別怪他們，我們也沒有錢不夠，我們想作什麼時就剛剛好有錢；沒剩下很多錢沒有關係，夠用就好。」因爲我們也沒有計畫要搞像他們那樣金碧輝煌、天下第一高的佛寺。我們都沒想，我們是弘法所需要的建築夠我們用就行了。我跟他說：「**末法時代這是正常的，你不要憤恨不平。**」那他就氣不過，老是想不通。

其實你想通了就能處之泰然，因爲末法時代本來就是這樣，佛教徒總是看表相，所以如果誰要來問我說：「**老師！你這一世有沒有可能收張忠謀、郭台銘作弟子？**」我說：「**你別作夢了！**」假使我活到一百五十歲，道場是兩百公頃金碧輝煌，徒眾數千萬，而他們也弄清楚達賴等人的凡夫本質了，那就有可能。但我們何苦來哉這樣搞硬體？如果爲了這個，我得要多活的那六十歲，老態龍鍾多難過，不如換個新的身體再來好用多了。這就是末法時代普遍的現象，大家是看表相而不懂得看實質；但諸位懂得看實質，所以我說諸位是異類，跟一般佛教徒是不同的。

話說回來　世尊又開示說：「**善法欲少，但樂利養；實是愚癡，自謂有智；互相違逆，常共諍訟；樂有斷事，生怨嫉心。**」如來說末法時代的比丘（不包括在座諸位比丘），末法時代一般的比丘就是這樣，他們「**善法欲少**」，每天早上四點起板，四點半來到大殿開始課誦，每天傍晚好好作晚課，這就已經夠好了！所以末法時代看見寺院許多比丘、比丘尼不懂得修行，只懂得每天作早課、晚課，然後就是過生活，你們看到時別抱怨，這是正常的；他們不懂得出去求法，當然更不懂自己學法；他們只要能這樣就好了，不要去誹謗三寶、毀壞三寶就夠了。而末法時代的出家人有許多都是喜歡利養，其他的事情都沒興趣，這也是正常現象，所以學法的心很微弱——「善法欲少」。

假使，我說個現實的，假使末法時代的比丘、比丘尼愛樂利養，但同時也有很強的求法心，那我就要讚歎說：「阿彌陀佛！阿彌陀佛！」但事實不然，從什麼來證明？我們正智出版社出版的書並沒有一、兩個月就賣掉一、兩萬本；如果每兩個月出版一本書，這本書出版後一個月、兩個月就賣掉一萬本、兩萬本，我就說臺灣這些出家人太棒了！可是沒有這樣，還是我們同修們買去讀的多。所以會外出家人的「善法欲」眞的少，因爲根本沒有想要實證佛法。如果多數出家人都有想要實證佛法的心，正智出版社的書一定是洛陽紙貴，一定是每十天就印一刷出去，兩個月應該要印六刷；可是實際上不然，我們一部分要送去大陸，一部分在臺灣賣，所以出版後兩個月就是兩刷，以後大約每月增印一刷，這是固定的；較冷門的書，可能要過四、五個月才會再印第三刷，通常是這樣。這表示什麼？臺灣這一些出家人的「善法欲少」。但我們不要強求，因爲現在是末法時代，他們只要能夠守戒不犯，不暗中修學喇嘛教的密法，維持住寺院的清淨表相就夠了。能樂於求法的出家人現在是少數，我們要有這樣的認知，不要強求於人；因爲現在不是正法時期，現在是末法時代。

還有一個現象，末法時代的出家人「實是愚癡，自謂有智」。這種狀況自從正覺出來弘法之後才漸漸減少，以前在海峽兩岸是很普遍的現象。所以當時佛教界，先不說大陸，光說臺灣東西南北中，各處都有人自稱開悟，而且那些開悟的人都自稱是證得阿羅漢果的人，就不是證菩薩果，很怪！自從正覺弘法之後這怪象漸漸少了，特別是二〇〇三年法難之後，我們出的那些書籍流通出去，一直到現在就沒有那一些「自謂有智」的人了，全都消失了！這是好現象，不是因爲我們正覺唯我獨尊，而是因爲他們認清了自己的凡夫本質，所以滅掉了大妄語業。我相信他們經過十年、二十年繼續閱讀正覺的書以後，確定自己悟錯了，捨壽前一定會在佛前對眾懺悔，那就不用下墮惡道，我們可以爲他們歡喜。

這就是說末法時代這是普遍的現象，其實是愚癡的人多。爲什麼說是愚癡呢？因爲連二乘解脫道初果的智慧都沒有，更別說是大乘般若的智慧，所以那些愚癡人卻自稱爲有智慧。當他們自稱阿羅漢時，或是自稱開悟了，那不就是「自謂有智」嗎？這個現象現在臺灣消失了，可是大陸仍然很普遍；特別是索達吉那一幫人以及流亡國外的達賴那一幫人。但是達賴現在心裡也慌，因爲以前自稱是 觀世音菩薩化身，自稱是法王，但他讀了《狂密與眞密》難道都不知不覺嗎？他這幾年有時說話時會爲自己辯解，但辯解的那一些話我一看就知道，那是讀了我的書在辯解；而且前年也有一個藏人特地來買了一套《狂密與眞密》，我們書局的同修還特地送他一些書跟他結緣，他說要送去給達賴，殊不知達賴早就讀過了；希望他能夠改往修來不要再搞政治了，好好的改變、老老實實當個僧人，好好修行，否則來世夠他受的。

大陸還有許多大法師們，有許多在各省佛協當會長，他們現在還在抵制正法；他們是不知天高地厚，也不信因果才會這樣幹。他們大概想：「反正人只有一世，沒有後世就不會有果報。佛法是佛法，那是一種學問，一種思想，不可實證。既然人只有一世，現在不搞白不搞，那是愚癡人，我是聰明人，能弄到手就算是我賺的，這一世快快活活有名有利風光過一世，死後就斷滅了。」那些佛協的會長們有許多人是這樣的想法，所以他們不畏因果。那就要大家多費心思、多出點力氣來救他們，因爲他們每一個人都帶著一群人。如果不救他們，到時候 彌勒佛說：「**你們當年爲什麼沒有好好救他們？**」變成我們有罪。

雖然我們救他們還要被他們罵，但沒關係，只要能救回來就行；把他們救回來卻被罵是好事，救他們回來有大功德，也有福德，被罵則是他們幫你消業啊！《金剛經》的聖教還記得嗎？對啊，你受持《金剛經》被他們罵，那你們先世罪業就全部消滅，是他們幫你消業障，多好！所以被罵時不要生氣，要懂這個道理；只要能保住他們不下惡道就行，彌勒佛來人間的時候，他們就在那三個九十幾億人裡面，這樣就夠了。他們證道的事就移交給 彌勒佛，那不是我們該作的事，我們只要負責救他們不墮惡道就行。

接著說：「**互相違逆，常共諍訟；**」「**互相違逆**」是末法時代佛教界的現象，我們正覺出世弘法以後減少了佛教界「**互相違逆，常共諍訟**」的事。因爲他們以前互相鬥來鬥去，後來不互鬥了，因爲他們有個共同的目標——正覺，所以他們現在「**諍訟**」或「**違逆**」的目標就針對正覺；他們互相不鬥了，這也是我們的功德。但末法時代互諍互鬥是一種正常現象，因爲凡是落入「**我論、人論、眾生論、壽者論、命者論**」者，都是以五陰自我爲中心，所以他們會要求自己的利益，互相有牴觸時就會互相產生嫌隙，就有閒言閒語出生，這種事情就會發生，這是正常的。但我們不會跟他們爭那一些，我們爭的是法義正訛；法得要正確，法正確了大家都弄清楚了就不墮惡道，這是我們要爭的，除此別無所爭。

接著說：「**樂有斷事，生怨嫉心。**」末法時代的出家人中有許多人「**樂有斷事**」，樂於這兩樣，有與斷是兩件事。有就是名聞利養與眷屬、財產……等世間法，全都屬於有，在凡夫僧中這是正常的。那爲什麼說樂於斷事？樂於斷事是有原因的；如果他能每一件事情都參與決斷，譬如現在有人說佛法如何如何，要這樣才對、要那樣才對，他有那個身分地位出來裁決說：「**得這樣才對，那樣不對。**」那表示什麼？表示他在佛教界有很大的權力。甚至當了大法師以後，一些人間的事務大家爭執不下時就說：「**不然，我們請某大法師來評評看。**」他就來裁斷：「**你這樣不對，他這樣才對。**」那他們爲什麼喜歡「**斷事**」？因爲這表示他有身分，受人恭敬。

就好像我們，曾經有個顛倒的佛教界有名人士，她出來對世間事作了不好的主張，人家來問我說：「您看現在發生這件事情，正覺有什麼說法？」我說：「那是世間事，給世間人去決斷，我們不必說話。」看起來我們像是個笨蛋，其實不是；因為我們用不著去理會世間事，世間事自有世間人去決斷，用不著我們參與決斷；我們只要在法上好好去努力，在正法久住上繼續努力，把被誤導的學佛人救回來就夠了，這是我們的原則。所以人家評論政治如何如何時，我們不評論也不參與；人家談到哪一件事情社會上的觀感如何時：「請問你們佛教界的看法呢？」「我們正覺不能代表整體佛教界，我們不便表示看法。」有個愚癡的比丘尼站出來說：「我們佛教界的看法如何又如何。」她針對同性婚姻發話，我就說：「她什麼時候可以代表佛教界？至少她不能代表我們正覺，我們正覺難道不是佛教界之一嗎？」

所以親教師會議中我這一提出來，後來就有一篇文章貼上網去：佛教界不該管這個事情，誰要同性結婚他們就去結婚，誰要反對就去反對，因為有情在人間男男女女有時會轉換，那也是正常的事；在轉換的過度期不就變成同性戀了嗎？這有什麼好奇怪的？這事情即使是人間一定會存在的少數不正常現象，卻是法界中的正常現象，那我們不需要去反對也不需要去贊成；但是想要強制任何人都接受那樣的觀念就不對了，所以沒有她所謂的佛教界的看法。但佛法的看法是有的，佛法的看法認爲這是欲界有情中的正常現象，但不是人間的多數現象；但沒有誰可以代表臺灣或全球佛教界來說話，除非所有佛教界都授權她出來講話，否則她的話只是她自己的看法，不是佛教界的看法。

那爲什麼她要站出來講這些話？因爲她「樂有斷事」，這就是「樂有斷事」的具體顯現。她想要代表佛教界是因爲她要顯示身分，顯示她的地位，顯示她是一個有影響力的人。這是什麼心態？這還是落在三界有之中，特別是人間的有。這類人心中時時不平，不平就會產生怨嫉心，所以他們會批評人家；不但世間法上會批評，佛法上也會批評；只要不懂的他們就會批評，因爲無法弄清楚就把它否定吧。所以她在香港有一次演講時說：「禪宗那些公案都是無頭公案。」這就是怨嫉心的表現。但爲什麼會有這個怨嫉心？因爲：「古時那些禪師能懂而我不懂，這怎麼行？我不能接受。那該怎麼辦？我把它推翻，說那是無頭公案就全部解決了。」但我們每一次禪三普說時都要講公案，而且每一則公案都是有頭有尾，豈但身體而已？我們對公案沒有怨嫉心，她對公案有怨嫉心就誣為無頭公案；所以凡是她看不中意的就會產生怨嫉心，就會去評論乃至加以否定，結果就是造惡業。

她的師父一樣把大乘法全面否定，這也是怨嫉心的表現；釋印順要顯示自己很行：「**既然大乘經所講的我無法體驗、無法證實，我乾脆把它推翻；推翻以後沒有人來推翻我，那我就贏了。**」只是他不幸生在這個時代遇到蕭平實，不然他就成為一代宗師了；可惜蕭平實出世以後他就晚節不保，說起來我還真是個壞人。不是喔？我真的不是壞人，我是在救人。可惜釋印順沒機會自救，在他捨壽前，我曾跟幾個人講過，如果他聰明，他就會學我的想法和作法。如果我是他，我會怎麼作？我會偷偷寫好懺悔聲明書，一式三份，委託給某甲、某乙、某丙，他們三個人互不認識，不給他們知道是哪三個人持有這三份。然後吩咐某甲說：「**我死後一週，你幫我公布出來。**」吩咐某乙說：「**我死後兩週，你幫我公布出來。**」吩咐某丙三週後公布，這樣保證一定可以向佛教界懺悔而滅除大部分惡業。

這樣作可以使得自己免下三惡道，但是我想他沒那個機會，因為他晚年一直都在病中；他是從年輕病到老，然後當他命終前，我的判斷他已經沒辦法說話，大概都是加上鎭靜劑或安眠藥讓他睡到死。假使你是他的徒弟，爲了顧慮名聞利養，你也會這樣作；因爲當上他的徒弟而知道他的法義錯得很離譜時卻不肯離開，就一定是顧慮名聞利養，自然要這樣作——讓印順無法公開懺悔。假使不是顧慮名聞利養的人，一定會實事求是，正覺的書拿來讀讀看：「有道理，我還是趕快離開的好。」那麼不離開的人是爲什麼？就是希望他這個還有影響的勢力不要消失，最好的辦法是不要讓他公開懺悔，讓他迷迷糊糊睡到死就好了。我是私下這樣判斷，可能有百分之五十以上的準確性，提供給諸位參考。

但爲什麼有人可能這樣作，是因爲於正法「生怨嫉心」。「生怨嫉心」的原因打從何來？因爲名聞利養與勢力必須維護，假使老法師出來否定原來所說，那徒弟們能怎麼辦？假使老法師先跟他們商量說：「看來我得這樣公開懺悔。」徒弟們一定抗議說：「那您這樣作，我們將來怎麼辦？」想的是「我們怎麼辦」，這就是我見與我所。證無我的人不考慮這個事情，所以我們去捅密宗假藏傳佛教那個千年大馬蜂窩，明知道會有什麼後果，但是不計利害，爲了救眾生，爲了維護正法，不管那一些了，該作就得作。同理，「**樂有斷事**」就是落在有中的人，落在有中的人是執著外我所的人，只要有機會就會幹這類事，這也是凡夫僧的正常行爲。

世尊接著說：「**是人捨沙門法，但求利養；多樂事務，所營非一；**」大陸佛教界如是，臺灣也如是，所以出家人作生意現在變得很正常。出家人作生意，你們在臺灣佛教界看得到；但大陸佛教界也一樣，甚至傳出來說少林寺也要股票上市了，那都是違背僧律的，但他們不覺得有什麼不對，眞的是「**捨沙門法**」。出家人會將本求利嗎？佛世出家人日中一食，過午就不食了，早上也沒吃，就日正當中以前吃那麼一餐；如果今天托空缽，那就是明天再去托缽了，就這樣子過生活；如果餓到肚子很難受，就吃新鮮的牛糞，就是這樣過日子。你們大家覺得牛糞好噁心，我告訴你：牛糞不臭。你要是眞餓到受不了時，吃起來還有一點點的香味。（大眾笑…）這是眞的！我沒騙你們。所以 如來在世時大阿羅漢們大多數人都吃過牛糞的，有時遇到旱災，沒什麼收成，大家用牛糞騙騙肚子就過一天，都是這樣的。哪有像現在出家人一天吃三餐，而且三餐還要講究營養，講究色香味美的。

在那個年代出家人不是這樣生活的，特別是初期跟著　如來時，都是山洞裡坐過夜，不然就樹下打坐過夜，大概都是這樣。怕蚊子時就弄比較薄的布罩頭，就這樣子打坐過夜；沒辦法打坐的人、修定修不好的人，就用薄布罩著全身這樣睡覺，到天亮時往往罩在身上的布都濕了，因爲有露水。所以沒福報的人沒樹遮蔭，連遮蔭的樹都沒有；有樹可以遮蔭時，晚上露水就很少。你們可能都不知道這個道理，過去世大家就是追隨　如來這樣修行生活。最有福報的人就是住山洞，後來大乘法開始弘揚後，漸漸有人供養精舍等，那時就比較好過。

所以剛開始成爲阿羅漢追隨　如來的期間，那是灰身泯智的境界，隨時準備要走人，所以今天走到哪裡住到哪裡，明天走到哪裡住到哪裡，隨時準備入無餘涅槃，對世間事完全沒有興趣，大家是這樣走過來的。然後弘揚大乘法時就迴向大乘，因爲　如來示教是這樣的次第，大家就跟著這個次第來走，後來才知道原本就是菩薩，早就是已經修學過大乘法來的，否則也不可能這一世　如來一說法就成爲阿羅漢，沒有那個可能。這是題外話。所以沙門法是怎麼樣？三衣一缽、一個裁布的刀、一針一線，就這樣過生活，這就是出家人為什麼叫作出家的原因；因為是出三界家，不只是出世間的家。那後來當菩薩才有所不同。

但是末法時代的出家人是怎麼樣「捨沙門法，但求利養」的？你告訴他：「可以斷我見、證初果，你要不要學？」他沒興趣，你送上門去問他，他還沒興趣呢！所以他們不喜歡沙門法，他們喜歡的是利養；由於喜歡利養，各種事務忙得不得了，他們卻是忙得不亦樂乎。出家最好就是什麼事都沒有，每天在道業上用功，結果他們不是這樣，而是多了事務。多了事務倒也罷了，偏偏「所營非一」，是說他們所作的事業很多，你們聯想到什麼？有個佛教團體擁有很多家公司，開了將近一百家公司，有沒有？前年不是被新聞報導出來了嗎？你們也知道是哪個道場。她們甚至於投資股票時投資到軍火公司去了，這不就是「所營非一」的具體事例嗎？

但是不管她們怎樣「所營非一」，我最反對的就是搞環保工作去搶那些拾荒者的財源；老百姓不得不拾荒，一定是夠窮、夠苦才去拾荒，她竟然還發動信徒去收集寶特瓶、紙箱……等，害那一些拾荒的人沒什麼東西可拾，所以他們生活比以前更困苦。本來還沒這麼困苦，打從她們慈濟開始擴大拾荒事務以後，這些拾荒的人生活變得更困苦，新聞報導說他們大部分人有時一天賺不到一百塊錢臺幣。她們那麼大的團體，資源廣大，何苦去跟那一些算不上升斗小民的最底層拾荒者搶資源？這已經遠遠超過「所營非一」的形象，已經變成惡事了。「所營非一」還只是在世間經營牟利，跟一般有能力經營商業的人互相爭奪利益，但現在是跟社會最底層的拾荒者搶資源，這已經變惡事了。

造了大惡事得到錢財來行善，這有道理嗎？如果他們把這一些拾荒者納入她的團隊中，每個月發給一萬元、一萬五千元臺幣，我就沒有反對意見。眞不曉得她們學佛到底是怎麼學的，而那位「宇宙大覺者」爲什麼會作這樣的決策？眞的無法思議，不能理解；因爲這已經變成惡心了，妳不幫助拾荒者，但至少不要傷害他們，這是一個佛弟子最基本的行誼。不傷害眾生是最基本的行誼，所以我說，「多樂事務，所營非一」已經很差了，但她們現在比如來所說的這個更差。

那末法時代的這一些惡比丘們還會有個過失，就是：「常樂伺求他人長短，自隱其過稱說功德，如今比丘覆藏功德，自出過惡。」如來這些話拿來作個對比，把後末世和古時 如來在世時的比丘作個對比，如來說：「我現在的比丘是覆藏自己的功德，主動發露自己的過失與惡處。」是自己有什麼過惡就趕快發露出來，趕快懺悔；有好的功德卻是隱藏而不主動外顯。但是到末法時代的比丘總是喜歡窺伺尋求，窺探別人有什麼長短；又把自己的過失隱藏起來，反而對外讚歎宣揚說：「我有多大的功德。」這是一個對比。

那 如來接著又說：「當爾之時，咸共不能護持重戒，無所曉故，破於義利，而言：『諸法空，自相空，何所能作？』」這不就是現代佛教界普遍存在的狀況嗎？到末法時代許多出家人是這樣子，他們全都無法護持重戒；這還不談輕戒，連重戒都護不住！你們看臺灣佛教就好了，且不說大陸，因爲大陸更嚴重。十重戒中的「不說四眾過」，他們犯了，連正覺弘揚佛教最勝妙的第八識妙法都被他們講成邪魔外道，或者講成不如法，這不就是「說四眾過」嗎？至於「不誹謗三寶戒」，他們卻抵制如來藏正法說「那是外道神我」，這也是犯重戒。那麼「不淫戒」，有幾個大山頭號稱顯淨密三修，南部還有一個千某山的老比丘上電視弘法時還戴著五方佛冠（其實是五方鬼冠），顯示他們道場也是學密的。這類學密宗的寺院裡有一個特色，就是比丘尼很多，而比丘是很少數；凡是學密的大山頭大約都是這樣的，寺中掌權的是比丘尼，比丘們都無權。甚至有比丘當上住持以後出門時都還沒有侍者，這是爲什麼？是因爲那些大山頭的法主修密，所以比丘尼們當然就掌權了，這不是很簡單易解的事嗎？這個怪象背後的道理諸位懂了？很簡單的。所以他們是不能「護持重戒」者。但是今天只能講到這裡。

《佛藏經》，上回講到七十頁倒數第三行，上週講到最後兩句：「當爾之時，咸共不能護持重戒，」今天要從接下來的「無所曉故，破於義利，而言：『諸法空，自相空，何所能作？』」這叫作無知比丘；以往我們在弘法初期常常遇到這樣的質問，因爲我們始終這麼解說：「諸法皆空，都歸如來藏空性。」他們質疑說：「既然全都空了，那你還講什麼佛法？」我們有講解說：「法離見聞覺知，不分別。」他們質疑說：「你既然不分別，又離見聞覺知，那你一天到晚寫書不是都有見聞覺知？不都在分別？」所以末法時代就有這種無知的愚比丘，始終落在意識境界中，永遠都讀不懂、聽不懂我所說的是第八識的勝妙法。這種愚比丘於末法時代是普遍存在的，他們對於眞正的法沒有辦法信受，因爲他們無法理解，於是只好執取他們所能理解的法，那就是常見外道法，不離識陰或不離意識的境界法。

這常見外道法的範圍很廣，從不修定的離念靈知，到有欲界定、未到地定的離念靈知，乃至於初禪、二禪一直到非非想定的離念靈知，這些都屬於常見，因爲全都是意識的境界，是把生滅的意識當作是常；並且他們不會改變原來錯誤的看法，因爲那是他們所能理解的。當你告訴他第一義諦，說「**諸法空，自相空**」，他們不能理解，所以當你提出了義正法來說「**諸法空，自相空**」的時候，他們會責問你：「**既然諸法空，自相空，何所能作？**」「**既然都空，你還能夠幹嘛？你什麼都不能作了。**」這叫作末法時代的愚比丘，因爲我們說的是第一義諦的理體如來藏心的境界，他們卻理解成我講的是識陰六識或意識的境界，不幸的是到末法時代這種愚比丘到處都是。這是 如來在兩千五百多年前已經預記的事，所以你們有時看見外面有些出家人眞是愚癡到無以復加，這時就應該要有諒解的心；因爲畢竟是末法時代了，他們所能理解的就是意識的境界；超過意識的境界就不是他們所能理解的，因此這個狀況也是正常的。

接下來：「**如那羅戲人種種變現，無所知者見之大笑，何以故？不解戲**

法其術隱故，生稀有心，驚怪大笑。如是，舍利弗！爾時眞實比丘說空寂法，求活命者咸共嗤笑；何以故？是人不知佛法義故，聞說空法驚疑怖畏。」這就是說：「猶如魔術師有種種的變現，當他變現出來的時候，不知道內情的人看見了就會覺得很驚怪，因此驚訝地大笑起來。」魔術其實就是障眼法，是遮障你看不見某一部分，或者手法太快使你不容易看見，但魔術畢竟只是魔術，不是眞的。所以內行人看他變現出來時一點也不驚訝，一點兒也不會笑，因爲他知道那是怎麼變的，但不知道的人看見了往往大笑或者驚訝；這是因爲不瞭解那個戲法，它是隱密的，使你看不見某一部分眞相，就產生很稀有之心，因此又驚又怪，不知不覺就大笑了起來。

如來說了這個譬喻後接著說：「就像是這個樣子，舍利弗！末法時代眞正有實證、眞修行的比丘們演說空寂法的時候，那些爲求活命而出家的僧人，全部都會共同來嗤笑他，爲什麼呢？因爲這些人不知道佛法眞實義的緣故，所以他們聽到有人說空這個妙法，心中驚訝、懷疑、恐怖、畏懼，就會都一起來笑他。」這是爲人演說空法的比丘會被其他的出家人嗤笑，我這個說空法的居士會不會被笑？其實也被笑過了！因爲不管在家出家，末法時代你首先出來爲人家演說眞實空的法義，一定會被人嗤笑。當年我不但被嗤笑，還被罵，什麼難聽的話都有。說得比較窩心一點，我應該感謝他們幫我消業障。但其實只要你在普遍主張離念靈知是證悟內容的末法時代，出來演說「**如來藏空性才是眞實的第一義法**」，那你一定會被笑，因爲他們無法接受。你說什麼離見聞覺知，說什麼從來都不作主，又說實相法界中什麼境界都沒有，一切都**無所得**，於諸法都不了知。那你說這些深妙法，他們都聽不懂；當他們執著於意識的時候，他們對這些境界也不能接受，所以你一定會被嗤笑。

被笑還是其次，被罵作邪魔外道也是正常的，我是早被罵過了，這兩年才不被罵。但我再說個事實，其實大陸各省佛協的會長們大約都很想罵我是邪魔外道，很想把我定義爲邪教；可是不能，因爲我如果被定義作邪教，那中國的佛教文化就得全面推翻掉，因爲歷代禪宗祖師與玄奘菩薩所證的、所推廣的同樣都是如來藏；甚至佛教的教主 釋迦牟尼佛也是弘揚如來藏勝法。蕭平實如果是邪教，他們等於也把 佛祖和以下的所有禪宗祖師全都定義爲邪教了。所以他們現在很頭痛，對我很頭痛，因爲我這個法所到之處都會間接顯示他們悟錯了，所以我雖不評論他們，他們也不會讓我去大陸弘法。他們現在很希望把我定位作邪教，可是怎麼樣都無法定作邪教，只好說我是境外宗教。

蕭平實率領的正覺同修會是境外宗教，看來臺灣好像不是中國，成為外國了。如果臺灣是中國的，那麼蕭平實與正覺就不應該是境外宗教，有沒有道理？對！我從來都不認為我是境外宗教，那他們好像是要逼我走臺獨的路，不知道他們是不是這樣想的？目前我還不知道。我如果被大陸逼上走臺獨的路，中國佛教的正法就滅沒了，變成臺灣佛教復興，而臺灣佛教已經被逼而外於中國佛教了，現在我真不曉得大陸當局是怎麼想的。但我不認為正覺是境外宗教，他們卻要把我們認定為境外，所以我不曉得他們究竟是怎麼想的。臺灣到底是境內還是境外？是中國的或不屬於中國的？我很想從他們那裡得到一個解答。如果臺灣是中國的就不應該說正覺是境外宗教，如果正覺是境外宗教，那就是認定臺灣不屬於中國。我現在不知道這是怎麼樣定義的，我也不想去作定義，就由大陸定義去吧。

所以在末法時代你講第一義空都是惹人嫌、惹人厭，一定會被抵制，特別是那些出家的比丘們各個道場都那麼大，每年名聞利養好多，我們雖不評論他們、不抵制他們、不否定他們，但實質上我們這個法所到之處都會間接顯示他們悟錯了，那會損害他們的名聞利養；對那些落在意識境界的出家人而言，是可忍、孰不可忍？他們一定會抵制，那我們復興中國佛教的道路一定是崎嶇坎坷，一定是荊棘重重；所以大家要有心理準備，這條路一定是很難走的。但是不怕困難，越困難越要復興它；越是困難，復興的功德就越大，所以大家要努力去作。這是因爲他們不懂得佛法的正義，佛法的眞實義究竟是什麼內涵，他們完全不懂，所以聽聞到第一義空的法義時，他們就驚訝、懷疑、恐怖、畏懼！他們覺得說：「**聽起來一切都空掉，那我生存在人間要幹嘛？**」覺得自己好像沒有目標了，然後就很恐懼。

接著如來又說：「**舍利弗！汝觀此人於安隱處生衰惱心，於衰惱處生安隱心；是人顚倒，逆行善法，順行惡法。**」眞的是如此啊！大家來看看現在的佛教界，臺灣如是，大陸更嚴重，全都一樣，不幸的是大乘佛教正好只在臺灣、大陸這兩個地區，日本幾乎是不存在的，南洋則是小乘法，所以大乘佛教弘揚、流傳的地區現在已經是這個樣子。如若認爲不然，我們再來看吧：

「**汝觀此人於安隱處生衰惱心，**」當我們說證悟的內容是如來藏，而如來藏的境界中無所得、一法也無；他們覺得這是不能接受的境界，因爲連意識都不存在時，那是個什麼境界？意識既不能到那個境界去，那你證得那個境界要作什麼呢？他們認爲這是一種衰惱的境界，所以他們不接受這個境界，這就是「**於安隱處生衰惱心**」。

然後又說：「**於衰惱處生安隱心；**」意識正是衰惱處，因爲意識只能存在一世，不能去到未來世，也不是從前世轉生過來的；意識頂多能去到中陰境界，入胎之後永滅，所以意識只能存在一世，這才是衰惱。但他們不懂，還是主張說意識才是常住的。那麼意識有許多種境界，所以我書中扉頁都會列出來，從欲界定、未到地定一直到非非想定等，那都是意識境界，全都是生滅無常的境界，當意識存在的當下就已經是刹那刹那的生滅了！即使不瞭解意識的刹那生滅本質，至少也懂得意識晚上會滅失吧？不然至少也懂得悶絕位中意識不存在了。

後山那個「宇宙大覺者」在書上公開說「**意識卻是不滅的**」，我不曉得他們慈濟醫院的醫師們有沒有去跟她溝通過？想來大概是不敢。因爲若是去溝通，一定會被她開除的，得要重新找頭路了，那眞是個麻煩事，所以醫師們乾脆這樣處理：「我說我的，她說她的。當病人一送進醫院裡來，我醫師一定要先問：『意識還在不在？』『意識消失了沒有？』我先問這個，不管上人怎麼講。」只好大家都依個人的認知作事吧。這例子其實就是 佛說的「於衰惱處生安隱心」。此外，意識因爲跟六塵相應，就會去造作不如理、不如法的事，造作了那些事以後死了就下墮三塗；會害人下墮三塗的意識，怎麼會是安隱處呢？所以把意識當作常住的眞我，那是愚癡的人。只有末法時的愚比丘、愚比丘尼才會接受意識是常住的。

意識縱使能夠修得四禪、四空定，將來生天以後定福享盡時捨報，還是得下來人間，依舊是輪迴，所以意識是衰惱處，不是安隱處。縱使修得某些福德往生去極樂世界，壽命無量應該就安隱了吧？其實也不然。因爲總不能在那邊等著成佛，那要等到何時？即使在那邊耗著，眞的有一天花開見佛看見了 阿彌陀佛，結果 阿彌陀佛開示也是說：「意識是生滅的。」那時又怎麼辦？所以意識不是安隱處啊！因此應該要用生滅的意識好好修學佛法，去證得如來藏，然後依於如來藏的「無所得、無分別」境界，依如來藏的實相法界而安住，這個才是眞如境界，就不會是衰惱處。但是那些末法時代的愚比丘、愚比丘尼們不知道，他們總是「於衰惱處生安隱心」；甚至我們爲了救護他們，把道理明明白白告訴他們以後，他們還是不接受；你們看現在海峽兩岸有哪個道場出來公開宣示說：「對！意識是生滅的，我們接受了。」有沒有？一個也沒有！所以末法時代的愚比丘、愚比丘尼們，也就是說末法時代那些大法師們都是「於安隱處生衰惱心」，反過來「於衰惱處生安隱心」。

但這都是末法時代的正常事，導致這些人所知所見顚倒，所以他們會「逆行善法」。逆行善法的事很多，藉著作佛事騙財騙色已經是司空見慣了，但是這幾年的怪象是搞放生賺錢。搞放生，他們那個業務是怎麼進行的？他們先去跟商人下訂：「我要放生一千隻麻雀。」那商人就通知下游，下游又通知下去分包商，山野到處布下天羅地網抓麻雀；被抓的麻雀必須要抓三隻，才能存活一隻，因爲麻雀很怕生、很容易死掉；得要抓三隻而有一隻沒死掉的可以交貨，所以交貨一千隻時就得要抓三千隻，等於先害死兩千隻；剩下那一千隻僥倖沒死，被他們送到不熟悉的環境去放生，牠們眞是求生困難，能存活的就很有限；縱使能存活的麻雀，牠們剛剛被放生時還得到處搶食物，本來在那地方有食物吃的有情，因此會有一部分要被餓死，你們看這到底是行善還是造惡呢？這個事實很清楚，聽了就明白。

現在生物學家說出這個道理：你抓三隻來才能有一隻存活，那你是先害死了兩千隻。這道理講出去了，那些搞放生賺錢的法師們就換了：「**我不要害死那兩千隻麻雀。**」他們改放生毒蛇，把毒蛇買來一袋一袋在同一個地方放生。那些毒蛇害不害人？害不害其他的動物呢？唉！眞是傷腦筋！他們從別的地方抓了來，被抓走毒蛇的那些地方的生態就變成不平衡了，所以有很多生物受害了；然後抓了來全都放生在同一個區域，牠們也要互相競爭，所到之處許多旁生類有情受害的突然增加很多，也是生態不平衡，那你說這到底是行善還是造惡呢？萬一他放生了一百條毒蛇其中一條咬死了人，一個道器的損壞可不是救那一百條毒蛇放生的功德能弭平的，何況還有更多的有情受害。有時買來的毒蛇是人類培養出來的，那些愚比丘們去買來放生，無端造成放生地的旁生有情受害，其實是在造惡。所以這一些末法時代的愚比丘、愚比丘尼們都是「**逆行善法**」。

又譬如說，這麼大的一個宗教團體爲了奪取更多的資源去幹她們想幹的事，竟然發動廣大信徒們有組織地去拾荒，害那些本來就在拾荒的社會底層人士生活更難過，這到底是在行善還是行惡？有智慧的人還是應該要判斷一下。現在我發現有的商家把紙箱紙盒收起來，不再放外面了，那個宗教團體的人來拿時他們不給，留給特定的拾荒者（他們等他傍晚來了再從店裡拿出來給），我覺得這樣的店主比那個宗教團體要偉大多了，這才是眞正在利樂有情。幹那些錦上添花的事情作什麼？爲特定宗教團體蒐集紙箱……等物是錦上添花的行爲，背後則是犧牲了社會底層那些拾荒的窮苦人，其實是在行惡；所得到的福德不多，卻成就了損害拾荒者的惡業。他們腦筋怎麼想的我不懂，只能說他們眞夠愚昧，正是因爲他們沒有看清所謂行善的本質。那麼這類「逆行善法」就舉例到這裡，不要再舉例了，因爲事例太多了，說之不盡；越講越使人不快樂，傷害眾生的事聽了怎會快樂？

接著說到「順行惡法」，這不就很多了嗎？喇嘛教搞雙身法騙財騙色，現在臺灣是眾人皆知，就不談它，因爲那是外道。我們現在談佛門中的事，佛門中有的道場你想要去那裡出家，先要去他們的店裡學作生意，爲他們服務兩年，有的規定三年；得在那邊爲他們服務作生意，作上兩年或三年，被認可了才肯幫你落髮，落髮以後是沙彌或者沙彌尼。問題是受了比丘、比丘尼戒以後，還可以開店作生意嗎？這是違背戒律的事啊！這也是「順行惡法」。

如果好好修行，縱使沒有實證佛法，依文解義也會有許多信徒的；如來早就說過了，祂的三十二大人相中任何一相的福德，就夠末法時代的遺法弟子吃喝不盡、受用不盡，爲什麼還要去作生意？你們看廣論團體就這樣，到處開里仁商店，還有一家叫作慈心喔？那是作什麼？也是作生意，並且是在打擊合法合理經營的同性質商家；因爲他們那些店的店長有不少是準備要去他們那裡出家的，當然也有花薪水聘請來的店長，但義工都是廣論班的學員，是免費的，不發薪水。他們是由寺院裡先拿出錢來買了店面，用那些免費的義工來經營；賺錢了再買更多店面，如法炮製。而他的有機食品是誰種的？有一大半是廣論班的學員不領工資、義務勞動爲他們種出來的，像這樣來跟正常的商家競爭時，附近哪能有同性質的商家開得起來？一家一家都倒了，這其實也是在造惡業。但他們樂此不疲，這也是「順行惡法」。

在這一、二年前的一、二十年以來，他們里仁有機商店、慈心商店賺的錢都幹什麼呢？拿去支持達賴喇嘛弘揚雙身法和常見外道法，這也是「順行惡法」！只要惡法他們都順行，只要善法全都逆行。日常法師在世時批評過佛教界，他說：佛教界若是談到實證，全都不是實證者，還說別人大多數是大妄語。但是有大問題，現在換我蕭平實說他大妄語，他又何曾有所實證？所以他那個人應該把批評別人的話拿來回頭自省，這樣才對。所以我說他們「逆行善法，順行惡法」，但這也是末法時代的正常事，諸位也不值得爲他們這些事情憤恨不平，因爲這是末法時代的正常現象。

像我們這樣得要叫作不正常，因爲末法時代的人普遍以意識看待任何的事情，去判斷、去決定要作的任何事情；而我們是愚癡的人，我們在世間法上不求名不求利時眞是愚癡，是他們所瞧不起的，但卻是他們所恐懼的。因爲我們遠離惡法、行純善之法，我們要說的是：如果正覺有惡法，就是我們所到之處害大法師們名聞利養消失，擋人財路也擋人色路——擋了密宗喇嘛的女色之路。但這能說是惡法嗎？我想不行，所以諸位才要搖頭。因此說，末法時代有這一些怪象，諸位看在眼裡也就看了，知道眞相也就知道，有緣能救得什麼人回轉就把他們救回轉，但不需要憤恨不平；因爲 佛早就講過末法時代的愚比丘、愚比丘尼是這個模樣。

如來接著又說：「**舍利弗！如是癡人多懷慳貪、瞋恚、愚癡，具行三不善根。**」果然是「**具行三不善根**」，就是落在貪、瞋、癡裡面。這三不善根如果能斷絕，不只是遠離而是斷絕，也不必斷習氣種子，只斷現行就夠了，那就是阿羅漢。如果斷除貪、瞋、癡的習氣種子，那已經是七地滿心的境界了！所以末法時代落在意識境界的人，他們心中懷著貪、瞋、癡，這都是正常的事情。有時我想到說，他們的收入很驚人，我們一年的結餘比不上他們一個月的結餘；雖然我們現在團體算大了，可是我們一年的結餘仍然比不上他們任何一個團體一月的結餘。他們一年是多少錢？是將近一百億元；當然現在陸客少些了，他們收入也跟著少。那我們一年能結餘一億嗎？不可能的，好像一千萬元不到吧，我要問財務組。因為我們近年又擴大冬令救濟，所以沒有辦法和他們相提並論。

他們那一些錢為什麼不拿出來作更多的善事，反而去搶拾荒者的錢？我不懂！真的不懂！如果要解釋說為什麼這樣子，大概只能叫作慳吧！慳是布施時捨不得，貪是收進來的錢多多益善，我說這就是犯了慳貪。如果我們每年可以結餘一億元，那就好極了，我們的寒冬送暖可以再擴大來作，這是幫大家共同修集福德，讓未來世的道糧更圓滿、更具足，因爲我們是施主勝。布施要有三勝：施主勝、福田勝、施物勝；如果這三個都殊勝，那功德就不可限量。但我們至少有施主勝這個條件，所以這樣的布施功德不可限量，而他們都沒有，更何況他們不想布施貧窮人。如果每年結餘一億元，可以每年布施五千萬元；將來所需要的硬體設施都完成了，有個傳戒的好場所了，如果每年布施一億元，乃至越來越多，那又有施物勝。

但是諸位要想想，這樣一來諸位有兩層的福德了，有沒有想到這一點？你們布施給正覺，這是福田勝，這是第一層；正覺再布施出去，這是大家共同的福德，又是施主勝，兩層的殊勝：一是福田勝，一是施主勝。由正覺再布施出去，受施者當然沒有像正覺這樣的福田勝，所以不可能是福田勝；總不能正覺布施出去時再布施給正覺，這不叫作布施了。那麼正覺布施出去時，其中又有許多執行的同修們是證悟者，從理上現觀時就成爲三輪體空的布施，又是布施事殊勝，三者都殊勝，這個道理諸位要懂得。那麼這樣的布施有大福德，也把大家未來世福德綁在一起，當然又有因緣相遇在正法中，這樣才是捨慳貪的最正確修行方法。但他們剩下那麼多錢到底怎麼運用的我不懂，也不想懂，因爲那是個煩惱，我沒事惹那個煩惱幹嘛？但這個道理諸位要懂。

還有就是「瞋恚」，聽到人家講正覺那裡可以證悟，能證得第一義諦、證得空性，心裡就老大不高興，瞋搞不好都還會有現行。怎麼叫作現行？就是罵人。如果有人指責說：「他們慳貪聚斂那麼多錢財，不曉得幹什麼去了！」那他們就會起「瞋恚」。有時起法瞋，甚至有的人會想：「唉呀！如來爲什麼要講那麼深的法，害我現在都不懂。」竟然因此而見怪。眞的有人這樣啊！這也是瞋。那愚癡就不在話下，因爲會幹「瞋恚」諸事的本身就是愚癡，會起慳貪本身就是愚癡，假使不是愚癡就不會幹這些事。所以好多外道在網路上罵我，目的是希望我會生氣，但我不會生氣，只是可憐他們的愚癡。

而如今大陸各省佛協，包括中佛協在內，通令下來抵制正覺，我也不會生氣，只是爲大陸的有緣人唉聲嘆氣，但不會生氣，因爲沒必要。我們只要想方設法繼續努力就是了，都不用生氣。這就是說，愚癡人心中大多懷著「慳貪、瞋恚、愚癡」，所以才會被叫作癡人。如來說這些人叫作癡人，是不是屬於罵人？也不是，只是表明他們這些人的體性就是愚癡；那他們一定會「具行三不善根」，因爲心中有貪、瞋、癡的時候，身口意行就會顯示「三不善根」，貪、瞋、癡都會現行，這也是正常的。

如來又說：「**舍利弗！我爲利益持戒比丘故，說二百五十戒經；如是癡人乃以世間小因緣故，向在家者說，乃至書寫以示白衣。**」這裡要跟諸位說明：假使你還沒有破參，千萬不要去讀聲聞律；《摩訶僧祇律》、《四分律》、《五分律》都不要去讀，千萬都別讀，讀了是犯戒的；也是違犯菩薩戒，因爲在家人不應該讀。但你如果證得沙門果了，你是可以閱讀的，即使你現在家相也可以讀。什麼叫作沙門果？就是證得初果、二果、三果、四果。在家人證果後就可以讀，不然就得證悟以後再讀。因爲證悟之前一定有前提，一定是先證初果，那也是可以讀；但是不能爲在家人解說，讀了你自己知道就好，但不要拿去衡量某甲出家人這樣違戒，某乙出家人做那個事情也違戒，全都不行。你讀了那些出家戒而去衡量出家人，也算是犯戒；都不要去衡量，知道他犯戒就只要知道就好，放在心裡千萬不要講出口，這一點大家都要注意。

如果是出家人犯的戒是通案，會影響到整個佛教的未來，你當然可以提出來講，這是一種例外，因爲是護法的行爲。這裡 如來告訴大家說：「我釋迦牟尼爲了利益持戒比丘的緣故，爲他們宣說二百五十戒的經；」就是比丘戒的律經，比丘尼當然也得遵守這個戒。「但是末法時代的出家愚癡人竟然由於世間小小的因緣，就向在家者說明那一些戒的戒相，乃至書寫下來給在家人看。」這就是大問題，是違背 如來告誡的，因爲出家戒是不應該給在家人讀的。

最後 如來說：「舍利弗！如是癡人說言：『諸法空，自相空，何所能作？』何以故？如是癡人尚不能除慳貪煩惱，何況能斷無明？」這就是說，這些癡人一向都主張說：「佛法中既然說諸法空，自相空，那麼全都空了，還有什麼能作的？那我把這些戒條抄給在家人也是空，也沒有什麼事；未來？未來會受報？受報時也是空，一切都空。」所以他就不怕因果與戒法。因爲這一些愚癡人沒辦法把惡心所除掉，更別說要生起智慧。他們連惡心都除不掉，除掉惡心所譬如除慳貪、瞋恚等煩惱；他們連這個惡心所都無法降伏，更別說要除掉，又哪能斷除無明？絕無此理。因爲斷無明是要有出世間的智慧才作得到，他們連降伏慳貪都作不到，連降伏瞋恚都作不到，你要他們有出世間法的智慧斷除無明，那是斷斷不可能的。

這道理是說，在末法時代這種現象是很平常的，因爲 如來已經預記了，所以大家要作的事情就是努力去救他們，而不是看見他們不如法、不如理時，心裡老大不高興；全都用不著，因爲這是末法時代的正常現象。如果在像法時代就不會這樣，正法時代更不會這樣；但在末法時代這是普遍的，不像正法時代這種現象是偶然或者極少數，末法時代成爲多數，如此才是正常的現象，所以不用起瞋恚心，但是要想辦法救他們。接下來 如來又怎麼開示呢：

經文：【「舍利弗！爾時持律比丘不能善學，諸說法者亦不善學，讚誦修多羅者亦不善學。舍利弗！云何名爲持律比丘不能善學？如來經中說有三學：善戒學、善心學、善慧學。是人於三學中不能善學，但以多聞因緣，輕慢他人，是人則爲障礙善法。如是癡人猶尚不能如法答問，況於『畢竟空無所有』中能發精進？舍利弗！爾時破戒比丘樂爲白衣執事，宣通使命，療治

病法，以自生活。舍利弗！汝今觀此惡人，於我法中出家受戒，得受供養，

而反以我爲怨。舍利弗！爾時四天王、釋提桓因、大梵天王，乃至百千萬億

諸天，見我法中如是毀壞，皆大憂愁，啼泣涕零。」】

語譯：【世尊又開示說：「舍利弗！到末法時代的持律的比丘已經不能夠

善於學法，諸多演說佛法的人也都不善於學法，讚誦諸經的人也都不善於學

法。舍利弗！如何叫作持律的比丘不能夠善學呢？如來經中說有三學：善戒

學、善心學、善慧學。這些人於三學之中不能夠善於修學，只是以多聞的因

緣，就來輕視也生起慢心來對待他人，這樣的人就是障礙了善法。像這些愚

癡人他們尚且不能夠如法的與別人互相答問，何況對於『畢竟空無所有』之

中能夠發起精進心呢？舍利弗！那個時候破戒的比丘樂於爲在家人作各項

事情，包括宣布通達使命以及爲別人來療治病、教授治病的方法等等，他們

以這樣的方式來自己謀求生活。舍利弗！你如今觀察這一類的惡人，在我釋

迦牟尼的法中出家受戒，因此而可以受到別人的供養，卻反而以我釋迦牟尼

爲他們所怨嫌的對象。舍利弗！那時四天王以及釋提桓因、大梵天王，乃至

於百千萬億諸天，看見我釋迦牟尼的法中已經這樣子毀壞，全部都大大的憂

愁起來，哭啼甚至於暗中的飲泣，導致鼻涕眼淚互相交錯地流了下來。」】

講義：這是說，到了末法時代有的道場是以持戒精嚴而自豪，只要說到佛法他們就撇起嘴來說：「末法時代修學什麼佛法，證什麼佛法？能夠把戒持好就行了！」總是用持戒來責備別人。這個現象在我剛弘法的時代一直也都存在，這十年來好像比較少，所以有的道場是以持戒自豪的。中國佛教八宗之中不是也有一宗叫作律宗嗎？但是持律本來應該是每一個佛教弟子都受持的，爲什麼持律還可以建立爲一個宗派？眞是莫名其妙！律本來就是所有佛弟子都應該受持的，如果只是建立持戒作爲宗派，那這個宗派的存在意義是什麼？是一年到頭都在爲人傳戒嗎？一年到頭都在爲人講戒嗎？那麼講戒時有沒有講到增上戒學？有沒有講到道共戒？有沒有講到定共戒？這都是問題啊！

如果你要建立持戒作爲一個宗派的主旨，那麼跟戒有關的得要全部講解；一般有相的持戒要講，但不只有相戒的開遮持犯，還得要講一講定共戒、道共戒的事；問題是既然講到定共戒、道共戒，那好像不是他們律宗該講或能講的吧？這樣看起來律宗所講的戒律又不具足了，既然不具足還能建立爲律宗嗎？顯然無法建立。所以這些八宗的立派其實是很奇怪的事，在佛法中本來就不應該存在這個現象；這表示他們對於法已經不能善學，才需要這樣作。

持戒的比丘以持戒自豪瞧不起別人，說法的也一樣不能善於學法，所以末法時代有人講《金剛經》、有人講其他經，太多了；但是我要說，他們如果乖乖地依文解義還是有功德，問題是他們不肯依文解義，往往依著自己的想像加以曲解，曲解就有過失了。甚至有的人宣稱講《金剛經》、講《法華經》，其實不是眞講解，只是把祖師作的科判拿來唸一唸，都還沒有解釋，那樣也叫作講經？顯然他們對佛法是不懂的，所以 世尊說末法時代的比丘們：「**諸說法者亦不善學，**」也是誠實語。

在我們正覺弘法之前，好多大師都認爲禪宗是禪宗，般若是般若；也有的道場說中觀是中觀，般若是般若；有道場說中觀是中觀，如來藏是如來藏；他們都認爲二者是不相干的。諸位來到正覺學法以後都知道這是一體多面，但他們卻都是切割開來，以致整體的佛法就支離破碎了；臺灣最早加以切割的始祖是誰？是釋印順！現在印順派的出家人在臺灣沒落了，跑去大陸想要去發展，看來也是不順利，因爲她們的法不對，大陸學人讀過正覺的書早都知道了，這叫作末路窮途。所以她們雖然說法，可是她們對法其實不善學。

有的人「讚誦修多羅」，也就是讚歎經典。讚歎經典時就會持誦經典的名號；有的拜經，拜經也是讚誦經典的一種。拜經，你們之中有人在別的道場學法時應該也拜過；我是不拜的，我認爲經典是要理解的，不是要拜的，眞正要拜經時應該禮拜「此經」——是要拜如來藏才對，所以我是不拜經的；我認爲拜經是針對十信位的初信者所用的法門，他們要拜到何年何月才能瞭解經中的意旨？所以我不拜。但我不反對人家拜經，因爲有的人必須藉這個方法來修集他對經典的信心，所以就讓他拜；假使他拜上二十年，有一天突然有人問他說：「你拜的是什麼經？」「《金剛經》啊！」這個人再問他說：「什麼叫作《金剛經》？」他一時懵了，然後好一會兒也許反問說：「那你知道什麼叫《金剛經》嗎？」也許這個人就可以接引他了；這就是他拜二十年的功德，所以我不反對人家拜經。

那麼有智慧的人要像諸位這樣，直接進正覺來修學，上禪三時直接切入就證得「此經」。但是不要去阻止人家拜經，因爲他們需要經歷那個過程。

有時你們心裡會想：「那些大企業家也在學佛，到底他們學個什麼佛？好可惜喔！」但是不可惜，他們得要繼續經歷那個過程。想想看 釋迦如來說往昔那麼多劫都當轉輪聖王，歷侍很多、很多佛，每一尊佛以及徒弟全部都供養，而且是盡形壽供養，但是都沒有被授記，表示那個過程也是必須的。你如果往世經歷完那些過程，這一世不用再經歷了，也不用再去當大企業家來布施幾十億元。

老實講，想要證悟般若，布施幾十億元還是不夠的，眞的不夠！試想，如來在因地當轉輪聖王經歷那麼多佛，盡形壽奉侍供養，還對佛座下所有比丘、比丘尼也盡形壽奉侍供養，都沒辦法證悟。你如果今天來到正覺捐來一百億元，能跟 世尊因地那麼多世轉輪聖王中的一世布施相比嗎？不能啊！你說：「那我怎麼辦？」我說：「你不用怎麼辦，你想辦法去夢一夢。」也許夢見過去世當轉輪聖王供養很多佛，搞不好你眞的供養過、眞的當過轉輪聖王；你不是有無量的過去世嗎？難道你無量過去世都沒當過轉輪聖王嗎？想來應當是當過吧？女眾也想：「我是女眾，當什麼轉輪聖王？」難道妳過去世一直當女眾？不一定的，就這樣來認知自己。假使妳的因緣還不夠，今世進不了正覺的；既然今天有緣進來了，想來因緣多多少少都有的，應當要瞭解這一點。

那麼話說回來，「讚誦修多羅」也是某一些學佛人必經的過程，我們過去世也曾經「讚誦修多羅、禮拜修多羅」，這都是正常的，經歷那些過程修集了具足的信心與福德，來到這一世才使因緣成熟得遇正法。所以有好些比丘尼喜歡罵日本的日蓮正宗，但我從來不罵；雖然他們看起來是外道，但他們至少每天恭敬《妙法蓮華經》，他們每天心心念念一直唸著「歸命《妙法蓮華經》」，就這樣一直唸；不管他們是用日文唸的還是傳到歐美用英文唸都一樣，並不壞，而他們的因緣就適合這樣學習。當他們這一世唸上幾十年，也許未來很多劫都沒有因緣再遇到佛法，但是也許經過十劫、百劫之後又接觸佛法時，其他的經典他們可能不很有興趣，可是一聽到《妙法蓮華經》時眼睛就亮了，他們就會相應，然後那一世眞的進入佛法中。所以日蓮正宗那樣的唸，應該要說那一些人的因緣就是如此，他們叫作「讚誦修多羅」，但顯然他們「亦不善學」。

所以善學的人不會只唸經名，會直接探究經中說的是什麼義理；只是其中的深妙義理太深奧、太廣大了。老實說，我今生還沒有回復往昔所學之前，跟著人家去朝禮聖地，有位師姊在遊覽車上一直在讀《妙法蓮華經》；有一天我說：「**妳這麼努力在讀經典，那是什麼經？借我看一下。**」我借過來一讀就放不下手，一直讀下去，連著兩、三天就把它讀完；為什麼呢？因為跟它相應啊！那時還不懂其中的義理，但是捨不得放下就把它讀完。所以那些日蓮正宗的信徒們每天口中喃喃有詞地唸著：「**歸命《妙法蓮華經》，歸命《妙法蓮華經》……。**」你也不要生起不好的心行說：「**這些人這麼愚癡，竟然相信外道。**」用不著，因為他們的因緣如此。

這是對於根基粗淺的人要讓他們「讚誦修多羅」，未來世是有好處的。所以我們應該以更寬廣的眼光、更廣大的心境，來看待這一些初機的學人。他們當然是不善於學法，就借這個方式給他們種種善根吧！但 如來說到了末法時代「讚誦修多羅」的比丘們也不善於學法，就是修多羅裡面所說的法義他們都不善學；這其實在末法時代都是正常的事。

接下來 如來解釋說：「**舍利弗！云何名為持律比丘不能善學？如來經中說有三學：善戒學、善心學、善慧學。**」先講這半句：「**持律比丘不能善學**」，是因爲他所學只是侷限在三無漏學中的一部分，並且只是「戒學」中的一小部分；因爲戒學中的定共戒及道共戒，他們並沒有實證而無法了知；對於三無漏學應該要兼顧而沒有兼顧，所以 如來說他們是「不善學」的人。那麼「善戒學、善心學、善慧學」究竟是什麼？「善」就是擅長和精通的意思，戒學加個善字在前頭，是說：「對於戒學，應該依於戒的精神而不是依於戒的文字去受持，才是善戒學。」如果依於戒的文字去受持就不是「善戒學」。譬如在佛教界中爲了止惡修善，如果有比丘犯了嚴重的戒，就應該加以羯磨；有的比丘覆藏，於布薩前不肯自舉，那麼羯磨之前必須先有人舉發，但有的比丘就說：「你這樣是污謗三寶。」因爲他是僧寶之一，你舉出他的過失，他認爲你就是在毀謗三寶，結果就變成不能舉發；不能舉發的結果正好大家沆瀣一氣共同沉淪，這叫作不善於戒學。

所以受了菩薩戒以後，對於應該舉發的還是要舉發，應該隱覆的就加以隱覆，這才叫作「善戒學」，而不是單單依著戒條上的文字去受持。有時某些事情你去作了看來是犯戒，但其實反而是持戒。例如 世尊說往昔有一位覺德比丘很善說法，但是那些外道們要殺害他，有德國王就率領軍隊來保護他，跟外道戰爭，最後有德國王被刺死了，體無完膚；有德國王殺了很多外道，從戒條上看他是犯戒的，因爲他殺死很多人，可是從實質來講他是護持了正法，不是殺人：**根本**是護法，**方便**也是護法，**成已**則是殺人成功與護法成功。後來覺德比丘弘揚正法捨壽之後，跟早已護法戰亡的有德國王一樣往生到 阿閦如來的淨土世界去，結果有德國王成爲 如來座下的第一比丘，後來往生去的覺德比丘反而成爲第二比丘。覺德比丘沒有殺人，他弘揚正法；有德國王沒有弘揚正法，他護持正法而殺了很多人，看來是犯極重戒，其實本質不同，所以要看根本是什麼。要懂得從根本來看事情的方便與成已的本質，那才叫作善於戒學。如果不懂得從根本來看，只看方便與成已，然後就說某某人犯戒了，那很可能是自己犯了毀謗三寶的罪。所以善戒學是持律者應該要學習的，但末法時代的持律者普遍不瞭解這一點。

至於「善心學、善慧學」，對於末法時代的比丘、比丘尼們就更別提了。什麼叫作「善心學」？覺知心要能與奢摩他、毗婆舍那相應，也就是要能與止觀相應。「止」是制心一處，「觀」是觀察諸法實相，要能這樣與止觀相應，才叫作「善心學」。那這個「善心學」是說，在四禪八定的修學上要懂得如何去實證，還要懂得如何以定作爲工具，來使你容易修學增上慧學，而不是以那些禪定的境界當作是目標。是應該把修證禪定的方便善巧都學好，成爲「善心學」的人，然後實證各種禪定，把這些禪定拿來作爲修學佛法的工具和條件，而不是所要求證的目標；目標還是在增上慧學，這樣才是眞正懂得「善心學」的人。

那麼「善慧學」就是解脫道的智慧，包括聲聞菩提、緣覺菩提以及大乘不可思議解脫的智慧——就是佛菩提道。這三乘菩提都要能懂，才叫作「善慧學」；如果只懂得二乘菩提，還不能稱爲「善慧學」。如果像六識論的印順派那些比丘尼們，她們對於解脫道都誤會了，因此永遠斷不了我見；她們連聲聞菩提的「善慧學」都沒有，更何況深妙難信難解的佛菩提道，她們更無其分。所以「善慧學」是應該包含三乘菩提都能實證才稱得上，如果只有二乘菩提的實證，也還不能叫作「善慧學」。

那麼「如來經中說有三學」，佛說：「持律比丘對這三學『不能善學』，只是因爲自己多聞的因緣，」譬如聽人家說法聽多了，或者經典讀多了、律典讀多了，「就輕慢他人、輕視別人，用慢心來對待別人，就會障礙了善法的修證。」障礙了善法的修學就是把「善戒學、善心學、善慧學」的善字拿掉，變成只有表面上的「戒學、心學、慧學」，最終的結果就是連戒也沒有持好，心學的禪定無法修得，慧學就更別提了。

那麼 如來說：「如是癡人猶尚不能如法答問，況於『畢竟空無所有』中能發精進？」所以他們對經典律典中的文字背後的義理不能理解，他們只能在文字的表義上用心，表示他們智慧不能打開，所以叫作癡人。這樣的癡人，如果有人向他們提出法義上的問題，或是提出戒律上的問題來請教，他們無法如法答問的；連表相上的經教律典的問題都無法如法答問，那他們對於「畢竟空、無所有」裡面的種種勝妙法，又怎麼可能發起精進心呢？因為他們也不想去理解，安於現狀以持律自豪。從末法時代例如現在的表相佛教來講，他們持律不犯戒，我們就應該要讚歎了，因為相對於那些在修密法的寺院來講，他們已經夠好了，我們是應該讚歎他們的；但 如來愛子心切，希望末法時代的比丘們也一樣可以實證三乘菩提，因此才這樣開示，這叫作愛之深、責之切。

如果你的孩子只是一天到晚上班下班、上班下班，每一個月領二萬元薪水，永遠依附在你家生活，他想要這樣子終老，都沒有想要奮發圖強；相對於鄰居家的孩子一天到晚爲非作歹，你也會說：「我這孩子還算不錯了。」現在我的心情就像這樣，說：「我這孩子還算不錯，每個月領二萬元臺幣安心地過生活。」但是相對於鄰居家爲非作歹的那些孩子，就這樣自安其心吧！可是我如果對自己的孩子愛之深就一定責之切：「你爲什麼不要更上進一點呢？每月領個兩萬塊臺幣能夠幹嘛呀？一生就這樣窩窩囊囊的過啊？」就鼓勵他：「不然你去作個小生意，我提供資金給你。」愛之深責之切就這樣作，這是疼惜之心啊！如來看待每一個弟子都像獨子一樣，都是非常疼惜的，所以愛之深當然責之切，不長進就要罵他，這句經文講的正是這個道理。

如來說：「末法時代這樣愚癡的比丘尚且不能如法答問，何況對於畢竟空、無所有的這些勝妙法之中，怎麼可能發起精進心呢？」然後 如來就說明末法時代的破戒比丘們會幹什麼事：「爾時破戒比丘樂爲白衣執事，宣通使命，療治病法，以自生活。」以我現在的心情來講，對於不破戒的比丘（其實他們不破戒也不行，因爲他們「宣通使命，療治病法」就是破菩薩戒，也是破比丘戒了，但他們不搞密宗假藏傳佛教那些東西、不騙人錢財，我們現在也就不想責備他們了），因為在這種惡劣環境下，他們能夠持戒清淨自守也算夠好了。可是你如果深心愛護他們而對他們有所期待，希望他們也能夠實證，那你就會責備他們。

但這種破戒比丘的事情現在也一直都存在著，所以到末法時代的「**破戒比丘樂為白衣執事**」；本來比丘、比丘尼是應該諸天來奉侍才對的，結果他們反而以尊貴的僧寶身分去為那些世俗人作事情，目的只是為了得到一些報酬。所以這些「**樂為白衣執事**」就是去為世俗人作事情，還包括「**宣通使命，療治病法**」的事情也幹了。「**宣通使命**」就是為人家傳話辦事情，如果出家了，寺廟裡一天到晚為人家卜卦；現在有出家人專門為人家卜卦，為人家排八字算命、問事情，這其實是犯戒的。

我剛搬到山中去住，我家二樓佛堂在外面就看得見了，一座佛龕好大；當然比講堂這一座小，這一座是依據我家佛龕放大去做的。我家佛龕中間供著佛，兩邊也有經櫥，有兩丈寬；若依居家來講，這佛龕夠大了，而且蠻高的，從外面道路上就看得見，於是有時鄰居會來按門鈴：「**你這裡有在問事情嗎？**」（大眾笑…）我說：「**我這裡沒在問事情。**」「**欸！那你佛堂在作什麼？**」

我說：「我沒作什麼。」因爲我也不想讓人家知道我在寫書，就說沒作什麼。否則人家看我每天坐在電腦前，就會問說：「那你寫什麼書？」那不就露餡了嗎？我既然要隱居，就不讓人家知道我的身分；但鄰居們看見我家那麼大一座佛龕，都會來問。

臺灣人就這種習慣，會來寺院裡問事；我想你們內地大概也一樣，去佛寺就是要問事情。但是問事有很多種方法，有卜卦的、有猜字的，還有算命的，出家人作這些事情其實都是違背佛法與戒法，這就是「爲白衣執事」。因爲來問事的都是世俗人，他們不是來問法，問的都是世間煩惱上的事，就是世俗人，稱爲白衣。

「宣通使命」，末法時的出家人有時是爲人家溝通事情，來來往往不斷去作世間事的協調或處理等事，比如去達成某一件大工程、大生意或政治上的事，這叫作「宣通使命」。有的則是「療治病法」，所以有出家人出家以後藉著能與鬼神溝通的能力，每天都在幫人家治病；這治病會干預因果，因爲人家不去找醫生，而來找出家人治病，都是醫生治不好才來找出家人治，都屬於因果病。醫生治不好，那他幫人家治好，就是干預因果，這也不好，因爲出家人不應該干預因果。那麼「**療治病法**」的出家人是依這個方法來生活，來取得生活資源；或者「**宣通使命**」或者「**爲白衣執事**」來取得生活的資財，這些都是不應當的，因爲三寶不應該爲世俗人作事；僧寶只能爲佛法久住來作事，不應該爲世俗人作事。

如來又說：「**舍利弗！汝今觀此惡人，於我法中出家受戒，得受供養，而反以我爲怨。**」因爲 如來制戒說出家人不可以作某些事情，但是末法時代的出家人竟以那樣的方式來生存，而不是精進修行受人供養，所以他們對如來施設的戒法便生起嫌惡之心，就會抱怨說：「**如來爲什麼施設那樣的戒法，禁止我們出家人作這個、作那個？**」他們自己沒有反省過說：「**出家人本來就是以法爲歸。**」以法爲歸就要好好修學佛法，要設法去實證。他們沒有想過這個問題，反而去抱怨 如來爲什麼施設那麼多的戒法拘束他們。這就是末法時代的正常現象，因爲末法時代修行人都是落入意識中，所以這是正常的；意識必然與世間的財、色、名、食、睡相應，他們無法轉依眞如，自然就會有這個現象，這都算正常。

但 如來愛之深、責之切，所以講了這一部《佛藏經》；但是末法時代的人間比丘這樣表現出來，就會在天界出現另一個現象，所以 如來說：「舍利弗！爾時四天王、釋提桓因、大梵天王，乃至百千萬億諸天，見我法中如是毀壞，皆大憂愁，啼泣涕零。」爲什麼四天王、忉利天以及初禪天等百千萬億諸天，看見 釋迦如來的佛法像這樣子被毀壞，會產生大憂愁、會啼泣涕零呢？因爲他們看到這個現象時就預見天眾會越來越少。佛法出現在人間時天眾會越來越多，當佛法在人間衰微時天眾就會越來越少，阿修羅道眾將會越來越多；爲什麼阿修羅眾生會越來越多呢？阿修羅也有福德，但爲什麼他們不能生天而成爲阿修羅？因爲他們也修善，但是不修心，所以心地不是很好；往往修很多善事但也造了不少惡業，脾氣大而不修心，所以他們本來有生天的福德，卻因不修心的緣故，損減一部分的福德就成爲阿修羅。

阿修羅又名無酒，他們的果報是沒有酒喝，欲界諸天可以有酒喝，但他們無酒。無酒的果報是因果律的實現，使他們不會更加的惡劣；因爲他們如果喝了酒就會更嚴重，瞋心大發更難控制自己，所以他們的果報就是沒有酒喝。阿修羅會跟忉利天打仗，因爲他們也屬於天的一種，但沒有天的德行，所以叫作非天，他們爲了利益常常會跟忉利天征戰；四天王屬於忉利天所管轄，那就和忉利天會合一起和阿修羅打仗了。打仗會有天人傷損或死亡，因此諸天看到人間佛法衰微，佛弟子變成那個樣子，未來天眾將會減少而修羅眾日增，所以大家看了都憂愁；恐怕天眾減少時阿修羅眾會來攻打，就沒有辦法抵抗，因此很憂愁。當天眾少到某一個程度，阿修羅眾一定會來打仗，這時諸天不免受到傷損。《根本論》中說，天人如果被殺而斷了一隻手，還可以長回來，但是很痛；但如果萬一被砍斷了頭那就死了，天人也是會死的；縱使沒被砍斷頭，只是手被砍斷、腳被砍斷那也很痛的，所以總是不喜歡那一種違心之境。

因此諸天—特別是忉利天與四王天—若看見佛弟子們墮落了，未來修羅眾會不斷地增加，天眾將越來越少，他們都會「啼泣涕零」。「啼」就是大聲哭出來，「泣」就是沒有哭出聲，但是不斷的抽搐、掉眼淚，「涕零」就是鼻涕眼淚交錯流下來。諸天當然會這樣，因為眼見佛法衰微，那些兼修福德而錯修正法的佛弟子，由於不修心故，將來往生到阿修羅道去的人很多，往生到天道來的很少，知道將來不免會被阿修羅眾生打敗，所以他們覺得很痛苦。那大梵天等天眾為何也會痛苦呢？因為大梵天也喜歡天眾增加，沒有人喜歡自己一個人獨自過活吧？同樣的道理，大梵天也希望天眾增加，所以大梵天王看見人間末法時代的比丘越來越下劣了，他們也是擔心。因爲佛法昌盛時將來生到初禪天的天眾也會越來越多，他的眷屬就會很多；但是末法時代看起來結果會是越來越少，所以大家都憂愁。

大梵天的天眾不會哭泣，不會「啼泣涕零」，可是他們也不喜歡看見這樣的境界。所以人間佛法的昌盛與衰敗，諸天其實都很關心的。有的人以爲說：「我抵制正法又沒有誰知道。」說一句實話，他自己都講了怎會沒有人知道？因爲他已經老實說：「我抵制正法天曉得！」諸天早就知道了，他自己心中都說出來了；當他心中說出來時，諸天聽在耳裡可是如雷價響，只是他自己也不信罷了。但是未來果報如影隨形，可是他們不怕，因爲他們都不信因果，是因爲他們看不見。接下來 如來又怎麼開示呢？

經文：【「舍利弗！是實不應依止於我而爲白衣營執事務，何以故？釋迦牟尼佛弟子，乃至諸天龍神猶尚不應爲作給使，諸天龍神於我弟子與作給使。如是癡人所親近白衣，若能修習通達諸法第一義空，無有是處。舍利弗！爾

時破戒比丘乃至為得大杯酒故，與諸白衣演說佛法；於意云何？多貪恚癡，多樂讀經，貪外經利，行不清淨，是人能得信解無所有畢竟空法？能得具足沙門果不？」「不也，世尊！」】

語譯：【如來開示說：「舍利弗！這一些末法時代的比丘其實不應該依止於我的法出家而為那些世俗人經營執行各種事務，這是為什麼呢？釋迦牟尼佛的弟子，不但對世俗人，乃至對諸天龍神都不應該去作為他們的供給者或者工作者，反過來是諸天龍神對於我的弟子們應該來作各種供給、來為我的弟子們服務。像這樣的破戒比丘愚癡人所親近的那些世俗人，如果能修學熏習、能通達諸法第一義空，沒有這個道理啊！舍利弗！末法時代的破戒比丘乃至僅僅是為了得到一大杯酒的緣故，竟然去為那些世俗人演說佛法；你的意下怎麼樣呢？那些有很多貪恚癡，大多愛樂讀經，但是只貪求外現於表相的經典利益者，他們身口意行不清淨，像這樣的人是可以對經典有所信解嗎？是可以對無所有畢竟空法能夠信受、能夠理解的嗎？他們能具足出家人的果位嗎？」舍利弗答覆說：「沒有辦法的，世尊！」】

講義：這段經文在這裡斷句才是正確的，因為以前我們的斷句錯了。這是說，即使是破戒比丘也不應該為了生活而去為世俗人經營各種事務，因為這等於是服侍世俗人；在佛法中出家人分屬僧寶，是三寶的一分子。且不說清淨持戒的出家人，就算破了戒的出家人也不應該去為世俗人作事，因為他外相還是僧寶。那麼 如來明白地說：「釋迦牟尼佛的出家弟子是應該讓世俗人來奉侍供養才對，不但不該為世俗人作事，即使是諸天龍神來要求什麼，破戒比丘都不應該去為他們作事，因為他還是僧寶。」將來因為破戒應該受的果報那是另一回事，但他披著僧衣時就不應該為諸天作事，更不應該為龍神作事。

反過來說：「諸天應該為我釋迦牟尼的出家弟子來作事，來供給我諸弟子的所需，這才是正確的道理。」現在有一個現象，有的出家人學的是密宗假藏傳佛教，他們跟著喇嘛們供奉孔雀明王。但孔雀明王是什麼？就是金翅鳥。金翅鳥是忉利天的畜生，忉利天的天主都還得供養僧寶，身為僧寶卻反過來供養忉利天的畜生，這也是違背戒律的。那麼他們眞的供養了，孔雀明王敢受他們的供養嗎？也不敢。所以他們供了也等於沒供，而且是犯戒。這就是顚倒心、顚倒行。今天講到這裡。

《佛藏經》上回講到七十二頁第二段的第二行，今天要從最後兩個字「如是」說起：「**如是癡人所親近白衣，若能修習通達諸法第一義空，無有是處。**」也就是說，例如世俗人或者是因爲有權勢，或者因爲他廣有錢財，或者他只是附庸風雅，但他不是佛弟子——連三歸都沒有受，更別提菩薩戒；那些世俗人看見人家學習「第一義空」，實證「第一義空」，他也跟著想要實證，就要求破戒比丘來爲他們演說「第一義空」，下至要求破戒比丘來爲他們作事情；那些破戒比丘願意爲世俗人作這樣的事情，因爲是破戒比丘，貪著於名聞利養、貪著於世間法，願意爲世俗人作事；所以 如來在這裡說那些人是白衣，不是指在家的菩薩們，而是指世俗人爲白衣；這在前面幾段經文中我們根據經文解釋過了，這裡不再重複解釋。

身爲一個受了菩薩戒、聲聞戒的出家人，已是三寶的一分子，竟然去爲白衣作事情，世尊說這種人叫作愚癡人；因爲出家了以後是應該諸天來爲這個佛門中的僧寶作供養，出家人尚且不可以奉侍諸天天主，諸天天主應該來爲出家僧寶作事，更何況這些出家人是去爲世俗人作事情，所以這種人叫作「癡人」，是說他們沒有智慧。如來說：「**像這樣的出家愚癡人，所親近的世**

俗人如果能修學熏習而竟然能通達諸法的第一義空，天下沒這回事，佛法中沒這回事。」這是因爲他去奉侍那些世俗人，不管那世俗人多麼會講經說法、多麼聰慧，都不可能證得「第一義空」；那些世俗人如果眞能證得「第一義空」，就再也不敢讓出家人來爲他們作事，因爲已經如實理解什麼是三寶了。所以破戒比丘們去親近世俗人，是很愚癡的事情，更何況是親近世俗人時想要從世俗人那邊獲得「第一義空」的理解或實證，如來說：「沒有這個道理。」

接著又說：「舍利弗！爾時破戒比丘乃至爲得大杯酒故，與諸白衣演說佛法；於意云何？多貪恚癡，多樂讀經，貪外經利，行不清淨，是人能得信解無所有畢竟空法？能得具足沙門果不？」舍利弗答覆說：「不也，世尊！」直接了當答覆說：「不可能。」如來這是說末法時代，可能是最末後五百年的時候吧；到那時破戒比丘有時不是爲了想得到多少錢財，只是爲了一大杯的酒就可以爲那些世俗人去演說佛法。

說法必須觀察對象而說，不觀對象而說法就會有問題。這幾年來我一直不斷地舉例：外道來向如來請法時，如來總是先說次法，就是「施論、戒論、生天之論」；這三論講完了，外道能聽得進去才會勸他說：「欲爲不淨，上漏爲患，出要爲上。」如果連施論、戒論、生天之論都無法信受，就不再說明或勸說這三件事；如果他們能接受，接著就勸說這三件事，也就是：欲界是不清淨的，上界色界天的境界雖然是清淨的、是梵行，但是依然是有漏的，只是不像欲界漏那麼嚴重而已。但是修到了無色界去，那仍然不是可以常住的安隱地方，還是應該「出離爲要」或「出要爲上」。如果這樣講解了還能接受，才爲外道演說「四聖諦、八正道、因緣法」等，才能證果而成爲佛弟子。這是有一定次第和條件的，如果不觀根器直接就爲那些世俗人演說三乘菩提諸法，而且還是直接講「第一義空」的勝妙法，那是非常不如理、不如法的，更何況只是爲了貪一大杯的酒！這應該是末法剩下五百年或八十年的時候吧，現在是不會有的。

現在佛教道場弄個幾百億元、買了幾百公頃的地，建起金碧輝煌的寺廟，一定看不起一大杯酒；弄一卡車酒送去，他們還瞧不起的。不過到末法最後五百年信受佛法的人很少，可能破戒比丘爲了得大杯酒，就願意爲那些世俗人來演說佛法了。這樣的破戒比丘都是「多貪恚癡」，也就是說，他們的貪欲很重、瞋恚很重、無明也很深厚；這樣的破戒比丘不會努力修行，他們只喜歡讀經；一天到晚就是讀經，讀多了就拿來跟人家炫耀。這倒不是指早晚課的課誦，而是讀經；這像現代那些佛學的學術研究者，他們不就是這樣嗎？他們都不從事眞修實證，都是靠著讀讀經典、從文字上研究一下，然後覺得自己很厲害，全都懂了，於是藉著經典四處去為人講法，藉佛學來謀取生活上所需要的各種資源，這種人的身口意行是不會清淨的。

如來就爲舍利弗說：「像這樣的人能夠得到信解嗎？能夠對無所有畢竟空法有深厚的信心，有如實的勝解嗎？能具足證得沙門果嗎？」如來是這樣提問的。如果「貪恚癡」很深重，他對「第一義空」、對於「無所有」的「畢竟空」勝妙法一定不可能信受，只是把它拿來作爲謀生的工具。那他更不可能有勝解，因爲若要有勝解，一定要實修，沒有實修而親證時就不可能有勝解。所以他在信與解方面都不具足，對於「無所有」的「畢竟空」勝妙法不信不解，當然就不可能具足沙門果。

沙門果有兩個層面，有解脫道上的證果以及佛菩提道中的證果，同樣是出家果。後末世的破戒比丘們當然不可能證果，所以 如來問說：「能得具足沙門果不？」舍利弗尊者直接答：「不也，世尊！」答得輕快俐落，這個不假思索就可以答了。不但舍利弗尊者，若問諸位，諸位也是會異口同聲說：「不也，世尊！」這是必然的道理。這意思是說：「身爲佛門中的出家人，讓諸天天主護法龍神來供養都不爲過，連去奉養、去供養奉事或者禮拜諸天天主都不可以，怎麼還可以去奉事世俗人呢！」這就等於把佛門僧寶的格給踐踏了，所以說這是不許可的。

談到這裡還想吩咐一下諸位女眾，妳們如果有因緣跟比丘尼同道而行，要記得不管妳們是否證悟了，也不管那位比丘尼有沒有證悟，僧寶的表相一定要照顧到，妳們得要後退半步而行，不可以跟她比肩而行。特別是有一項女眾一定要注意，不可以拉著比丘尼的手，不可以跟她攀肩搭背，因爲僧寶的威儀一定要照顧到。那妳如果說：「我是師父的大護法，所以我可以這樣作。」但我告訴妳，妳護持再多、有多麼大的功德，一旦和比丘尼比肩而行或拉她的手共行，作了再多福德也會是功過相抵，同時也是沒有功德，這一點要注意！

男眾見了比丘大概不會攀肩搭背，也不會手拉手，這不會有問題；但女眾對比丘尼，我得要吩咐一下。也就是說僧寶雖然根本都還沒有明心，但你們對僧格要維護好；身爲佛弟子本身就要去維護僧格，必須留意到這一點。意思是說，僧寶是尊貴的，即使到了法即將滅沒時，那時大多是世俗法上的出家人；他們雖然只在世俗法中打混，你們也得尊重，不是尊重他們人身，而是尊重那件僧衣；這是 如來的法衣，這一點一定要記住。接下來看 如來又怎麼爲我們開示：

經文：【「舍利弗！若有比丘趣得衣服飲食臥具醫藥，持戒清淨，不樂眾鬧散亂語言，不貪外義，晝夜精勤如救頭燃，一心勤行八直聖道，是人於空無所得法尚難通達，況是癡人無有深欲、無有信解？舍利弗！汝觀是人不知如來無上義故，破我正法，自爲己身及爲他人作大衰惱。如是大賊，世間怨家，此經中說應當遠離；是人於佛尚不知恩，自念：『我等所爲出家，於此法中不應行處則不應行。』是故舍利弗！如來欲使未來世中止此惡故，說如是經。」】

語譯：【這一段世尊又開示：「舍利弗！如果有比丘去尋訪在家居士們而獲得了衣服飲食臥具醫藥，他本身持戒也是清淨的，並且也不愛樂與大眾雜處喧鬧和散亂的語言，他也不貪求外道所說的種種義理，甚至於晝夜精進般勤修行猶如在救護頭上燃起大火的頭一樣，他一心專精般勤修行八種直接到達解脫的聖道，這樣的人在空無所得的勝妙法中尚且難以通達，何況是像這樣破戒的愚癡比丘，沒有對勝妙法的深厚法欲、對勝妙法沒有一點點信受以及勝解的人？舍利弗！你觀察這樣的人不知道如來無上正義的緣故，所以破壞我的正法，他們自身其實是爲自己及爲別人都作了大衰惱。像這樣的大賊，是世間的怨家，在這部經中說應當要遠離；這樣的人對於佛尚且不知道恩德，自己心中想著說：『我們之所以出家的目的，在這個佛法之中不應作的事情就不應該去作。』由於這樣的緣故，舍利弗！如來想要使未來世中可以停止這樣的惡行的緣故，才演說像這樣的一部經典。」】

講義：「舍利弗！若有比丘趣得衣服飲食臥具醫藥……等，」這一段到底在說什麼？諸位讀起來、聽起來也許會覺得有一點奇怪，因爲這個比丘雖然從在家人那邊得到衣服、飲食、臥具、醫藥，可是他持戒清淨啊！他也不樂於大眾之中的喧鬧和雜亂語言，又不貪求外道的那些義理，而且他又「晝夜精勤如救頭燃」；這是非常精進的比丘欸！他又「一心勤行八直聖道」，在末法時代這樣的比丘很值得欽佩；不說到末法最後五百年，單說現在就很值得敬佩了。前兩年不是大家在瘋寶可夢電子遊戲嗎？結果竟然也有寺廟的住持拿著手機玩到寺外來去抓鬼，被記者拍下來刊登出來了，你們看！我想，你們在座的比丘、比丘尼一定覺得說：「唉呀！眞是把我們掃了面子！」眞的是這樣啊！聽說他還是一寺的住持，這都還沒有到最後五百年呢。

如果是末法最後五百年時還能「不貪外義，晝夜精勤如救頭燃，一心勤行八直聖道」，這是應該被欽佩的比丘呀！可是 如來說：「是人於空無所得法尚難通達。」還眞的如此。不說末法最後五百年，就說現在，海峽兩岸那麼多比丘、比丘尼，甚至於有的都成爲當代大師了；再加上南洋佛教好了，他們同樣對「空無所得法」完全不可能通達。且不說大乘這個「空無所得法」，單說二乘解脫道的我、我所皆空，他們也無法通達。所以 如來說的句句都是誠實語，都是至誠而說、如實而說。

那這裡有說到「不貪外義」，「不貪外義」是什麼道理？譬如有的人出家後也去學密宗假藏傳佛教，修密宗假藏傳佛教時學的是什麼法？不一定是雙身法，也有人學密宗時並沒有修雙身法的，不要侮辱他們；但他們是一天到晚打手印、唸咒，因爲仁波切告訴他們：「這個咒要持五百萬遍。」他們最少大約是規定要唸五百萬遍。就是你供養了他，他傳給你一個咒，教你打手印和如何唸誦；你回家以後每天打著手印坐在那邊唸，要一直唸到五百萬遍以後再去供養他，他再傳你另一個咒和手印，可能又要再唸一千萬遍。

修日本的眞言宗也是像這樣，有時則加上觀想，就是這樣啊！可是出家了如果不懂得咒的意涵，唸那咒到底是幹什麼，唸了也白唸，還不如唸〈正覺總持咒〉更好，也不用來供養我。但他們就這樣唸，那也叫「貪外義」，因爲密宗那些咒大多數都是外道法。如果出家後跟著喇嘛們搞雙身法，那就更別提了，永遠絕緣於三乘菩提之外。還有其他的出家人作什麼？他們學占卜，有時爲人家看手相，有時跟人家排紫微斗數算命，這也是「貪外義」。有的出家人則是幫人家治病，這也是「貪外義」。所以「貪外義」是有很多狀況的。但是身爲出家人所應該瞭解、修學、實證的其實就只有佛法，沒有別的，也不應該有別的法，所以不應該「貪外義」。

那麼 如來說，有這樣的出家人不但不貪外義，而且「晝夜精勤如救頭燃」；他因爲「不貪外義」，所以他所修學就是「一心勤行」而很勤勞、很辛苦的努力，一直在「八直聖道」去用心。可是這樣努力就能通達解脫道嗎？不能的。不說到末法最後五百年時，現在就已經如此了；佛教界有許多出家人清淨自修，努力在修學佛菩提道或解脫道，但都無法實證；連解脫道都不能通達，何況是佛法中的「空無所得法」，「空」這個「無所得法」的勝解或實證是更難了，因爲連不迴心阿羅漢都不知道，何況末法時代那樣精進的比丘。

那你們想，這麼精進「不貪外義」專修正法的比丘們，對「空無所得法尚難通達」，如果是那破戒的愚癡比丘，他們會破戒而且犯癡，表示他們對於「無所有法、無所得法」這個如實的空、勝義的空仍然不能生信；不生信就沒有勝解，因爲他沒有實證，連修都不肯修，何況實證而得勝解。就是說，末法時代很多出家人自以爲是在修證解脫道或佛法，其實都是錯信、錯解、錯修、錯證，所以 如來說：「況是癡人無有深欲、無有信解？」貪著外法的末法出家人對佛法或解脫並沒有深欲，當然不會努力修學，一定是沒有信受與正確的理解。

然後 如來作一個結論說：「舍利弗！你觀察看看這樣的人他不知道如來

無上義，因爲這個緣故，所以他會破壞如來的正法，爲自己也爲別人作出了大衰惱的事情。」這種現象在末法時代才剛開始就已經很普遍了！臺灣佛教各大山頭轉型了，他們不再抵制正法了，可是大陸那些大大小小的山頭，他們仍繼續在抵制正法，想盡辦法阻絕正覺進入大陸；現在他們努力去運作的結果，可以說是空前成功的狀況，這些人就是破壞 如來的正法，死後果報難可衡量。那末法時代的比丘所作所爲大致上都是這樣的，那他們這樣作的結果不但爲自己作了大衰惱，也爲他們的追隨者、爲布施給他們的施主作了大衰惱。

爲什麼呢？因爲他們抵制正法時是造下惡業，而且是極大的惡業，那麼布施給他們的人就變成共業了，成爲支持他們破壞正法、也是支持他們抵制正法；所以供養僧寶的善行卻變成支持他們所造的大惡業。那些破戒比丘的所作所爲，對那些施主們眞的作了大衰惱，這事情還眞的很麻煩。如來就說：「**像這樣的大賊，是世間的怨家。**」這樣的大賊爲什麼是世間的怨家？因爲他們斷人法身慧命，使人對佛菩提無從實證，而且幫大家作了大衰惱，使人家護持三寶的功德一轉就變成破壞三寶的惡業，當然眞是世間怨家。在《佛藏經》中 如來說，像這樣的人是應當要遠離的：「如是大賊，世間怨家，此經中說應當遠離。」

然後又說到末法時代持戒清淨、「不貪外義」努力修行的比丘們，如來說：「是人於佛尚不知恩，自念：『我等所爲出家，於此法中不應行處則不應行。』」末法時代就是會有這個現象，他們持戒清淨，所以見不得別人破戒；他們看見別人破戒時就很生氣，站出來指責；從表面上看來應該是作對了，但 如來卻說：「是人於佛尚不知恩，」爲什麼呢？因爲三乘菩提的實證俱無其一，連一種都沒有證得。如來說的「知恩」是指什麼？是要能信受而且能有勝解；就是實證以後懂解脫道或者佛菩提道的見道與修道，才算是眞的「知恩」。如來對「知恩」的定義很嚴格，因爲眞正懂 如來的恩德者，是需要從實證開始的。

如果有人自稱開悟了，結果卻這樣說：「我開悟了，如來也開悟，那我跟如來平等、平等。」這就表示他一定悟錯了。就算他口中說出來的佛法般若密意是正確的，他其實還是沒有證悟，因爲眞正證悟的人馬上會知道，自己與 如來的差距是那麼大！證悟了就會知道。而他不知道，顯然他只是整理思惟得來的，或者向人家探聽密意得來的，那不是眞的證悟。因爲他應該有的智慧、應該有的功德都沒有發起，所以我說這種人不算是「知恩」。

如來說這類人不知恩，有一個現象就是他們自己心中想著：「我們是爲了什麼而出家的，是爲了佛法，在整個佛法中不應該行的地方，我們就不應該去作。」這表面上看來對了，所以他持戒清淨，絕對不犯戒；但是他沒有辦法捨棄邪見，而以戒作爲最尊貴的依止。如來示現涅槃之前有吩咐大眾說：「以戒爲歸，以法爲歸。」而他單取持戒一法，不管佛法該怎麼樣理解和實證，就以持戒清淨作爲最尊、最貴、最最無上，至於法上如何他不管。假使人家實證了，持戒沒有他那麼清淨，他也會加以貶抑。到末法時代是有這種人，他們對於邪見始終捨不掉。也許有人想：「持戒那麼清淨，怎麼還會有邪見？」誰說沒有呢？持戒清淨而且都不貪錢財，也不跟人家搞什麼雙身法，問題是他們主張意識是常住的，或者主張細意識、極細意識是常住的，他們認爲這樣就是清淨修行；正是爲了對治這種人的邪見，如來才需要講《佛藏經》。

你們看前面《佛藏經》講的都是什麼？「第一義空、無所有、無所得、無名相法」，講那麼多第一義的目的是爲了什麼？如來自己說：「如來欲使未來世中止此惡故，說如是經。」就是爲了制止後末世那些比丘專門看重持戒清淨而不重視法，爲了對治這種人才要講這部《佛藏經》。表面上看來他們持戒清淨「不貪外義」，而且「晝夜精勤如救頭燃，一心勤行八直聖道」，看起來是非常值得尊敬的比丘，可是他們對於邪見無法捨棄，就以持戒清淨與否作爲唯一的判定標準，當他們這樣作而且影響了整個佛教界時，佛法就滅沒了，那麼持戒清淨又有什麼用？若是希望佛法可以繼續昌隆起來，如來就要講《佛藏經》，讓大眾依止究竟的正法，這就是 佛說如是經的原由。那麼如來接著又開示說：

經文：【「若有比丘破所受戒，毀破威儀及破正見；得聞是經，怖畏、反戒，何以故？破戒之人，不應於彈指頃住聖人相、在袈裟中。若聞是經，心歡喜者，是人名爲供養諸佛，守護佛道；何以故？舍利弗！是名佛道眞際。善男子、善女人欲得沙門法者，爲聽是經，應過百千萬億由旬，何以故？諸佛如來久乃出世，雖出於世，時乃說之。」】

語譯：【最後一段世尊說了：「如果有比丘破壞了他所受持的戒法，他毀壞、破壞了威儀以及破壞正知正見；當他有因緣聽聞到這部《佛藏經》時，心中恐怖畏懼、而且會反對清淨的持戒，這是什麼原因呢？破戒的人，不應該有一剎那的短短時間住在聖人的法相中——不應該有一剎那住在那一件袈裟中。如果聽聞到這一部經，心中生起歡喜的人，這樣的人名爲供養諸佛，守護佛的法道；這是爲什麼呢？舍利弗！這樣就說是諸佛法道的眞實境界。善男子和善女人想要得到出家法的時候，爲了要聽聞到這一部經典，應該願意走過百千萬億由旬去聽，這是什麼原因呢？因爲諸佛如來得要很久很久才會出現於世間，縱然有諸佛如來出現於世間，也不是時時刻刻都在講這一部經，而是要有因緣的時候才會宣講這一部經典。」】

講義：如來又吩咐：「如果有比丘他毀破了菩薩戒，也毀破了比丘戒，這樣的破戒比丘當然對出家人的威儀是已經破壞，而且也破壞了正知正見。」想想看，出家之後會去破壞他所受的出家戒，那到底是什麼原因？就是因爲他對於持戒的因果不懂，也是對出家戒可以導致解脫的因果不能如實理解，因此他才會破戒。如來施設的戒和外道戒不一樣，外道戒無法使人得解脫，不管他怎麼樣高聲宣揚說持他的戒法不犯可以得解脫、可以不生不死，或者說可以得所謂的永生，其實都是妄語，因爲那樣的戒與解脫無干，與不生不死得永生也都無關，而施設那樣的戒法是沒有意義的。但 如來施設的戒法只要依之而受持，然後在正法上面努力修行、捨離邪見，一一去求取實證，最後可以得解脫，乃至可以證得實相。

如果出家受戒了而對於出家的戒法—也就是對於聲聞戒—不能受持，受了菩薩戒之後也對菩薩戒不能好好受持，他的四威儀就不免被自己破壞；破壞了四威儀的根本原因，其實是因爲他之前就毀破了正見。假使他有正知正見，就不會破壞四威儀，也不會犯戒。像這樣的人就是因爲沒有正知正見，所以當他有因緣聽到《佛藏經》時，心中會恐怖畏懼，也會反對 如來所施設的戒法。

那我們要來探究一下他的恐怖和畏懼是爲什麼？是因爲《佛藏經》說的法是「**無名相法、無所得法**」，他完全不能理解，心中不信受，更沒有勝解；而 如來在前面說過：破戒的比丘經過了無數阿僧祇劫，奉侍過九十九億佛，結果到了 釋迦佛的時候竟然連順忍都得不到。那他聽了就會想：「**如來這麼**

說，諸佛如來猶如優曇缽華時乃一出，不是隨時隨地都會有如來出現在世間，那麼像這樣經過九十九億佛，那是多久的時間啊？那是經過無量阿僧祇劫之後，結果連得初果向都無法證得。」他想：自己破戒了，於未來世如何能實證這個第一義空呢？他聽了此經就開始恐怖、開始畏懼；恐怖畏懼以後唯一的解決辦法就是把戒法推翻，就說：「那是如來方便施設，其實那個跟解脫道的因果無關、跟佛法的實證無關，只是為了和合僧團共住而已，那沒什麼問題。」這樣把它推翻掉，推翻掉以後他就稍覺心安。

這種推翻正法或戒律的事情有沒有存在著？有啊！喇嘛教就是這樣；所以比丘、比丘尼去跟著喇嘛修學以後，他們就要求受密宗的三昧耶戒，但三昧耶戒與菩薩戒衝突，便要求比丘、比丘尼把菩薩戒捨掉，聲聞戒的比丘、比丘尼戒也要捨掉，這其實是犯戒，因為菩薩戒有受而無捨，盡未來際受持。那麼 如來說破戒之人失去了僧格，因為他們的本質就是地獄種姓，至少也是餓鬼或者是畜生種姓，那他們當然會來反戒，他們想：我把這個戒推翻就沒事了。推翻以後這一世表面上沒事，捨壽之後就大大的有事；那他如果不反戒，就只是破戒，破戒的人 如來說要默擯他，或是應該驅擯——要把他趕出寺去，不容許他在僧團中繼續住下去。所以他們會反戒。

如來說：「破戒之人，不應於彈指頃住聖人相。」一彈指那麼短的時間都不容許，也就是他從破戒開始就必須離開聖人相。什麼叫作聖人相？就是沙門之相；沙門是出家人——出世俗家也出三界家，那這種破戒之人即使短短一彈指的時間也不應該「住聖人相」。依照 如來這個聖教，那些主張六識論而否定第八識如來藏的人，正是謗法者——破了十重戒中的謗三寶戒，他們是不是破戒人？另外那些修學密宗假藏傳佛教的人，暗中修了雙身法，是不是破戒人？依照 如來這個說法「不應於彈指頃住聖人相、在袈裟中」，他的身體不應該再躲在袈裟裡面。

遇到這樣的人，假使我是臺灣的中國佛教會的會長，那我就要出來公開聲明：「你們這些修雙身法的人、毀謗法寶的人要趕快還俗，佛教不會承認你們是出家人。」是應該這樣作！可惜臺灣的中國佛教會不曾有一個理事長出來聲明反對，可見他們都不懂正法，不然就是鄉愿。臺灣的中國佛教會不是我掌管的，不能代表他們發聲明，但我得把這個道理講出來。因為這樣破戒之人「不應於彈指頃住聖人相」，他們的身體繼續躲在袈裟裡面是不對的，應該要把他們的袈裟剝奪，讓他回復世俗人的本相。

聽到這裡，諸位假使在外面遇到有男人穿著紅色的衣裳露出右邊的臂膀，現在也有女眾穿著密宗假藏傳佛教的衣服，要不要再供養他們？供養了就是支持他們，你就有破法的共業，不但無福而且損福。很多人沒有注意到這一點。我們大樓外每逢週二晚上講經時，都有出家人在那邊托缽，全都可以供養；但如果穿著密宗假藏傳佛教的服裝你就當作沒看見，走過去就是了；因為供養了那樣的人，他繼續搞雙身法，你就是支持他搞雙身法，你就違背了 如來的聖教，也等於幫他反對 如來的聖戒，這一點諸位都要理解到。

如果有個大師出來講經說法或者辦水陸……等法會時，他頭上戴著一頂到底是五方佛帽還是五方鬼冠？是鬼冠喔？那你們千萬要小心，千萬別護持他，因為那種人是邪見之人，背地裡也是搞密宗假藏傳佛教的邪法，這種人不應該「**於彈指頃住聖人相、在袈裟中。**」

所以你們千萬不要去淌那個渾水，那個水非常渾，一沾上就帶到未來世去。但是你這一世學了以後說：「**我要把它捨了！**」也還眞難捨，因為那個業已經造了。所以供養三寶時還眞要睜大眼睛，不要隨便亂供養。佛教界很多人心存鄉愿，都是想：「我反正是供養出家人，我又沒有幹壞事；供養那是好事，種福田啊！」他們不曉得自己種的是毒田。所以有的人轉不過來，我們爲他們特地這麼講，他們反而會說：「你們看不得人家好。」我就不曉得「人家」有什麼好，因爲眼看著墜落三惡道的日子越來越近，每少一天就近一天三惡道，那有什麼好？如果他們要眞的好，我倒是額手稱慶，可惜還眞難救。

如來接著又說：「如果聽聞到這一部《佛藏經》，心中歡喜的人，這個人就叫作供養諸佛，」這表示他對「第一義空」有如實的勝解，下焉者至少有歡喜的信受，所以世尊說：「這樣就叫作供養諸佛。」因此《佛藏經》要推廣很難，沒有一個道場願意講解《佛藏經》。以前有個念佛的道場，因爲有信眾去問他們師父說：「那部《佛藏經》我們可不可以讀？」因爲有好多信徒知道我們將來要講《佛藏經》，我們都有預告過了；沒想到上面指示說：「可以讀的，但只要讀前半部就好，後半部不要讀。」後來這話傳到我耳朵裡，我幾乎就像諸位剛才一樣不自覺想笑起來，但是也只能搖搖頭吧，無可奈何！

因爲對他們來講，這部《佛藏經》對破戒比丘的殺傷力太大，可是我們如果期待未來末法剩下的九千年佛門可以比較清淨一點，佛弟子可以比較多人不會下墮三惡道，我們還是得要講；因爲沒有人要講，當然也是沒有人能講解，那我們把它講了，讓大家從法義上面來理解，然後再從清淨戒、清淨心、清淨法上面來講解，可以讓大家警覺而不再繼續保持邪見，未來能夠比較清淨地受持戒律，就不會下墮三惡道。這樣我們即使講了以後將來出版時被人家罵，我也甘願，畢竟我們救了他們許多人不墮三惡道，這就夠了！不過他們如果罵我，到底會不會墮落三惡道？我臨時想到這一點，也提出來醒覺他們，希望他們不會墮落；即使曾經罵了我，我是這樣希望——趕快懺悔滅罪，要不然龍華三會時那麼多人要從哪裡來？

這就是說，你如果能於《佛藏經》所說，不但是法上或者戒上都能歡喜地信受，那你就不會去犯戒、也不會謗法，也可以遠離邪見，這樣的人一定不會對佛教正法的流傳有所不利，這就可以叫作「供養諸佛」。這樣「供養諸佛」之後，接著也會反過來想：「**那我應該要怎麼樣促使佛教的法道可以源遠流長，繼續不中斷的流傳下去？**」那就會想著：「**我怎麼樣來護持、來**

保護佛法的正道？」他將來就會開始「守護佛道」的種種工作、種種事業。

爲什麼供養諸佛之後就會想要「守護佛道」？因爲聽完《佛藏經》就知道佛道的眞實智慧與境界是什麼了；而諸佛示現在人間爲大眾所演說的那些境界到底是指什麼，聽完《佛藏經》就知道：「原來是如來藏第八識的境界，上從諸佛，中如菩薩、聲聞、緣覺，下至螻蟻都有這個如來藏，所以每個人都具有將來成就佛果的自性，既然成就佛道是依於第八識『無名相法、無所得法』如來藏而成就的，那諸佛的眞實境界當然就是這個第八識如來藏；既然如此，我供養諸佛時就得守護佛道，這才是佛弟子的本分！」

那麼 如來爲了強調這部經典的重要性，就開示說：「善男子、善女人欲得沙門法者，爲聽是經，應過百千萬億由旬，」這是說：「爲了要聽受這一部究竟的了義的勝妙經典，假使得要走路（不說開車），要走路經過百千萬億由旬也要想辦法去聽。」假使走了百千萬億由旬去聽，聽上幾個月突然間一句話讓你證悟了，一切都値了，從此永不墮三惡道，而且不只是心地像初果人不墮三惡道而已，是連阿羅漢所不能證得的般若正義也實證了，從此就是一步一步邁向佛地，所以不管走多遠的路，有因緣就得去聽。

那麼　如來也從事相上說明一個原因，說爲什麼要走那麼遠的路也要去聽呢：「**諸佛如來久乃出世，雖出於世，時乃說之。**」我們生在賢劫有的人覺得說：「**我們有一千佛可以追隨奉侍，那沒什麼問題。**」其實這是有大因緣才能這樣奉侍千佛的，《阿含經》中　佛有講過，過去九十一劫至賢劫當中才只有兩尊佛出現在人間；一尊佛過去以後經歷六十劫才有下兩尊佛出世，又經歷三十一劫才有賢劫第一尊佛出世，不是像我們現在賢劫會有千佛相繼出世。那是有往昔的因緣，是因爲無數劫前轉輪聖王的一千個兒子，他們學佛了，互相約定說：「**將來大家都可以成佛時，大家在同一劫之中前後次第相繼成佛。**」在這個過程裡當然有的兄弟先成佛，後來所有兄弟都能成佛時，先成佛的兄弟就倒駕慈航，再來示現一次成佛；而我們的本師　釋迦如來是一千位兄弟中的四哥，韋陀菩薩則是最小的小弟，他願意護持九百九十九位兄長都成佛，他最後才成佛，這是很久以前的約定。

但這千佛之中一定是有一些佛以前很早就成佛過，重新再來示現一次，是因爲兄弟有約，所以依約來次第示現。諸位想想看：有沒有可能一千個兄弟經過那麼多劫以後，大家就這樣眞的依照兄弟的順序一個一個這樣成佛？

不可能這樣。不說一千個兄弟，單是五個兄弟就不可能了；所以其中一定是有一些人早就成佛了，但因爲這個約定，等到兄弟中修行最差的人終於也可以成佛時，這時大家再來示現一次，這就是我們的福報。未來星宿劫也有一千佛成佛，但星宿劫並不是緊接著賢劫之後，那不曉得是幾劫以後的一個劫叫作星宿劫，大家就慢慢等吧，也許會有人遇得上。

所以諸佛如來「**久乃出世**」，在賢劫卻是一劫之中有千佛連續出世，那是很罕有的狀況。通常的狀況都是「**諸佛如來久乃出世**」，不是每個世界每一劫都會有佛出現在人間的。既然有佛出現，就會時常都講《佛藏經》嗎？也不見得，諸佛出現在人間也要看看某一個因緣然後才會講《佛藏經》。所以佛的出現如果是以淨土世界的狀態出現，可能就不講《佛藏經》了；如果是在人壽八萬四千歲時出現，也可能不講《佛藏經》。但假使是百歲時的五濁惡世出現了佛，一定會講《佛藏經》，因爲眾生的五濁具足。五濁惡世出家人容易破戒，如果八萬四千歲時還當出家人，他一定是深思熟慮才會出家，出家後一定自然而然持戒清淨，因爲都懂這些因果了，所以那時也不需要講《佛藏經》、〈淨戒品〉、〈淨法品〉什麼都不用講，只要直接講三乘菩提就行了，所以這部經典是諸佛「**雖出於世，時乃說之**」。

假使我們在五濁惡世有這個因緣可以聽到《佛藏經》，再怎麼遠都應該設法去聽。請問諸位：「**過百千萬億由旬是多遠？**」從臺灣去美國是幾個來回？那麼遠你都得去聽，因爲難得啊！這講的是了義法，很難得！而且可以勸誡大家清淨地守持住戒法，也勸誡大家可以遠離邪見，讓大家有實證的因緣。所以假使有某如來講這一部經，只要能去，再遠也要去聽。諸位來這裡聽經最遠的是從哪裡來？臺中？花蓮喔？花蓮是比臺中遠多了，因爲繞了半個臺灣；但是如果比起「**應過百千萬億由旬**」又算近了，因爲你不用走路，還能乘車，讓輪子去滾就可以。

這表示諸佛如來在五濁惡世的人間弘法時都會講《佛藏經》，但是到了人壽五千歲、六千歲時可能就不必講了。所以賢劫千佛 釋迦如來在人壽百歲時來成佛，就會宣講《佛藏經》；如果將來人壽到了五千歲、六千歲時，可能那時的佛就不講《佛藏經》。想來未來 彌勒佛大概不會講《佛藏經》，因爲人壽八萬四千歲時什麼教訓都學過、都遇過了，如來說的法一定會信受；所以 彌勒菩薩今天晚上出家、明天早上成佛，大家都能接受。

但我們話說回來，釋迦如來何嘗不是今晚出家、明天成佛？當祂放棄苦行而改修不苦不樂行，不過一夜之後就成佛了，所以今天晚上參禪、明天早上成佛，也只是一天，其實只是一個晚上。但是因爲五濁惡世的眾生不會相信這樣的事情，所以得要示現遍學諸外道諸法，一一都求證了以後加以否定說：這些都不是成佛之道，也不是能得解脫的阿羅漢道，然後自修六年的苦行。五濁惡世的眾生看表相，就說：「你看人家釋迦如來修六年苦行才明心見性，你蕭平實修過六年苦行嗎？」我就被這樣罵過，可是他沒想到釋迦如來最後否定了六年的苦行，是把苦行放棄了，去尼連河沐浴後幾乎爬不上來，還得要樹神垂下樹枝給祂拉，然後接受牧牛女供養了乳糜，又遇到一個割草人供養一把細草叫作吉祥草，這樣鋪下來參究成佛，也只是一個晚上的事情，就這樣示現給大家看——苦行不能成佛。可是一般人沒有慧眼，不看這個，只看前面不能使人成佛的六年苦行，眞奇怪。

所以我們要有智慧，那六年苦行示現給末法時代的眾生看，這樣眾生才會知道說：「這佛法還是很珍貴的，經由六年的苦行，最後放棄苦行才開悟成佛的。」但我們不要看表相，我們要看實質。所以釋迦如來示現初夜降魔，是以二乘菩提把一切魔降伏，那時五陰魔、煩惱魔、死魔、天魔全部降伏了，這解脫道就夠了；接著是降伏四魔之後以手按地明心了，這時還沒有成佛，得要到夜後分，東方得有一點點魚肚白時，那時金星出來了，看見好亮的一顆星時眼見佛性，這樣才算眞的成佛。世尊這樣示現的成佛過程，其實也只是一個晚上的事，跟將來 彌勒佛成佛時間同樣是一個晚上，道理都是一樣的。

那麼六年苦行以及苦行之前追隨那些外道去學法，那只是作什麼呢？只是在告訴大家——那些全都錯了！六年苦行則是在告訴大家：「**我所能作的，你們沒有誰能作得到，但我終究把這六年苦行也放棄了，所以我能成佛，這個法就是如此珍貴的。**」這就是五濁惡世百歲人壽時來成佛，特地用這樣的方便施設才能攝受眾生。所以《佛藏經》不是想要聽就有得聽，當然諸位都聽過前面我所講解的妙法了，講到這裡時也知道這部經確實勝妙、甚深難解！而諸位快要全部聽完了，顯示都是很有福報的人。若沒有福報當面聽我講這部經典的人，偶爾來聽一次也會如坐針氈，大不了硬撐兩個小時，離開時一定說「**再也不來聽了**」，因爲太勝妙的法，他們沒辦法相應的。

那麼「**如來久乃出世**」這是事實，就算出世了也不一定就會講《佛藏經》，所以 世尊說：「**時乃說之。**」可見「**無所得法、無名相法**」甚深極甚深，勝妙最勝妙！那麼 如來講到這裡告訴了我們一個道理：「**當眾生被誤導時，我們要設法去救護眾生。**」明知道眾生被誤導而自己依舊無動於衷，就不能再自稱是菩薩了。所以我們要想辦法救護眾生，讓眾生遠離邪見、遠離惡法，否則 如來苦口婆心這麼說明，大家也就白聽了。

但是救護眾生時，我希望諸位是以完整的文章或者以書本去救護眾生，不要去上網救護眾生；因爲網路上互相不見面、不認識，維護名聞利養的無緣者可以耍賴，可以胡說而沒有當面顧慮顏面的問題存在，就會胡扯而不負責。所以當他跟你耍賴時並不會覺得愧疚，因此種種無理之說就會出現，甚至於有人利用你的善心，認爲你很想救他，他就利用你的善心故意謾罵、侮辱、故意否定，而讓你講出眞正的密意；他就藉著激將法對你否定、將你侮辱，而你一直不斷地說明他就不斷地進步，不斷進步以後又進而用從你身上得來的進步後的知見繼續再來罵你。你想這樣的人是可救之人嗎？一點點的菩薩性都沒有，你救護這樣的眾生是想作什麼呢？不如用完整的整篇文章貼出去或送書給他就好了，那他若是私下或在網路上要繼續罵就讓他去罵，別理他。所以你們假使有網頁或者在臉書上，你只管貼文就好，不要有給人家可以回應的地方，省得氣惱；因爲你一心想要救他，你心裡想：「**我這麼慈悲對你，爲什麼你還要一直罵我？**」自己惹氣惱，這叫作愚癡。

有智慧的人不這樣作，有智慧的人寫書也好、寫文章也好，寫得快快樂樂，寫完自己再檢查一遍，心想：我寫得多好！心裡好快樂，然後把它貼出去：「**我可以利益很多人，好快樂啊！**」何苦在那邊跟他一來一往惹氣惱？有智慧的人該怎麼救護眾生？應該要先分辨清楚、設想清楚：網路上那種事情是怎麼樣無恥的言行都能作，因爲你又不知道他是什麼人；搞不好他是你很要好的好朋友，但他在另一個道場學，故意這樣隱名罵你、氣你，你也不知道是你最好的朋友在搞你的鬼，然後當面再跟你讚歎說：「**你修得眞好！**」你根本不知道是他上網罵你。

這種人是沒有菩薩性的，說正格的連聲聞性都沒有，那你何苦要強度這種人呢？在他那裡花那麼多時間，不如好好寫一篇文章貼上網去，或者好好寫一本書——不管大本小本都行——至少可以正式利樂很多人。把跟那個人應酬的時間換個方式來救護眾生，可以救上幾百個人；而你繼續維持原來的方式，連他都救不了，因爲只會使他造更多的口業。特別是假使你證悟了，他在網上故意罵你、故意侮辱你，使用激將法，激你爲他解說更多，但他不斷侮辱你的結果是什麼？就是將來下墮三惡道；那你連他一個人都救不了，就別說要救很多人。這個算盤要會打。

所以我一向都不上網去看人家怎麼說我，我相信若是上網去搜尋「蕭平實」，評論一定是非常多的，因爲我是佛教界的唯一看不見面目的名人；但我沒有上網去搜尋過，我也不想知道。因爲不論讚歎或毀謗，對我都沒有用處，我就好好把時間用來弘揚正法，在這上面去施設、去設想更長遠一點來寫更多的書利益更多的有緣人；但我不要跟那些無緣的人在網路上消耗時光。我的時光一刻值千金，他們的時光一天值不了半毛錢，根本是不對等的，我何苦跟他們在那邊耗？諸位也要像我這樣，眞的要有智慧判斷，要懂得取捨。固然「**無名相法**」所證是「**無分別法**」的境界，是無取捨的境界，然而在度眾生、攝護眾生的事相上，一定是要善於分別來作。得要善於分別，然後才能好好救護眾生，才不會唐捐其功；這也是我們學習《佛藏經》時，必

〈了戒品〉第九

經文：【佛告舍利弗：「有三種人聞說是經，心不喜樂。何等三？一者破戒比丘，二者增上慢人，三者不淨說法及貪著我者。是人遠離於此隨順實相深經，具足充滿生盲部黨，是故舍利弗！我以是經重囑累汝。所以者何？是經於如來滅後，能令清淨持戒比丘心生喜樂。如是深經，清淨戒者常所攝持，毀破戒者常所遠離，所以者何？癡人聞說眞實正語，則以爲苦。」】

講義：〈了戒品〉就是要教導大家如實了知戒的因果相。持戒一定有因果，否則不可能受持五戒的人死後繼續保住人身，也不可能受持聲聞戒的人將來有因緣可以實證解脫，也不可能受持菩薩戒的人將來可以成佛，這表示戒的施設有其必要性，當然持戒清淨者就會得到應有的解脫與智慧果報。那麼諸佛如來施設這樣的戒法，佛弟子們領受了這樣的戒法，應當要懂得如何受持；可是在懂得如何受持之前，先要瞭解戒是爲什麼而施設？施設之目的是什麼？這樣才能懂得什麼叫作戒，這樣來受持戒法就不會被戒的表相綁住，就不會覺得 佛陀施設這麼多戒法，受持之後綁手綁腳，反而會覺得這些戒能幫助我證得解脫與智慧，所以持戒時沒有束縛感。那麼〈了戒品〉所講的主要的意旨在這裡，接著來語譯第一段經文。

語譯：【佛告訴舍利弗說：「有三種人聽聞到有人演說這一部《佛藏經》，心中不歡喜、不快樂。是哪三種人呢？第一種人是破戒比丘，第二種人是增上慢人，第三種人是不淨說法以及貪著自我的人。這三種人遠離這部隨順實相的深妙經典，他們具足充滿在生來就沒有慧眼的一大群人之中，由於這個緣故，舍利弗！我以這部經典重新來囑累於你。為什麼要這樣呢？是因為這一部《佛藏經》於如來示現入滅之後，能使持戒清淨的比丘們心中生起歡喜快樂。像這樣深妙的經典，是清淨持戒的人永遠所攝受護持的，也是毀破戒律的人永遠所遠離的，為什麼是這樣呢？愚癡的人聽聞到有智慧的人宣說真實正確的法語，他們心中就會覺得這是一種痛苦。」】

講義：如來說有三種人聽聞到這一部《佛藏經》時，心中不歡喜、不快樂，第一種人叫作破戒比丘；因為這部經中對破戒比丘斥責很多，他們會認為這是在斥責他們，不會想說：「**這是如來苦口婆心要救護我們。**」所以他們對《佛藏經》眞的不喜歡。假使聽到有人演說《佛藏經》，他們就把那位善知識當作仇人。第二種人是增上慢人；慢有七種，其中的一種就是增上慢。增上慢又分爲兩類，第一種是在世間禪定上未得謂得，其實自己並沒有證得某個定境，而向別人誇說他已經得到那個定境，這是世間法中的增上慢；第二種人叫作「**未證謂證**」——還沒有實證三乘菩提，卻向人家宣稱他實證了三乘菩提的全部或局部，這是法上的增上慢。

第三種人是不清淨說法以及貪著自我。不清淨說法者就是不如實說，他以猜測臆想、用自己的思惟所得去講解，然後加以誇大，這就是不清淨說法；或者故意加以曲解當作是 佛所說的道理，來符合自己的所說所爲，這也是不清淨說法。這一類人通常也是貪著自我，但這類人爲什麼會不清淨說法呢？正因爲對於自我很執著，所以這一類人有一個很普遍存在的現象，就是自尊心非常強。諸佛如來、諸大菩薩有沒有自尊心？諸位怎麼都會知道呢，有智慧！正因爲是無我，又怎麼會有自尊？自尊是什麼？兩個意思：第一是自我尊大，認爲我最行，我最厲害。另一種是：「**我有我的面子，我有我的人格，你不可以侮辱我，勝過我。**」這都叫作自尊。可是諸佛菩薩都沒有自尊，連諸位都已經沒有自尊了，因爲實證無我了；那麼如果你在網路上跟人家一來一往被人家激將法激著了，那就是你還有自尊，那你的證悟是有問題的，必須要好好檢討，要趕快再度轉依如來藏。

所以十幾年前、將近二十年前，那時人家刊了半版的報紙罵我是人妖、蛤蟆精，還有什麼呢？我記得是罵了好幾種，我都沒有去告他，我也不回應這個部分，我們藉著出書來救護眾生而作一場佛事。就像一個成人面對一個三歲的孩子，你跟他計較什麼呢？道理是一樣的。如果我要是有自尊的話，一定去法院告他人身攻擊、侮辱損害名譽。這一定會成立的，因爲他罵我蛤蟆精、罵我人妖，這一定可以成案的，而且還罵了幾種很難聽的話，但我不跟他計較，我們純粹是就法論法，針對他所說的法出了一本書，叫作《菩薩正道》。但我們不回應人身攻擊的部分，因爲證悟了就不必談什麼自尊、談什麼顏面。實相法界中沒有顏面，所以我是沒有臉的，也沒有背，還有哪個我？我的本質就是如來藏，而如來藏是沒有臉，要顧慮什麼面子？所以不必談那一些。

可是貪著於自我的人就非常看重面子，但面子重幾兩？那面子看得那麼重，結果損害了佛法上的眞實利益，並且損害到未來世去，那不是有智慧的人。有智慧的人不但看今世利，也看後世利；不但看自利，也看他利；可是那面子只是自己一個人的利益，並且與自己後世的利益無關；所看重的是眼前的利益，而且這個利益也是虛假的，不是眞實的利益，其實正是貪著自我而成爲我執。世尊說，這三種人都對《佛藏經》心不喜樂。

那麼第二種增上慢特別是如此，曾經有位師兄質疑說：「佛法的修證既然必須要有定力相應，那正覺到底修了什麼定，而說開悟明心？而說眼見佛性？」我回說：「我講的未到地定你有沒有聽過？我講的初禪、二禪你有沒有聽過？」我就直接問。那我爲什麼要這樣問？因爲這是以前我們曾經幫助證得如來藏的一個師兄，他竟然站出來反對我——來小參時質疑我。那問他：「我講過的禪定你聽過沒有？」接著再問：「那你在會中無相念佛學會了沒有？」「會了。」「會了無相念佛時，你有沒有動中的未到地定？」「有。」「那麼既然有，你明心時難道是退回到沒有定力的狀態去明心的嗎？」

弄到後來，原來他是主張：「一定要證得初禪時再來明心才算數。」我說：「好！既然如此，那你悟了，你悟的這個心不是如來藏嗎？是假的嗎？」

「真的啊！」他回答我是「真的啊」，我就說：「那你證得初禪沒有？」他又閉嘴了，我說：「那你既沒有證初禪，憑什麼自認為證悟了？還來質疑？」所以說，這種糊塗蛋還眞多。那爲什麼他會這樣？他認爲我說的不對，他所想的才對，以爲一定要住在初禪中證悟的人才是眞悟，他又認爲自己才是眞悟；等到我一提出來問，什麼都答不了，這就是增上慢。

那麼會外增上慢的人其實更多，所以臺灣或者大陸都有很多人在網路上自稱證悟了，也宣稱他們所悟的跟正覺是一樣的。也有人自己認爲證悟了，就寫了見道報告來給我。我心裡想：「你又不是我的學生，我幹嘛需要讀你的報告？」我沒有美援的時間啊！如果是我的學生，我當然要看，不對的就幫他修正，悟對了就把他送去禪三加以錘鍊，然後給他印證。他既不是我的學生，我沒有義務看他的見道報告。所以有一位姓林的人，見道報告還打字列印出來給我；最近我們有些同修還跟他在那邊胡扯，來來往往沒完沒了，這都要記過的。那麼八、九年前他就寫了還打字送來，我記得他打字寄來時是寫直式的，我翻過一、兩頁就不看了，講得亂七八糟。不曉得那個報告現在丟在哪個角落裡了。

我說這一些人都是增上慢，因為我見都還沒有斷；就算知道般若的密意也是猜想或探聽來的，不可能轉依成功，就不是眞正的開悟。自稱開悟之後我見還同時存在著，這樣自稱為開悟，還向大家宣揚說他開悟了，來攀緣增上班的同修；我們有一些增上班的同修還眞是迷糊，竟然還跟他附和，這就是愚癡——智慧沒有眞的發起。這種人若是讓他們去禪三試試看，假使我開個例讓他們上去，都是第一關就闖不過的。

我們會中也常常許多人是這樣，都觸證了、都覺得自己眞的有實證了，他心裡面想：「我這一次要過兩關。」沒想到第一關拖了五年才過；如果他想起來第一次報名的時候，禪三報名表寫著去禪三道場的目的是：明心見性，一定是自己啞然失笑！這增上慢的狀況是很多的，永遠都不乏其人，如來在世就有很多增上慢者，那麼到末法時代會更多，但是我們也要拿這些人作為殷鑑，不要再跟他們重複走同樣的路，這樣佛法的修行才會快速。今天講到這裡。

《佛藏經》〈了戒品〉上週講到第二行，是說有三種人聽聞這部《佛藏經》，心中不歡喜、不快樂，是指破戒比丘、增上慢人和不淨說法及貪著於自我的人。那麼這裡面講「貪著我者」，就是因爲他的我執和我見很深重，無法斷除，所以成爲「貪著我者」。當他們是「貪著我者」的時候就會落入我所中，落入我所中就會有貪瞋癡，種種不好的身口意行會跟著出現。如來接著就說：「這三種人遠離這一部經典，而這部經典有個特色就是隨順實相，不但隨順實相而且是很深奧的經典。」一般人都說般若甚深極甚深，但般若並沒有講到很廣的層面，而是在別相智上面來說；並且般若就純粹談實相智慧，不談增上戒學、增上心學與增上慧學等，所以跟這一部經又有不同。

那諸位聽過咱們從卷一講到現在，當然已經知道這部經中所講的法是非常深的。這麼深妙的經典而且是隨順於實相的經典，這種境界不是六塵中的境界，所以落入我以及我所的人，當他們貪著自我和我所時，一定是跟六塵境界相應，就會跟種種的我所相應；這麼一來，他們跟這一部「隨順實相深經」就不可能相應，所以他們一定遠離「此經」。我沒有去查證古來有沒有人演講或者註解過這一部經典，但至少在二十世紀、二十一世紀就只有我們來講解；並且我們講得……不叫作興高采烈，應該叫作神采飛揚吧！因爲這部經典的勝妙法義確實太妙了，所以大家都聽得很歡喜。單單前面法義的部分例如〈淨戒品〉、〈念僧品〉、〈念佛品〉等法，就已經太深妙了！雖然講到後面的內容時，可能會使修密宗假藏傳佛教的出家人都不歡喜，但沒關係，我們還是照講。

這後面所講的他們當然不喜歡，但如來既然說了，我們還是得講；因為末法時代破戒的比丘、增上慢的人和不淨說法及貪著於我的人，對這部經典都是厭惡的，所以他們都會遠離。遠離這部經典的人，他們物以類聚集合成一群、一大眾，因此到末法時代可以說佛教界是「具足充滿生盲部黨」，這是很嚴重的現象。「具足」之意不是說只有一部分人，而是說佛教界普遍存在著；是存在哪種現象？是「具足充滿生盲部黨」。

為何叫作「生盲」？因為他們打從學佛時三歸依發四宏誓願後，一直到今天名聲很大而成為大師了，竟然連眞如之名都沒聽過，連如來藏阿賴耶識的名詞也都沒聽過。假使偶然讓他們聽見了，他們還會說：「這阿賴耶識是生滅法，是染污法，所以要趕快把祂找出來一槌搗碎，那就開悟了。」香港有個很有名的月溪法師，當初臺灣島上東西南北中部都有人在弘揚他的法，說要找出來一槌把祂搗碎才算開悟。莫說沒辦法一槌搗碎，因為他根本就沒找到阿賴耶識；就算他找出來了也是無可奈何，何況他根本就不知道阿賴耶識在哪裡。然而他死時講一首偈，其中一句很嚇人的：「**遍滿虛空大自在。**」一般人看到那一句時就會想：「**哇！他的證量眞是不得了！**」但是等到你證了如來藏以後再來看他的書，只好給他四個字評語——胡說八道。所以這種在佛教中出家的人，當他出家時就算是在佛法中出生了，從生直到老死都沒聽過什麼叫作眞如，那種大法師就叫作「**生盲**」——出生以後一直都還沒有開眼，正是「**生盲**」。

還有一位法師是我們講堂北方的鄰居，前些年過世了；他在書中說這阿賴耶識是不清淨的心，所以要把祂滅掉，滅掉以後才能明心。可是有個大問題他自己並沒有發覺：既然說要把祂滅掉才叫作開悟，他書中也是這麼寫的，那就要請問他：「**您自稱開悟了，到底您有沒有把祂滅掉？**」在滅掉之前要先幹嘛？（有人答話，聽不清楚。）對！就是先要把祂找出來，不然你怎麼能滅祂？都還沒找到祂又要怎麼滅掉祂？就好像有一個人說：「**我把某甲殺掉了，那人是我的怨家。**」問題是他有沒有找到某甲？他沒有找到啊！既沒有找到某甲，竟然放話說他把某甲殺掉了，這不是講笑話嗎？所以末法時代連聽都沒聽過眞如的人很多，包括大法師們在內；直到我們這個鄰居大法師死時，他都沒講過什麼是眞如，而他竟然宣稱是證悟者而印證十二個出家弟子明心又見性了。但我們講這一部《佛藏經》，已經講了好幾年的眞如，他卻是一直到死都沒講過，在他的書中始終找不到對眞如的開示，或者曾經提起過。

這種大法師非常多，臺灣如是，大陸更是如是。大陸現在終於有比較多的大法師讀過眞如、聽過眞如，是因爲私底下讀過我的書，所以終於知道有眞如這個法。如果連眞如都不知道，在佛菩提道中像那樣的一大群人就叫作「生盲部黨」；因爲他們一群一群結合起來，一起反對正法眞如妙義，所以叫作「生盲部黨」。如果他們各自獨立反對如來藏正法，且不說他們那樣是地獄業，他們如果各自出來反對，便叫作「生盲」之人。可是如果他們聯合起來抵制正法，那就叫作「生盲部黨」；因爲結成一個部派又一個部派，聚集成黨了。「黨」就是同樣一心要作同一件好事或者惡事的人，叫作黨人。政黨是什麼意思？政黨就是從事政治活動、政治行爲的一群人，因爲同一理念而結合成黨，就叫作政黨。那麼有沒有佛黨？沒有！雖然同樣都是爲了救護眾生、爲了修道利生，但是不會結爲部黨，因爲都無私無我。

如果是黨，就表示有我，有共同的利益，這是兩個要件。一定是有我然後有共同的利益，因此他們會結合在一起，那就叫作一個黨。如果是結集成一個黨，就必然會黨同伐異。這個成語大家都懂，我不用解釋。黨同伐異時他們就會聯合來攻擊正法的弘法者；這不是末法時代才有，佛陀在世時就已經如此。外道們聯合起來攻擊 釋迦如來，說：「因爲釋迦如來出現在世間，搶了我們的供養。」可是如果知道諸佛如來的福德，就會知道 如來不是爲了來搶他們的供養，而是爲了救護眾生，包括救那些外道才要來人間。所以外道黨同伐異的結果是到處去散播謠言，指責 釋迦牟尼佛搶了他們名聞利養，但 如來說：「外道與我爭，我不與外道爭。」因爲外道說的法不如實，而 如來說的法如實。如實說法就不是與人相爭，非如實說而要跟人家爭到贏，那才叫作爭。

好在我出來弘法至今沒有人說我跟他們爭名聞利養，這一點倒是好的，表示他們算是有一點進步了；大概也風聞我這個人不收供養，所以他們就沒什麼可攻擊的；但正覺弘法最早期時，是有佛門外道針對這一點來攻擊我的。這意思是說，當他們出家了，在佛法中就說他們在佛法中出生了；但他們出生之後從來沒有開眼，不說證慧的慧眼，單說聞慧、思慧就從來沒有開眼過，所以這種人叫作「**生盲**」。末法時代遇到有善知識弘法時，「**生盲**」之人就會結爲部黨，所以我們剛開始弘揚正統佛法之前，正統佛教道場有時會評論密宗假藏傳佛教的法義，而密宗假藏傳佛教就來批評正統佛法，互相批評。打從我們弘法以後，他們開始團結起來不再互相批評，因爲他們後來有一個共同的敵人叫作正覺，所以是我促成他們的團結。因爲我們弘揚眞如妙義，而他們都無法和我們對話，共認正覺是他們的敵人了；這意思就是說他們是「**生盲部黨**」，因爲眞如這個勝妙法太深，「**隨順實相**」的內容是很難理解的，並且就算是理解了也很難信受，所以「**生盲部黨**」在末法時代，如來說他們「**具足充滿**」於佛教界。

既然是末法時代會「**具足充滿生盲部黨**」，就像前幾年我常跟諸位講的，你們進了正覺要有個認知：就是從此以後在佛教界成爲孤家寡人。因爲很難找得到跟你同見同行者，所以妳們女眾叫作哀家、男眾叫作寡人了。話說回來，稱孤道寡的是什麼人？一定是國王與皇后，才能稱孤道寡；所以你們在佛教界就是國王或皇后，這是無庸置疑的。你們出去隨便什麼人聽到你是在正覺學法的，他們就閉嘴不再講佛法了；也許本來大家講得興高采烈，突然聽到你是從正覺出來的，他們就不講了，那你只好稱孤了。事實正是這樣，所以 世尊說末法時代「具足充滿生盲部黨」，但這是正常的。

因此不要像我們早期弘法時的一位幹部說：「老師！我們這個法這麼好，爲什麼人數就是這麼少？」我說：「你別天眞，因爲這個法太深妙，能相應的人很少，能學的人太少，別期望我們正覺將來會有幾百萬眾，那是不可能的。」他老大不相信，最後也只好接受。因爲這個法眞的太深，而且「隨順實相」，像這樣的深經是很難勝解的，連要信受都難。

那麼正因爲末法時代「具足充滿生盲部黨」，以這個緣故 如來說：「舍利弗！我以是經重囑累汝。」這是說：「我以這一部經重新再吩咐給你、付囑於你，你要讓這部經在末法時代繼續爲眾生宣說下去，要讓這部經在末法時代能繼續廣利眾生。」那麼 如來這麼吩咐一定有原因，就解釋那個原因說：「所以者何？是經於如來滅後，能令清淨持戒比丘心生喜樂。」持戒清淨的比丘聽到這一部經所講的勝妙內涵，心中一定歡喜；因爲很不容易聽聞的勝妙法如今又可以聽聞，所以心中很歡喜。越聽越歡喜，每天想的就很快樂：「**我還是有因緣，我還是有福報，竟然可以聽到這麼勝妙的經典。**」可以聽到勝妙的經典代表什麼？代表將來有因緣實證。因爲實證的第一步就是聽聞，聽聞之後思惟，然後修學、熏習，接著才是實證。

所以如果聽了就打瞌睡，或是聽了、讀了就起瞋，表示他對這種勝妙法無緣；除非他已經兩天沒睡覺，眞的很累，今天又忙了一整天，那是例外的人。可是有的人不管什麼時候精神都很好，才一聽到勝妙的經典就打瞌睡了，表示他親炙正法的緣還不夠深，他自己要設法去克服。有的人聽了就起煩惱：「**下回不來了！**」這表示他不會有接下來的思惟、實修的因緣，那他要證得「**此經**」就不可能。所以能聽聞這一部勝妙的經典，而且繼續不中斷地聽下去，這個過程中一定會產生轉變：從不懂到稍微懂，到最後聽懂了：「**啊！原來是這樣！**」那就很歡喜。聽得越多就越深入，也會越快樂，越快樂就會想要去求證，就會開始實修的過程；實修已經開始了，遲早有一天要實證「**此經**」。

所以聽聞這部經典而「**心生喜樂**」是有福報的人，如果聽了心生煩惱，表示他在實證上的福報還不夠。所以你別以為說：「我某甲今天坐在正覺講堂聽經，好像我的福報並沒有多少。」可我告訴你：「你的福報遠勝過那些電子公司的大老闆們。」這是實話，不要以為我是在安慰諸位；你們想想看，釋迦如來以祂自己作為例子，說以往那麼多劫一世又一世不斷當轉輪聖王，值遇數量極多的諸佛不斷地供養，連同祂們所有的弟子都盡形壽一體供養，都還沒有機會可以實證「此經」。想想看那種當轉輪聖王盡形壽供佛的福德，難道會輸給一個電子公司的大老闆嗎？那福德太大了！那七寶隨便一寶都買不到，但這樣盡形壽供養很多尊佛之後經歷那麼多劫，都沒有證悟的機會，直到 定光佛為祂授記，表示什麼？是說祂證悟了。

那麼是在證悟的那一世當轉輪聖王嗎？不是的。所以當你到了可以證悟時——當你證悟的因緣成熟時，表示你的福德已經夠了；如果你證悟時所必須的福德還不足，還差那麼一點，那也沒關係，遇到蕭平實就是你的福報；我撥一點福報給你，你不就悟了嗎？這也沒問題。當然，你最好不要遇到須菩提，那時想悟就難了。這就是說，千萬別看輕自己，當你對於「隨順實相」的深經可以聽進心裡去，表示你往世所修、所累積的福德已經漸漸成熟了，那你過去很多劫以來也許供養過許多如來，也許你兩千五百年前也供養過釋迦世尊也不一定；對應身如來，只要你供養過一餐，那福報就夠大了，因爲那是最殊勝的福田。所以千萬不要看輕自己，進了正覺以後一定要對自己有信心；既然能坐在這裡從頭聽到現在，表示你的因緣開始在成熟，這就表示你能聽到這個時候依舊心生喜樂，就是有福報的人。

所以把這一部經聽完不久以後就會開悟，「不久」兩字要怎麼解釋？對啊！我問諸位「不久」要怎麼解釋？如來在經中說的「不久」，有時是說十世，有時說一百世，有時是一劫、兩劫，都算是「不久」，這是眞的。但是在正覺我說的「不久」不會那麼久，所以諸位對自己也得要有信心。你們看，我們現在每年都有三、四十位同修破參，現在每次禪三都有三個梯次，每一個梯次平均六個人好了，六三就十八位了；那麼一年兩次的禪三，六個梯次就將近四十位了。因爲有時不會只有六位，我得要把一些人弄出來，空出名額給後面的同修遞補上來，不能老讓那些老人繼續佔著名額。所以那種「九轉圓滿」的同修盡量不要有，「十全十美」的人也盡量不要有，實證的人才會多。今年夏初的禪三第二梯次，有一位是九轉才圓滿，眞是九轉還丹，終於煉丹成熟，他算是打破記錄了。但下一梯次一定又會有人打破記錄成爲十全十美，我希望不要有很多這種人，才能把禪三名額空出來給其他人，大家的道業進展才會比較快速。

但是話說回來，聽到這部「隨順實相」的深妙經典，而能「心生喜樂」是不容易的，所以我在這裡要讚歎諸位。老實說，前面講的那些勝妙法很深奧，可是諸位還能繼續聽下來，這是不簡單的，表示實證的因緣日漸在成熟中。那麼 世尊又說：「如是深經，清淨戒者常所攝持，毀破戒者常所遠離，所以者何？癡人聞說眞實正語，則以爲苦。」確實是這樣。那我就要問諸位：諸位聽得歡喜吧？（大眾答：歡喜！）那你們就不是癡人。對呀！如來說：「癡人聞說眞實正語，則以爲苦。」而你們都沒有認爲這是苦，而且聽得歡喜、很快樂，就不屬於癡人之類。就是說，這一部經典確實很深，而這麼深的「此經」也叫作如來藏經，又名《佛藏經》；像這麼深的經典，清淨持戒的人永遠都會把這部經攝持著。

所以當你證悟以後，就依如來藏而住，也應該不再有任何不良的身口意行了。轉依了如來藏，也就是轉依「此經」；轉依「此經」之後戒行就越來越清淨，是逐漸地開始清淨了，清淨之後一定會永遠攝持「**此經**」，永遠都會轉依「**此經**」，不會離開的。但是毀戒破戒的人，永遠都不喜歡這部經，所以當善知識在演繹如來藏妙義時，他們都不喜歡聽聞。但不喜歡聽聞還算是好的，有的人乾脆就否定說：「**那是外道神我的經典。**」所以我們十幾年來一直在破斥那一些人，說他們是污謗如來藏爲外道神我，讓他們不敢回應。

這幾年沒再聽到有誰誹謗如來藏是外道神我，四、五年前還有密宗假藏傳佛教的外道們在網路上罵蕭平實，說蕭平實是阿賴耶外道。好了，他等於把如來也罵進去了，把諸大菩薩也罵進去了。但這些年都沒再看見有人這樣罵了，表示包括密宗信徒或喇嘛們的知見開始提升了，這就是我們親教師們在電視上不斷弘法而教導成功的，眞是居功厥偉哪！

因爲我們公開的說法，佛教界那些基層的學佛人他們會收看，看久了知見就提升，知見提升以後現在如來藏妙法成爲臺灣佛教界的顯學。所以人家想要學佛法、想求開悟時，都會先問：「**您這裡有沒有在教如來藏妙法？**」他們不可以開口說沒有，因爲只要說是沒有，人家就不去修學了，他們將吸收不到新的信徒，所以他們也得要說：「**有！我們有在教。**」然後就一直拖著，「**什麼時候要教？**」答覆說：「**明年再教啦！現在還早，你們根基還太粗淺。**」就這樣一年拖過一年。不過總是比以前好，至少現在不誹謗第八識妙法了。

也就是說，毀戒的人永遠都會遠離如來藏妙法，因爲他們落在識陰的境界中，視如來藏妙義猶如寇讎，所以他們不喜歡聽聞，永遠都會遠離「**隨順實相深經**」。因爲他們如果信受如來藏妙法而且實證了以後，從此就不可以再貪財、不可以再貪名，什麼都不可以貪，因爲如來藏什麼都不貪，那他貪著於自我時正應了那一句話：是可忍，孰不可忍？所以他們只好遠離這一部深妙經典。因此他們不喜歡聽眞正的佛法，喜歡的是那些表相的假佛法，因爲在表相的假佛法中可以繼續貪著自我！

譬如說：「**我們學佛就是要把握自我。**」把握自我是眾生最喜歡聽的，結果眞正的佛法告訴你說：「**你學佛時就得要無我。**」眾生聽了不歡喜的，所以他們喜歡的是自我。既然喜歡我，就得要使「我」在人間的生活富裕、快樂、美滿。如果要富裕快樂美滿，那就要廣結善緣；廣結善緣時就不可以指稱別人說法錯了，所以假使明知別人把法說錯了也不可以評論。可是：「**我**

如果沒有悟，偏偏現在出個善知識一天到晚在講如來藏妙法，那個善知識偏又口沒遮攔都要說我沒悟，而我又不能說他的壞話，因爲那會有果報，那怎麼辦？」喔？「有辦法，我就教導徒眾到處宣傳：要當好人、說好話、作好事。」這一招倒是高。但其實不高，只落在識陰的境界中用心，遲早會被人看穿的，可惜了！

所以那一類人聽到人家說眞實的佛法，聽到人家演說正確的佛法，聽到那些言語時心中就煩。可是其實不該煩，應該要歡喜而自我檢討：「爲什麼我出家這麼久，還沒有辦法實證？」應該如此！可是他們不以爲然，還是繼續想辦法維持名聲、維持利養、維持眷屬，當他們聽到善知識繼續演述「此經」時，恐懼信眾們會聽聞到眞實正語，導致信眾開始流失；心中有恐懼時則以爲苦，他們就會覺得心裡很苦惱，這都是正常的現象。

我本來打過一個妄想，如果哪個大法師想要得這個法，我就傳給他，然後我可以歸隱山林；我以前叫作歸隱田園，因爲我在故鄉農田旁的重劃區買了一百多坪住宅區的地，現在還放著，就打算蓋個兩層樓，兩個老人就這樣子歸隱田園。沒想到沒有人要這個法，如果有人要這個法傳給他，讓他去弘法，我就可以歸隱田園了。那時腦海中有一幅圖像：老了七十幾歲時，萬一要是眞不能走得很穩的話，拄著拐杖走也行；我還有一件長袍，天氣冷了也不怕；就把長袍穿起來，拄著拐杖在鄉下街道上蹓躂蹓躂，蹓躂完了回家就繼續打坐。那幅圖畫眞美，可惜沒有大法師要得這個法，那怎麼辦？最後只好自己來傳了，這也是無可奈何。所以他們不懂得佛法中的眞正寶貝，而諸位懂得寶貝，所以算是我的知音。那一幅想像中的畫現在已經燒掉了，因爲那是不可能實現的事情，不用留著，所以心裡放一把火就燒掉了。接著如來又怎麼開示：

經文：【「舍利弗！破戒比丘所成相貌，如來於此已具廣說。舍利弗！破戒比丘法，應不樂持戒律儀；愚癡之人不喜智慧，慳人不欲聞說布施，增上慢者不欲聞此無憍慢法；若聞驚畏，如墮深坑；好世利者，貪著美味，聞訶訾食，心則憂惱。若人好讀外道經書者，則於其中生堅實想；貪著語者，樂說散亂；樂說嚴飾、辭巧、美說者，於佛第一義則無淨心，又於此法不敬不信。」】

語譯：【世尊又開示說：「舍利弗！後世破戒的比丘們所成就的身口意行法相的面目，如來已經在這部經中具足廣爲說明了。舍利弗！破戒比丘們的法，應該都不樂於受持清淨戒律和軌則；愚癡的人不喜歡智慧，慳貪的人不想要聽聞善知識解說布施的功德，增上慢人不想聽聞這種沒有憍慢的法；如果聽聞到了他們就很驚恐和畏懼，猶如墮落深坑一般；喜好世間財利的人，同時也會貪著於美味，由於貪著美味而聽聞別人訶責他太看重飲食，心中就會生起憂愁煩惱。如果有人喜好閱讀外道經書的話，就會在外道經書所說的那些道理產生堅定而眞實的作意；若是貪著於言語的人，他們喜愛言說而使心中散亂；若是愛樂於互相言說中加以莊嚴裝飾、用各種言辭巧妙、以好聽的言語來說話，這種人對於佛陀的第一義就不會有清淨心，而且會對這個勝妙法不恭敬、不信受。」】

講義：破戒比丘身口意行的法相，自有他們運行時的面目，如來這部經中說了很多，所以說是「廣說」。那麼如來接著解釋破戒比丘的特性：破戒比丘們的法則中，一定不會喜歡持戒，所以看見人家行住坐臥清淨的時候，他們心中就生起煩惱，就會排斥；所以破戒比丘一定不會讚歎持戒清淨的比丘，他們只要遠遠遇見了轉頭就走。如果人家讚歎某某比丘持戒清淨，他們一定皺起眉頭，甚至還講一句酸溜溜的話說：「**也不過如此。**」所以他們「**應不樂持戒律儀**」，這就是他們的相應法。

就好像愚癡的人不喜歡智慧，我前兩週有跟諸位講過，我早期度眾，幫大家明心也幫大家見性，結果在智慧上繼續提升大眾，竟然有位師姊問我說：「**老師！我們這樣明心、見性就好了，為什麼還要學那麼多？**」這表示她沒有智慧！那她屬於什麼人？對了！愚癡人。我把很多勝妙的法在悟後不斷地給她，想要快速把她提升上來，希望在 彌勒尊佛降世時，有把握可以入地，這種機會是求之不得，結果她（他）們不喜歡。很奇怪！當初我是要求她們供養我嗎？還是要求她們買房子給我住呢？不然為什麼我要繼續教她們上進，她們竟然不想學；可是我沒有啊！這是什麼道理？想不通。

現在 如來講出來時就懂了，因為她們是愚癡人。聰明人悟後還要學更多，因為悟後學得更快，所以悟後應該學更多。我們正覺的長處就是很多的法讓你們悟後學不完，因此應該悟後再努力殷勤而快樂地繼續修學下去！可以日進千里，一世可以修成往昔多世都沒辦法修到的智慧，那多好！結果她們不要，現在知道了，原來她們是愚癡之人，因此 如來就說這類人「不喜智慧」。

就好像慳貪的人不喜歡聽人家解說布施的道理；十幾年前有個香港的老居士，他學念佛法門求生極樂世界；有一天他寫了一張明信片來給我，那是十幾年前的事，我們那時剛搬來這裡不久；他信裡寫說：「很佩服夢參老法師，至於那些喇嘛們、大法師們，只要聽到他們講布施，我就趕快把口袋按緊了。」他說是「趕快把口袋按緊」了，這表示他是慳人；如今想來應當已經往生了，我看大概是中品下生吧，因爲他不像是個菩薩，菩薩不會聽到布施就趕快把口袋按緊，所以應該是聲聞人。那麼這樣於福德不樂意修的人，想要中品上生想來是很不容易的，應該是在中品中生與中品下生之中。所以世尊說：「慳人不欲聞說布施，」這是一定的道理。

至於有些什麼樣的慳人，你得要接觸了才知道。窮人非必慳，富人非必捨；我曾遇到一個富人，那時我還沒出來弘法，才破參不久，尚未離開農禪寺，還有幫剛剛成立的法鼓山收善款；我心想：「這是個大老闆，應該能收到一些善款吧。」他的公司從紡紗、織布、針織到成衣，那針織廠是一貫作業，一定是大老闆。他在公司的個人辦公室，因為他是董事長，所以單是他個人的辦公室就二十坪，不算小。我開口向他勸募，我說：「聖嚴法師辦佛學教育也不錯，你是不是每個月也捐一些？」他很爽快說：「好！我一次給你，你下回來時我一次給你。」我想：「哇！這回最少也收個幾萬元吧。」下一回，他有求於我，就說：「我今天一次給你。」口袋就開始掏，我心裡想：是要拿支票給我吧，但是掏出來臺幣一千元說：「一次給你。」

那時臺灣還有辦中國小姐選美，那是多早的事了諸位想想看。那時法鼓山還沒有規模，剛剛買了地還沒有蓋起來。法鼓山那塊主要的地，之前是一位姓林的人持有，賣給法鼓山，我幫他們雙方簽的合約；那位姓林的人士要向一位企業家借錢，要提供擔保物，還來找我，拜託我幫他把土地估價估高一點，我沒答應，那是題外話，就不談它。結果那位企業家說的是一次給你，就只是一千元新臺幣。那麼有錢的人，他當時買（臺灣的）中國小姐選美的入場券一張兩萬塊錢，他一次買兩張，一張送給朋友，花得乾脆，但作善事時就「一次給你」——一千元。那我就知道，跟他談布施是沒用的，從那以後我就不再談，再也沒有跟他開口過。這證明　如來說的眞是眞實語：「慳人不欲聞說布施，」他說「一次給你」的意思就是你以後不要再開口了，我當然懂。遇到這種人時就知道他學法的因緣還很早，因為他學菩薩行以來時間太短，或許很多劫以來一直都還沒有歸依三寶，連信位都談不上，所以對他來講布施一千元就算很多了。

但窮人非必不能布施，所以有時窮人口袋裡只剩下一百塊錢，中午吃一餐五十塊錢，剩下五十塊錢可能是他的晚餐錢，但遇到人家有需要時，他面不改色掏出來就給五十元。這五十元遠勝過那一千塊錢的好幾萬倍，因此「慳人不欲聞說布施」，是千古不易的道理。拿這個來譬喻愚癡人，你就知道愚癡的人絕對不喜歡智慧；所以你談到智慧法門，講到眞如的境界，那種勝妙的智慧舉世難聞，可是他聽了就起煩惱，不會喜歡的；他在意的就是世間的柴米油鹽醬醋茶，只喜歡這一些，眞的叫作愚癡人。

同樣的道理，增上慢的人最討厭聽到的是沒有憍慢的法。你告訴他說證悟如來藏以後，要轉依如來藏，如來藏始終無慢，所以你不應該有慢；如來藏無貪，因此你不應該有貪；如來藏不生不死，所以你就不需要再生死。他這麼一聽就不喜歡，心裡罵你：「我喜歡生死啊！」你們沒聽人家講過「我

喜歡生死」這句話吧？都沒聽過啊！但他們都喜歡生死，只是嘴裡說「**我不喜歡生死**」，其實都是好喜歡生死。想通了沒有？喔？想通了？眞的啊！如果他眞的不喜歡生死，那他添了個金孫就不會大擺滿月酒，就不會因爲媳婦生了金孫，他就送給媳婦一棟別墅。

媳婦生了金孫是什麼意思？是出生啊！他不斷的喜歡生，同時就意味著不斷喜歡死。「**沒有人喜歡死啊！老師！您這不是亂講嗎？**」不！我沒有亂講，因爲他喜歡生就是喜歡死；他知道有生必有死，但依然喜歡生，當然就是喜歡死，生與死是連在一起的。有誰是有生沒死的？沒有死的一定是沒有出生過的，必須是沒有出生過的才不會死。那麼從來沒有出生過的是誰？是如來藏。祂從來沒有出生過，本來就存在著；而且祂也不曾有所謂的喜歡生，所以就沒有所謂的喜歡死。那麼世間人都喜歡生死，然後嘴裡說：「**我不喜歡生死。**」其實他喜歡生而不喜歡死，但不喜歡死卻又避不掉死，因爲他想要再出生就一定會再死。不但人如此，那一神教的上帝不也是如此嗎？所以他們傳教時都說：「**信上帝，得永生。**」因爲永生就是永遠不斷地死，那就是不斷地出生而又不斷地死。所以他們執著於我就喜歡生死，這一類人跟如來藏不相應。

如來藏是沒有任何的慢，慢有七種，最基本的叫作我慢，就是喜歡自我的存在；然後才會有慢、過慢、慢過慢、增上慢、卑慢、邪慢，但這些慢的基本都是從我慢而來的——就是喜歡自我的存在。喜歡自我的存在，發展到修行以後，就產生了增上慢；增上慢有兩類，一種是世間法裡的增上慢，另一種是出世間法的增上慢。世間法中的增上慢叫作「未得謂得」，譬如在禪定上或者在世間的一些法上虛妄誇口，譬如有的人喜歡誇口，私底下誇口說「我是臺灣首富」，其實他根本不是，連前十名都排不上，就私下跟人家誇口：「我應該是臺灣首富，我只是不愛現而已。」這也是增上慢，這是在世間法的慢。

其他的慢就依此類推，修行以後有一種世間法的增上慢，就是禪定上的「未得謂得」，就是增上慢。譬如他沒有證得初禪，向人家明示或者暗示說他已經得初禪，就是增上慢；又譬如有的人還沒有證得二禪、三禪，向人家誇口說他已得四禪八定具足，那也是增上慢。但這屬於世間法中的增上慢，雖然他開始修行，但四禪八定是世間法，未得謂得時也是增上慢。至於眞正修行出世間法的增上慢，那就是在三乘菩提中未證謂證，或叫作未證言證，這種人也是多得很。例如我們正覺弘法之前，臺灣各地有好多阿羅漢不是嗎？南洋更多，大陸又比臺灣更多；但是我們推究的結果，證明他們我見具在，顯然連初果都不是。不但是智慧上要有修證，禪定上的修證也得有；例如阿羅漢要有禪定的修證，自稱是阿羅漢的人，至少要有初禪的修證，他也沒有，我見也沒斷，那樣自稱是阿羅漢，就是出世間法的第一種增上慢。

還有人自誇是辟支佛，這種人比較少；因爲當年那些人大部分都沒聽過辟支佛是什麼，所以自稱是辟支佛的人很少；偶爾也許有，但他們連十二因緣都弄不懂，就別說十因緣了！像他們那樣也自稱證得因緣法，就是增上慢。因此以前有許多所謂的阿羅漢們自稱已證因緣觀，其實就是在暗示你說：他同時是辟支佛。但其實他們的我見都在，而且十二因緣觀他們並沒有如實觀行，所以那些人也是增上慢。

至於大乘佛法中以前自稱開悟的人，多如過江之鯽，眞的太多了！海峽兩岸都有，就只南洋沒有自稱開悟禪宗的人；那麼他們也是增上慢，因爲連眞如都沒講過，他們自己連眞如都沒聽過，讀也沒讀過，但也都自稱開悟，當年這種人多的是。我們北面這位鄰居也一樣，他以文字公開宣稱印證十二個出家弟子明心見性，但他連眞如都沒提過；老實說他自己也沒讀過，但卻這樣來顯示他證悟了；而且到捨壽前公開宣示並且落實在文字上公開流通，說他印證了十二名出家弟子明心又見性。眞厲害！一個沒有明心也沒有眼見佛性的凡夫大法師，能幫出家弟子證悟如來藏又眼見佛性，很厲害吧？但這種厲害我是聞所未聞，就像不會游泳的人，站在岸上教人家在水裡游泳，道理是一樣的，這也是增上慢的一種。

那他們不喜歡聽到這個「**無憍慢法**」，「**無憍慢法**」其實就是如來藏「**此經**」，「**此經**」永遠無憍慢，而他們有增上慢的人都不喜歡聽，所以我說的法後來整理出來再印成書，他們不會去買來讀的；可是徒眾會買了送給他們，他們會暗喜，但是會撇著嘴說：「**放著吧。**」因為他們都是等安板後關起門窗再開了小小檯燈來讀，然後用我的書中所說，吸收了那些法再來為大眾宣講，那其實就是一種增上慢的表現；因為他不想讓人家知道自己沒開悟，就變著法兒讓人家誤以為他證悟了，才能講出這種勝義諦的妙法，這也是增上慢的一種，但是不管怎樣，都比抵制正法好，我也歡迎這種情況。因為只要他們能把如來藏這妙法的道理，隨著他們的所知教給信眾，那麼信眾就可以種下這個了義法的善根，那也很好啊！我就裝迷糊。

所以有時喇嘛們用我書中寫的東西在為信眾講解，有時甚至還整理成文字貼上網站，有人告訴我說：「這是老師您某一本書裡面的東西啊！」我卻說：「你別講！不要把他拆穿，讓他去講，這對眾生是有好處的。」有時我們裝得迷糊一點好，裝得笨一點好，被利用就讓他利用吧。像以前我們那篇〈正覺發願文〉，不是也作成 CD 可以唱嗎？有一次一個密宗道場製作的影片竟然拿我們那個發願文 CD 的音樂去作背景音樂，人家來告訴我說：「要不要採取什麼行動？」我說：「不要！讓他去流通，被人家利用總比被人家誹謗好。」我是這樣的認知。所以我們度量可以寬大一點，無所謂，只要能利益眾生就好，不管他怎麼樣去利益眾生，只要能對眾生有利，我們就不計較；因為我們沒有我所的貪著，當然更沒有增上慢，所以我們不會向對方要求說：「你侵犯我的著作權，你要賠償我。」我們都不用。

接著說這增上慢的人還有一個現象：「若聞驚畏，如墮深坑；」如果聽到真如、如果聽到「無名相法」這個「無憍慢法」，他們會驚惶恐怖的，他們眞的很畏懼！因爲這是他們所不知道的法。我的判斷是，當印順讀到我的書時心中就是「驚畏」兩個字，沒有別的詞可以形容。以往佛教界都跟著他說證悟以後就是初果到四果，只有我們說證悟以後不但分屬於初果到四果，而且還有五十二個階位可以判果。當我們講出這個道理，又說明證悟的唯一標準內涵是親證第八識如來藏、名爲證眞如，他就知道自己慘了！他知道從此以後在佛法上沒有開口的餘地，所以我那麼多的書中評論他很多，他乾脆來個相應不理，看來他好像轉依如來藏而不見不聞了（大眾笑…），好像是這樣，所以對我完全相應不理，那不就像是證眞如了嗎？

第八識如來藏有眞實如如的法性，永遠如如不動，所以我轉依如來藏以後，密宗假藏傳佛教喇嘛們怎麼罵我，我都如如不動、永遠不動其心，因此我絕對不會跟他們對罵，總是當作沒聽見、沒看見。同修們也都不會下載密宗假藏傳佛教罵我的東西給我，因爲知道我不會去看那些，我哪有時間去看那些！那釋印順也來個如如不動，厲害！厲害！所以我開他一個玩笑說：他搞不好是證眞如了（當然這是沒有的事）；因爲他自己知道無法回應，這實相法界的部分都是他所不知的，所以我們寫那麼多書評論他以後，他從來都不回應；他很聰明，知道越回應就會越慘。

這就是說，他們對於「第一義諦」這個「無憍慢法」，全都不喜歡聽聞，因爲自己沒有實證，身爲大師而沒有實證，偏偏出了一個善知識每天在講這個「無憍慢法」，那他們何以自處啊？所以他心裡就是驚恐畏懼，深怕哪一天善知識找上門來；不但怕善知識找上門來，只要有信眾拿著善知識講這些法的書中法義來請問，他就會覺得很難堪，所以聽到這種「無憍慢法」時一定是很驚畏。會驚畏到什麼地步？世尊說他們的感受是「如墮深坑」！「墮深坑」就表示沒有機會爬上去，墮淺坑才有爬上去的機會，這表示一種很深層的恐怖。但這在末法時代出現善知識講解這部經典時，發生這類事情也都是正常的事。

另外一個譬喻說：「好世利者，貪著美味，聞訶呰食，心則憂惱。」以前老人家罵年輕的子弟，都說：「你這麼好吃，家產都會被你吃光。」以前的人不像現在，現在飲食的開支是生活中的一個小部分而已，但古人飲食是生活中最大筆的開支；因爲以前大家都不富裕，生活中最大筆的開支是飲食，這對諸位很難想像喔？以前進入礦坑的礦工們是怎麼吃的？他們早上下礦坑時帶一個飯盒，飯盒裡是糙米煮的飯；你們都不知道以前的情況，以前白米飯是當醫生才吃得起的，一般人吃不起，所以一般人都吃糙米。可是我告訴諸位，吃糙米還算是好的，我們小時一大家子人，因爲包括我大姨媽、二姨媽的孩子放學回家前，都先到我家來吃，所以我們被吃窮了，我父母親就是這樣被吃垮的。

現在不談那個，以前我們冬天吃什麼？因爲被吃到沒錢了，就在夏天利用多產的時候把地瓜刨成籤——地瓜籤，然後用太陽晒乾，就可以儲藏起來；到了冬天地瓜不太生產時（因爲以前天氣比較寒，現在冬天也不太像冬天了），就把乾地瓜籤和著糙米一起煮；你們不知道那晒乾的地瓜籤煮出來的飯有多難吃，我到現在都還印象深刻。若是用生的地瓜籤去煮白米飯，那是香噴噴的美食，但晒乾後的地瓜籤煮起來是非常難吃的。所以說，古時一般人最大的開支就是飲食。臺灣早期的礦工們午餐是怎麼吃的？他一天體力都要靠那個飯盒，飯盒裡就是糙米飯加上蘿蔔乾，好一點的人會有半顆滷蛋；通常是半顆而不是一顆；後來生活漸漸好一點了，就有整顆的滷蛋。以前挖煤礦的礦工是這樣吃午餐的，就這樣供給一天的營養，以前吃得很差。

但從我的看法來講，他們吃得很好；一般人認爲糙米飯在飲食中最沒有價值，是最粗糙的飲食；其實它最營養，因爲糙米飯含有胚芽，很營養，而且外面還有一層麩質，那麩質也是很營養的物質；雖然不好吃，但是能讓他們有足夠一天的體力。古人的飲食是最大開支，不像我們現在飲食只是生活中的一小部分，那麼那樣的年代如果每天都要吃好的，家產很快就敗光了，這是實話。我們小時如果有豬肉、雞肉可以吃，那表示到了祖先的忌日，廳堂中要祭拜祖先了，才會有雞肉或豬肉，可是只有下田的大人才能吃，小孩子沒得吃，我們小時候是這樣的。也許有人問說：「那您小時候是不是很難過？」我說：「也還好。」因爲我怕肉味，很難進口，所以他們吃他們的，跟我無關，這就是從小喜愛素食的好處。這就是說喜好精美的飲食，花費就很大，不像我們現在。

以前如果走過麵館看見人家在店裡吃意麵，都覺得他們好幸福。我們以前什麼時候可以吃意麵？只有大病初癒時，沒有胃口，大人就去買一碗意麵給你吃。所以我們小時候生病是幸福的事，因爲病癒後有意麵可以吃；但意麵就只是現在的陽春麵而已，這樣就可以瞭解以前生活是多麼困苦。在那種困苦的情況下如果「貪著美味」，開支就顯得很大，所以「貪著美味」的人一定會遇到老人家來訶責他，說他貪吃。那他同時也會是貪著於世利的人，喜歡世間法上的利益，就會「貪著美味」，老人家也會訶責他。當他聽到訶責時一定很憂惱，每一次想要吃好的食物都要偷著吃，不能光明正大，古時候的人就是這樣。現在人們隨便買一碗滷肉飯都比皇帝吃的美味，皇帝吃的很豐盛，但不一定很美味，這是眞的。到了滿清發展出滿漢全席，那已經是變質了，早期皇帝沒有像現在人吃這麼好的。古時皇帝夏天也沒有冷氣，所以你們生活都比皇帝過得好，不要自怨自艾，但古時的情形就是這麼一回事。

所以古時皇帝夏天要怎麼辦？吃冰。那就要耗用好多人去挖地窖，冬天結冰時把冰儲藏在地窖裡，夏天才挖出來吃；這對古人而言是不小的工程。但現在冰箱一開就有冰了，都比皇帝方便。古時飲食是最大開支，如果是有錢人，飲食固然是一筆開支，但是穿著的開支更大，但是窮人最大的開支就是飲食，所以一般人如果每天貪著好味道、好飲食，就要被老人家罵：「這個家遲早會給你吃光。」因此他「貪著美味」時心中都會有憂惱，如果不小心讓人家瞧見了就挨罵，沒有被罵時也會有憂惱。

接著說：「若人好讀外道經書者，則於其中生堅實想；」我們弘法之前有一種附佛外道，一直主張求開悟者要練精化氣，練氣化神，練神還虛，然後才可以開悟。我遇到一位就是這樣講的，他們是練氣功的人，我當時沒有好臉色給他看，我說：「你亂講，開悟跟練氣功無關。」好在他也算聰明，不敢跟我理論，那就是外道的想法。還有一些練氣功的人一直都執著不捨，他們認爲氣練成以後永遠不壞，其實是因爲他們沒有智慧。氣是怎麼來的？氣是依於這個五陰而有的，但五陰不眞實，氣當然也不眞實。如果不是如來藏，尚且不可能有五陰，何況能有氣，怎麼會說氣是眞實的？五陰具足而有氣，氣是從哪裡來的？也是從如來藏來的，氣本身不能存在。

也許他們是武俠小說讀多了，說老前輩一百二十歲了，練就一百年的功力如今要捨壽了，覺得好可惜，那該怎麼辦？就把功力灌給一個年輕小夥子。我說那個灌來灌去都是灌假的，武俠小說是人家打妄想亂編派出來，他們還當眞。倒是我這個灌頂是有用的，所以禪三悟了以後來到增上班，我仍然不斷地灌頂，讓大家的智慧突飛猛進，這樣的灌頂才有用，其他的灌頂都是假的。外道講的那一些法太多種了，那麼執著外道法的人就把它當作是眞實法。

外道經書，且不說天竺那些外道，單說中國好了；中國不是有黃帝的經典嗎？叫作《內經》，《內經》是吐納之法；不是只有一部內經，還有什麼經典？有的人一定覺得不好意思講，叫作《素女經》。《素女經》講的是什麼？說文雅一點就是洞玄術，和密宗雙身法類似，一定有很多人都讀過，但那是依五陰而有的法，道家卻把它當作眞實法；古時有很多人非常執著這外道法，但是練到後來死了還是一場空。

臺灣很早期—戒嚴時期—很流行什麼法？《因是子靜坐法》，還有函授的，是劉鋤強教的氣功；那時好像是一個月交兩塊錢臺幣，每個月寄來自己讀、自己練。那時沒有網路教學，連電話都沒有。電話只有有錢人家才有，有個黑色的聽筒連同架子放在桌上，使用時先將搖把搖幾下，電信局那邊就問你要接幾號，你說是十五號，他就幫你插上十五號，雙方就可以通話。那時是這樣的，沒有自動電話，更沒有網路，是用函授的，記得是一個月交兩塊錢臺幣。那時練氣功很風行，因爲大家很苦悶，精神上沒有去處，就找一些消遣，因爲那是戒嚴時代。那時有很多人練氣功，很風行的，所以《因是子靜坐法》的書，以前在臺灣書局到處都買得到，有很多人修練；這也是一個時代的怪象，但現在《因是子靜坐法》可能大書局一個月也賣不到十本吧，也許都找不到了，因爲時代不同了！現在風行的是學佛。

這就是時代的背景不同產生的差異，那當時大家都把氣功當作眞實法很努力在修，所以修練氣功的人太多了，包括學佛的人都在學「因是子靜坐法」。問你們：有讀過的請舉手。有這麼多人，女眾比較少，妳們對氣功的善根比較不夠吧。劉鋤強內功有多少人學過？你也學過啊！那就是一個時代背景。那時臺灣還沒有佛法，所以大家把那個法當作眞實法，很努力修練，結果就是「**生堅實想**」，其實是顚倒想，因爲那是生滅法。這就是「**好讀外道經書者**」。

佛門到了末法時代「**好讀外道經書者**」很多，例如閱讀密宗假藏傳佛教講的那些邪法，其實也是外道經書，竟然也混入佛門中來，日本人不懂就把它納入《大正藏》中，等於是把不合法的也合法化了，所以日本人破壞佛教是很嚴重的。當他們把《大正藏》印了出來到臺灣流通時是遇到我，所以印《大正藏》有功德；如果不是遇到我，《大正藏》收納密宗的邪法僞經就是大過失；因爲誤導學人們把密宗假藏傳佛教那些東西認作眞實法，一直到我們破斥密宗以後才改變。你們看「六字大明咒」一直都有很多人在唸，但正統佛教現在開始不唸了，剩下喇嘛教還在唸，因爲如今大家知道那是邪法；但如果不是我們考證後把道理講出來，它還是會在正統佛教裡繼續流傳。這就表示那些大法師們也是「好讀外道經書」。其實那些「外道經書」沒有一個法是眞實法，可是他們不知道，於是「生堅實想」。

接著是另外一種：「貪著語者，樂說散亂；」有的人就是喜歡串門子，每天找一些沒營養的題目互相聊天，一聊起來就聊個沒完；聊天時總會口渴，那就得泡茶。例如我們早期那一批喜歡泡茶的人，後來就泡出問題來；他們到處去泡茶，泡來泡去遇到一個讀很多書、讀很多經典的人，對他一質疑，他被人家問倒了，於是對正法失去信心。他沒想是自己沒有學好，反過來認爲蕭老師教給他的法不對或者不究竟，又因爲當不成同修會的領導人，就站起來要推翻這個法，這就是二〇〇三年法難的由來，導火線就是泡茶泡出問題。到處去找人家泡茶說法，以往都是人家聽他的；後來終於遇到一個經典讀多了的人質問他，他自己一知半解就被問倒了；然後心生懷疑，又想要當領導人而當不成，就來推翻這個法。沒想到這一推翻反而利益了佛教界，也算他一筆功德；我不說他過失，而說算是他的一筆功德。也正因爲他們發動法難的緣故，正覺出了那麼多本書來論證法義，特別是《燈影》一流通以後，臺灣佛教界反而認同正覺了，所以我算他一筆功德。

這就是說喜歡泡茶的人，心總是散亂的，因爲喝茶時總是聊個沒完，一定沒有定力相應；後來我才知道他在家裡都不拜佛、根本就沒有定力，怪不得會退轉。每一種菩提的實證都必須要有相應的定力配合，否則知道密意時也就只是知道，那不叫作開悟，因此我把給他開悟的那個金剛寶印又收回來。雖然他很不服氣：「當初是你印證我，現在爲什麼又說我沒悟？」我說：「對了！當你退轉時我就說你沒悟，就把給你的寶印收回來。」他聽到我這麼說時也沒轍，這就是樂著於言說戲論。他的心是散亂的，根本沒有相應的定力，我幫他悟了也沒用；眞的不能叫作開悟，所以他所知道的密意就叫作表相密意，這就是禪門中說的解悟。

就好像五下分結和五上分結的內容他懂了，也努力去斷除，可是沒有初禪的定力，就沒有初禪的功德來相應，那他所謂斷五下分結、五上分結，就不可能眞的斷，只是有見地上的智慧，但在身行、口行、意行上都作不到，不可能取涅槃，因此就不叫作眞正的斷結，不是眞阿那含或阿羅漢，道理是這樣的。所以「樂說」世間法的人心中一定是散亂的，不能與定相應就無法眞的斷結，這就是「貪著言語」的人。

接著說明「樂說嚴飾、辭巧、美說者」，這類人「於佛第一義則無淨心」，他們對第一義沒有清淨心，喜歡說這三種：第一嚴飾、第二辭巧、第三美說。「嚴飾」是每講一句話都要先修飾過，例如寫詩寫詞都是嚴飾的；怎麼樣嚴飾呢？要對仗工整，還要講究平仄，還得押韻。詞雖然沒有講平仄，但是寫詞時往往也要對仗，至少是要押韻的，都屬於嚴飾。所以有時前一句講某一個名詞，後一句就得在相對應的位置使用另一個名詞，都要經過思惟整理，那就要懂得很多的「辭巧」言語。這些言語應該要怎麼用，那些名相該怎麼用，動詞主詞應該怎麼對應，那就有「辭巧」，寫出來時才會成爲「美說」，讀起來就會很舒服，可是這些都不是佛法。

以前臺灣有很多佛法書籍很風行，賣得很好，大家最有印象的是當時很多人去買《清涼菩提》、《鳳眼菩提》等，有很多種以菩提爲名的書籍，當年都是大賣的書，林清玄寫的；那時他應該賺了不少稿費，當然賺最多的是出版社。可是諸位今天還讀得下去嗎？眞的讀不下去了；因爲那就只是很多華麗的詞藻堆砌出來的「美說」，讀起來時覺得他寫得眞好，「寫得眞好」現在有一個代名詞叫作「空洞」。那些言詞讀起來都很舒服，覺得很好，可是不耐讀；以你們現在的智慧而言，那類書可以一目兩行，看完了卻覺得沒法味。可是當時的學佛人很喜歡讀，都是再版、三版、四版不斷地印製好幾刷，就這樣賣，但現在大家讀起來都知道言不及義。

那麼這一類人對於 如來所說的「第一義諦」不會有清淨心，所以那些寫很多佛書賺很多錢的人，聽到如來藏正法時，從理論上來講，他們應該會一頭就栽進來，可是我沒看到一個人進正覺來學法。所以 如來說的眞是至誠語：「於佛第一義則無淨心，」確實是如此！不但「於佛第一義則無淨心」，對《佛藏經》講的「無名相法」，他們都是同樣不敬也不信。所以當年有一些寫佛書的人，對我說的第八識妙法都不認同。

當年寫佛書的人，有名的人我就不列舉了，免得又變成說我在罵人，眞的太多了！但他們有幾人對如來藏妙法起恭敬心而信受呢？很難找得到，甚至也有一個很有名的教授還公開放話說要寫書破我，雖然到最後終究沒有寫成功。這表示他們對於第八識「**無名相法第一義諦**」勝妙法不恭敬、不信受。也許經過這十幾年我們印出了很多的書，從各個層面來宣講之後，他們現在開始信受了亦未可知，但是原則上他們不太信受的，因爲自覺很有名氣，自覺在佛教界是有勢力的人，面子拉不下來，算是白衣——世俗人。這就是末法時代的現象，都是正常的，諸位不要覺得奇怪。接下來再聽 如來的開示：

（未完，詳續第十九輯中解說。）

佛菩提二主要道次第概要表——二道並修，以外無別佛法

佛菩提道——大菩提道

遠波羅蜜多

十信位修集信心——一劫乃至一萬劫

資糧位

初住位修集布施功德（以財施爲主）。
二住位修集持戒功德。
三住位修集忍辱功德。
四住位修集精進功德。
五住位修集禪定功德。
六住位修集般若功德（熏習般若中觀及斷我見，加行位也）。

外門廣修六度萬行

見道位

七住位明心般若正觀現前，親證本來自性清淨涅槃。
八住位起於一切法現觀般若中道。漸除性障。
十住位眼見佛性，世界如幻觀成就。

一至十行位，於廣行六度萬行中，依般若中道慧，現觀陰處界猶如陽焰，至第十行滿心位，陽焰觀成就。

一至十迴向位熏習一切種智；修除性障，唯留最後一分思惑不斷。第十迴向滿心位成就菩薩道如夢觀。

內門廣修六度萬行

初地：第十迴向位滿心時，成就道種智一分（八識心王一一親證後，領受五法、三自性、七種第一義、七種性自性、二種無我法）復由勇發十無盡願，成通達位菩薩。復又永伏性障而不具斷，能證慧解脫而不取證，由大願故留惑潤生。此地主修法施波羅蜜多及百法明門。證「猶如鏡像」現觀，故滿初地心。

二地：初地功德滿足以後，再成就道種智一分而入二地；主修戒波羅蜜多及一切種智。滿心位成就「猶如光影」現觀，戒行自然清淨。

解脫道：二乘菩提

→ 斷三縛結，成初果解脫
→ 薄貪瞋癡，成二果解脫
→ 斷五下分結，成三果解脫

入地前的四加行令煩惱障現行悉斷，成四果解脫，留惑潤生。分段生死已斷，煩惱障習氣種子開始斷除，兼斷無始無明上煩惱。

近波羅蜜多 ／ 大波羅蜜多 ／ 圓滿波羅蜜多

修道位 ／ 究竟位

三地：二地滿心再證道種智一分，故入三地。此地主修忍波羅蜜多及四禪八定、四無量心、五神通。能成就俱解脫果而不取證，留惑潤生。滿心位成就「猶如谷響」現觀及無漏妙定意生身。

四地：由三地再證道種智一分故入四地。主修精進波羅蜜多，於此土及他方世界廣度有緣，無有疲倦。進修一切種智，滿心位成就「如水中月」現觀。

五地：由四地再證道種智一分故入五地。主修禪定波羅蜜多及一切種智，斷除下乘涅槃貪。滿心位成就「變化所成」現觀。

六地：由五地再證道種智一分故入六地。此地主修般若波羅蜜多——依道種智現觀十二因緣一一有支及意生身化身，皆自心眞如變化所現，「非有似有」，成就細相觀，不由加行而自然證得滅盡定，成俱解脫大乘無學。

七地：由六地「非有似有」現觀，再證道種智一分故入七地。此地主修一切種智及方便波羅蜜多，由重觀十二有支一一支中之流轉門及還滅門一切細相，成就方便善巧，念念隨入滅盡定。滿心位證得「如犍闥婆城」現觀。

八地：由七地極細相觀成就故再證道種智一分而入八地。此地主修一切種智及願波羅蜜多。至滿心位純無相觀任運恆起，故於相土自在，滿心位復證「如實覺知諸法相意生身」故。

九地：由八地再證道種智一分故入九地。主修力波羅蜜多及一切種智，成就四無礙，滿心位證得「種類俱生無行作意生身」。

十地：由九地再證道種智一分故入此地。此地主修一切種智——智波羅蜜多。滿心位起大法智雲，及現起大法智雲所含藏種種功德，成受職菩薩。

等覺：由十地道種智成就故入此地。此地應修一切種智，圓滿等覺地無生法忍；於百劫中修集極廣大福德，以之圓滿三十二大人相及無量隨形好。

妙覺：示現受生人間已斷盡煩惱障一切習氣種子，並斷盡所知障一切隨眠，永斷變易生死無明，成就大般涅槃，四智圓明。人間捨壽後，報身常住色究竟天利樂十方地上菩薩；以諸化身利樂有情，永無盡期，成就究竟佛道。

→ 七地滿心斷除故意保留之最後一分思惑時，煩惱障所攝色、受、想三陰有漏習氣種子全部斷盡。

煩惱障所攝行、識二陰無漏習氣種子任運漸斷，所知障所攝上煩惱任運漸斷。 → 斷盡變易生死成就大般涅槃

圓滿成就究竟佛果

佛子蕭平實 謹製
（二〇〇九、〇二 修訂）
（二〇一二、〇二 增補）

佛教正覺同修會〈修學佛道次第表〉

第一階段

＊以憶佛及拜佛方式修習動中定力。
＊學第一義佛法及禪法知見。
＊無相拜佛功夫成就。
＊具備一念相續功夫—動靜中皆能看話頭。
＊努力培植福德資糧，勤修三福淨業。

第二階段

＊參話頭，參公案。
＊開悟明心，一片悟境。
＊鍛鍊功夫求見佛性。
＊眼見佛性〈餘五根亦如是〉親見世界如幻，成就如幻觀。
＊學習禪門差別智。
＊深入第一義經典。
＊修除性障及隨分修學禪定。
＊修證十行位陽焰觀。

第三階段

＊學一切種智真實正理—楞伽經、解深密經、成唯識論…。
＊參究末後句。
＊解悟末後句。
＊透牢關—親自體驗所悟末後句境界，親見實相，無得無失。
＊救護一切眾生迴向正道。護持了義正法，修證十迴向位如夢觀。
＊發十無盡願，修習百法明門，親證猶如鏡像現觀。
＊修除五蓋，發起禪定。持一切善法戒。親證猶如光影現觀。
＊進修四禪八定、四無量心、五神通。進修大乘種智，求證猶如谷響現觀。

佛教正覺同修會 共修現況 及 招生公告　2022/03/07

一、共修現況：（請在共修時間來電，以免無人接聽。）

台北正覺講堂 103 台北市承德路三段 277 號九樓 捷運淡水線圓山站旁 Tel..總機 02-25957295（晚上）（**分機：九樓**辦公室 10、11；知客櫃檯 12、13。 **十樓**知客櫃檯 15、16；書局櫃檯 14。 **五樓**辦公室 18；知客櫃檯 19。**二樓**辦公室 20；知客櫃檯 21。）Fax..25954493

第一講堂 台北市承德路三段 277 號九樓

禪淨班：週一晚班、週三晚班、週四晚班、週五晚班、週六下午班、週六上午班（共修期間二年半，全程免費。皆須報名建立學籍後始可參加共修，欲報名者詳見本公告末頁。）

增上班：成唯識論釋：單週六晚班。雙週六晚班（重播班）。17.50～20.50。平實導師講解，2022 年 2 月末開講，預定六年內講完，僅限已明心之會員參加。

禪門差別智：每月第一週日全天　平實導師主講（事冗暫停）。

解深密經詳解　本經從六度波羅蜜多談到八識心王，再詳論大乘見道所證眞如，然後論及悟後進修的相見道位所觀七眞如，以及入地後的十地所修，乃至成佛時的四智圓明一切種智境界，皆是可修可證之法，流傳至今依舊可證，顯示佛法眞是義學而非玄談，淺深次第皆所論及之第一義諦妙義。已於 2021 年三月下旬起開講，由平實導師詳解。每逢週二晚上開講，第一至第六講堂都可同時聽聞，歡迎菩薩種性學人，攜眷共同參與此殊勝法會現場聞法，不限制聽講資格。本會學員憑上課證進入第一至第四講堂聽講，會外學人請以身分證件換證進入聽講（此爲大樓管理處安全管理規定之要求，敬請諒解）；第五及第六講堂（B1、B2）對外開放，不需出示任何證件，請由大樓側門直接進入。

第二講堂 台北市承德路三段 267 號十樓。

禪淨班：週一晚班。

進階班：週三晚班、週四晚班、週五晚班、週六早班、週六下午班。禪淨班結業後轉入共修。

增上班：成唯識論釋：單週六晚班，影音同步傳播。雙週六晚班（重播班）

解深密經詳解：平實導師講解。每週二 18.50~20.50 影像音聲即時傳輸。

第三講堂 台北市承德路三段 277 號五樓。

禪淨班：週六下午班。

增上班：成唯識論釋：單週六晚班，影音同步傳播。雙週六晚班（重播班）

進階班：週一晚班、週三晚班、週四晚班、週五晚班。

解深密經詳解：平實導師講解。每週二 18.50~20.50 影像音聲即時傳輸。

第四講堂　台北市承德路三段 267 號二樓。

進階班：週一晚班、週三晚班、週四晚班（禪淨班結業後轉入共修）。

解深密經詳解：平實導師講解。每週二 18.50~20.50 影像音聲即時傳輸。

第五、第六講堂

念佛班　每週日晚上，第六講堂共修（B2），一切求生極樂世界的三寶弟子皆可參加，不限制共修資格。

進階班：週一晚班、週三晚班、週四晚班。

解深密經詳解：平實導師講解。每週二 18.50~20.50 影像音聲即時傳輸。第五、第六講堂爲**開放式講堂**，不需以身分證件換證即可進入聽講，台北市承德路三段 267 號地下一樓、地下二樓。每逢週二晚上講經時段開放給會外人士自由聽經，請由大樓側面梯階逕行進入聽講。**聽講者請尊重講者的著作權及肖像權，請勿錄音錄影，以免違法；若有錄音錄影被查獲者，將依法處理。**

第七講堂　台北市承德路三段 267 號六樓。

進階班：週一晚班、週三晚班、週四晚班（禪淨班結業後轉入共修）。

增上班：成唯識論釋：單週六晚班，影音同步傳播。雙週六晚班（重播班）

解深密經詳解：平實導師講解。每週二 18.50~20.50 影像音聲即時傳輸。

正覺祖師堂　大溪區美華里信義路 650 巷坑底 5 之 6 號（台 3 號省道 34 公里處 妙法寺對面斜坡道進入）電話 03-3886110　傳真 03-3881692 本堂供奉 克勤圓悟大師，專供會員每年四月、十月各三次精進禪三共修，兼作本會出家菩薩掛單常住之用。開放參訪日期請參見本會公告。教內共修團體或道場，得另申請其餘時間作團體參訪，務請事先與常住確定日期，以便安排常住菩薩接引導覽，亦免妨礙常住菩薩之日常作息及修行。

桃園正覺講堂（第一、第二講堂）：桃園市介壽路 286、288 號 10 樓（陽明運動公園對面）電話：03-3749363（請於共修時聯繫，或與台北聯繫）

禪淨班：週一晚班（1）、週一晚班（2）、週三晚班、週四晚班、週五晚班。

進階班：週四晚班、週五晚班、週六上午班。

增上班：成唯識論釋。雙週六晚班（增上重播班）。

解深密經詳解：平實導師講解。每週二晚上，以台北正覺講堂所錄 DVD 放映；歡迎會外學人共同聽講，不需出示身分證件。

新竹正覺講堂　新竹市東光路 55 號二樓之一　電話 03-5724297（晚上）

第一講堂：

禪淨班：週五晚班。

進階班：週三晚班、週四晚班、週六上午班。由禪淨班結業後轉入共修

增上班：成唯識論釋。單週六晚班。雙週六晚班（重播班）。

解深密經詳解：平實導師講解。每週二晚上，以台北正覺講堂所錄 DVD 放映。歡迎會外學人共同聽講，不需出示身分證件。

第二講堂：

禪淨班：週一晚班、週三晚班、週四晚班、週六上午班。

解深密經詳解：每週二晚上與第一講堂同步播放講經 DVD。

第三、第四講堂：裝修完畢，已經啓用。

台中正覺講堂　04-23816090（晚上）

第一講堂　台中市南屯區五權西路二段 666 號 13 樓之四（國泰世華銀行樓上。鄰近縣市經第一高速公路前來者，由五權西路交流道可以快速到達，大樓旁有停車場，對面有素食館）。

禪淨班：週四晚班、週五晚班。

進階班：週一晚班、週三晚班、週六上午班（由禪淨班結業後轉入共修）。

增上班：成唯識論釋。單週六晚班。雙週六晚班（重播班）。

解深密經詳解：平實導師講解。每週二晚上，以台北正覺講堂所錄 DVD 放映。歡迎會外學人共同聽講，不需出示身分證件。

第二講堂　台中市南屯區五權西路二段 666 號 4 樓

禪淨班：週一晚班、週三晚班。

第三講堂台中市南屯區五權西路二段 666 號 4 樓

禪淨班：週一晚班。

第四講堂台中市南屯區五權西路二段 666 號 4 樓。

進階班：週一晚班、週四晚班、週六上午班，由禪淨班結業後轉入共修

解深密經詳解：每週二晚上與第一講堂同步播放講經 DVD。

嘉義正覺講堂　嘉義市友愛路 288 號八樓之一　電話：05-2318228

第一講堂：

禪淨班：週四晚班、週五晚班、週六上午班。

進階班：週一晚班、週三晚班（由禪淨班結業後轉入共修）。

增上班：成唯識論釋。單週六晚班。雙週六晚班（重播班）。

解深密經詳解：平實導師講解。每週二晚上，以台北正覺講堂所錄 DVD 放映。歡迎會外學人共同聽講，不需出示身分證件。

第二講堂　嘉義市友愛路 288 號八樓之二。

第三講堂　嘉義市友愛路 288 號四樓之七。

禪淨班：週一晚班、週三晚班。

台南正覺講堂

第一講堂　台南市西門路四段 15 號 4 樓。06-2820541（晚上）

禪淨班：週一晚班、週三晚班、週四晚班、週五晚班、週六下午班。

增上班：成唯識論釋。單週六晚班。雙週六晚班（重播班）。

解深密經詳解：平實導師講解。每週二晚上，以台北正覺講堂所錄 DVD 放映。歡迎會外學人共同聽講，不需出示身分證件。

第二講堂　台南市西門路四段 15 號 3 樓。

解深密經詳解：每週二晚上與第一講堂同步播放講經 DVD。

第三講堂　台南市西門路四段 15 號 3 樓。

進階班：週一晚班、週三晚班、週四晚班、週五晚班（由禪淨班結業後轉入共修）。

解深密經詳解：每週二晚上與第一講堂同步播放講經 DVD。

高雄正覺講堂　高雄市新興區中正三路 45 號五樓 07-2234248（晚上）

第一講堂（五樓）：

禪淨班：週一晚班、週三晚班、週四晚班、週五晚班、週六上午班。

增上班：**成唯識論釋**。單週六晚班。雙週六晚班（重播班）。

解深密經詳解：平實導師講解。每週二晚上，以台北正覺講堂所錄 DVD 放映。歡迎會外學人共同聽講，不需出示身分證件。

第二講堂（四樓）：

進階班：週三晚班、週四晚班、週六上午班（由禪淨班結業後轉入共修）。

解深密經詳解：每週二晚上與第一講堂同步播放講經 DVD。

第三講堂（三樓）：

進階班：週四晚班（由禪淨班結業後轉入共修）。

香港正覺講堂

香港新界葵涌打磚坪街 93 號維京科技商業中心A 座 18 樓。

電話：(852) 23262231

英文地址：18/F, Tower A, Viking Technology & Business Centre, 93 Ta Chuen Ping Street, Kwai Chung, N.T., Hong Kong.

禪淨班：雙週六下午班、雙週日下午班、單週六下午班、單週日下午班

進階班：雙週五晚上班、雙週日早上班（由禪淨班結業後轉入共修）。

增上班：每月第一週週日，以台北增上班課程錄成 DVD 放映之。

增上重播班：每月第一週週六，以台北增上班課程錄成 DVD 放映之。

大法鼓經詳解：平實導師講解。每週六、日 19:00～21:00，以台北正覺講堂所錄 DVD 放映；歡迎會外學人共同聽講，不需出示身分證件。

二、招生公告　本會台北講堂及全省各講堂、香港講堂，每逢四月、十月下旬開新班，每週共修一次（每次二小時。開課日起三個月內仍可插班）；但美國洛杉磯共修處之禪淨班得隨時插班共修。各班共修期間皆爲二年半，全程免費，欲參加者請向本會函索報名表（各共修處皆於共修時間方有人執事，非共修時間請勿電詢或前來洽詢、請書），或直接從本會官方網站(http://www.enlighten.org.tw/newsflash/class)或成佛之道網站下載報名表。共修期滿時，若經報名禪三審核通過者，可參加四天三夜之禪三精進共修，有機會明心、取證如來藏，發起般若實相智慧，成爲實義菩薩，脫離凡夫菩薩位。

三、新春禮佛祈福 農曆年假期間停止共修：自農曆新年前七天起停止共修與弘法，正月 8 日起回復共修、弘法事務。新春期間正月初一～初七 9.00～17.00 開放台北講堂、正月初一~初三開放新竹、台中、嘉義、台南、高雄講堂，以及大溪禪三道場（正覺祖師堂），方便會員供佛、祈福及會外人士請書。美國洛杉磯共修處之休假時間，請逕詢該共修處。

密宗四大派修雙身法，是外道性力派的邪法；又以生滅的識陰作爲常住法，是常見外道，是假的藏傳佛教。

西藏覺囊巴以他空見弘揚第八識如來藏勝法，才是真藏傳佛教

佛教正覺同修會　弘法行事表　　2022/04/25

1、**禪淨班**　以無相念佛及拜佛方式修習動中定力，實證一心不亂功夫。傳授解脫道正理及第一義諦佛法，以及參禪知見。共修期間：二年六個月。每逢四月、十月開新班，詳見招生公告表。

2、**進階班**　禪淨班畢業後得轉入此班，進修更深入的佛法，期能證悟明心。各地講堂各有多班，繼續深入佛法、增長定力，悟後得轉入增上班修學道種智，期能證得無生法忍。

3、**增上班　成唯識論**詳解　詳解八識心王的唯識性、唯識相、唯識位，分說八識心王及其心所各別的自性、所依、所緣、相應心所、行相、功用等，並闡述緣生諸法的四緣：因緣、等無間緣、所緣緣、增上緣等四緣，並論及十因五果等。論中闡釋**佛法實證及成就的根本法即是第八識，由第八識成就三界世間及出世間的一切染淨諸法，方有成佛之道可修、可證、可成就，名爲圓成實性**。然後詳解末法時代學人極易混淆的見道位所函蓋的眞見道、相見道、通達位等內容，指正末法時代高慢心一類學人，於見道位前後不斷所墮的同一邪謬處。末後開示修道位的十地之中，各地所應斷的二愚及所應證的一智，乃至佛位的四智圓明及具足四種涅槃等一切種智之眞實正理。由平實導師講述，每逢一、三、五週之週末晚上開示，每逢二、四週之週末爲重播班，供作後悟之菩薩補聞所未聽聞之法。增上班課程僅限已明心之會員參加。未來每逢講完十分之一內容時，便予出書流通；總共十輯，敬請期待。（註：《瑜伽師地論》從 2003 年二月開講，至 2022 年 2 月 19 日已經圓滿，爲期 18 年整。）

4、**解深密經**詳解　本經所說妙法極爲甚深難解，非唯論及佛法中心主旨的八識心王及般若實證之標的，亦論及眞見道之後轉入相見道位中應該修學之法，即是七眞如之觀行內涵，然後始可入地。亦論及見道之後，如何與解脫及佛菩提智相應，兼論十地進修之道，末論如來法身及四智圓明的一切種智境界。如是眞見道、相見道、諸地修行之義，傳至今時仍然可證，顯示佛法眞是義學而非玄談或思想，有實證之標的與內容，非學術界諸思惟研究者之所能到，乃是離言絕句之第八識第一義諦妙義。重講本經之目的，在於令諸已悟之人明解大乘佛法之成佛次第，以及悟後進修一切種智之內涵，確實證知三種自性性，並得據此證解七眞如、十眞如等正理，成就三無性的境界。已於 2021 年三月下旬起每逢週二的晚上公開宣講，由平實導師詳解。不限制聽講資格。

5、**精進禪三**　主三和尚：平實導師。於四天三夜中，以克勤圓悟大師及大慧宗杲之禪風，施設機鋒與小參、公案密意之開示，幫助會員剋期取證，親證不生不滅之眞實心——人人本有之如來藏。每年四月、十月各舉辦三個梯次；平實導師主持。僅限本會會員參加禪淨班共修期滿，報名審核通過者，方可參加。並選擇會中定力、慧力、福德三條件皆已具足之已明心會員，給以指引，令得眼見自己無形無相之佛性遍佈山河大地，真實而無障礙，得以肉眼現觀世界身心悉皆如幻，具足成就如幻觀，圓滿十住菩薩之證境。

6、**阿含經**詳解　選擇重要之阿含部經典，依無餘涅槃之實際而加以詳解，令大眾得以現觀諸法緣起性空，亦復不墮斷滅見中，顯示經中所隱說之涅槃實際—如來藏—確實已於四阿含中隱說；令大眾得以聞後觀行，確實斷除我見乃至我執，證得**見到**眞現觀，乃至**身證**……等眞現觀；已得大乘或二乘見道者，亦可由此聞熏及聞後之觀行，除斷我所之貪著，成就慧解脫果。由平實導師詳解。不限制聽講資格。

7、**精選如來藏系經典**詳解　精選如來藏系經典一部，詳細解說，以此完全印證會員所悟如來藏之眞實，得入不退轉住。另行擇期詳細解說之，由平實導師講解。僅限已明心之會員參加。

8、**禪門差別智**　藉禪宗公案之微細淆訛難知難解之處，加以宣說及剖析，以增進明心、見性之功德，啓發差別智，建立擇法眼。每月第一週日全天，由平實導師開示，僅限破參明心後，復又眼見佛性者參加(事冗暫停)。

9、**枯木禪**　先講智者大師的《小止觀》，後說《釋禪波羅蜜》，詳解四禪八定之修證理論與實修方法，細述一般學人修定之邪見與岔路，及對禪定證境之誤會，消除枉用功夫、浪費生命之現象。已悟般若者，可以藉此而實修初禪，進入大乘通教及聲聞教的三果心解脫境界，配合應有的大福德及後得無分別智、十無盡願，即可進入初地心中。親教師：平實導師。未來緣熟時將於正覺寺開講。不限制聽講資格。

註：本會例行年假，自 2004 年起，改爲每年農曆新年前七天開始停息弘法事務及共修課程，農曆正月 8 日回復所有共修及弘法事務。新春期間（每日 9.00~17.00）開放台北講堂，方便會員禮佛祈福及會外人士請書。大溪區的正覺祖師堂，開放參訪時間，詳見〈正覺電子報〉或成佛之道網站。本表得因時節因緣需要而隨時修改之，不另作通知。

佛教正覺同修會　贈閱書籍 目錄　2021/8/30

1.**無相念佛**　平實導師著　回郵 36 元
2.**念佛三昧修學次第**　平實導師述著　回郵 52 元
3.**正法眼藏—護法集**　平實導師述著　回郵 76 元
4.**真假開悟簡易辨正法&佛子之省思**　平實導師著　回郵 26 元
5.**生命實相之辨正**　平實導師著　回郵 31 元
6.**如何契入念佛法門**（**附**：印順法師否定極樂世界）平實導師著　回郵 26 元
7.**平實書箋**—答元覽居士書　平實導師著　回郵 52 元
8.**三乘唯識**—如來藏系經律彙編　平實導師編　回郵 80 元
（精裝本　長 27 cm　寬 21 cm　高 7.5 cm　重 2.8 公斤）
9.**三時繫念全集**—修正本　回郵掛號 52 元（長 26.5 cm×寬 19 cm）
10.**明心與初地**　平實導師述　回郵 31 元
11.**邪見與佛法**　平實導師述著　回郵 36 元
12.**甘露法雨**　平實導師述　回郵 36 元
13.**我與無我**　平實導師述　回郵 36 元
14.**學佛之心態**—修正錯誤之學佛心態始能與正法相應 孫正德老師著 回郵52元
附錄：平實導師著《**略說八、九識並存…等之過失**》
15.**大乘無我觀**—《悟前與悟後》別說　平實導師述著　回郵 36 元
16.**佛教之危機**—中國台灣地區現代佛教之真相（附錄：公案拈提六則）
平實導師著　回郵 52 元
17.**燈 影**—燈下黑（覆「求教後學」來函等）　平實導師著　回郵 76 元
18.**護法與毀法**—覆上平居士與徐恒志居士網站毀法二文
張正圜老師著　回郵 76 元
19.**淨土聖道**—兼評**選擇本願念佛**　正德老師著　**由正覺同修會購贈** 回郵 52 元
20.**辨唯識性相**—對「紫蓮心海《辯唯識性相》書中否定阿賴耶識」之回應
正覺同修會 台南共修處法義組 著　回郵 52 元
21.**假如來藏**—對法蓮法師《如來藏與阿賴耶識》書中否定阿賴耶識之回應
正覺同修會 台南共修處法義組 著　回郵 76 元
22.**入不二門**—公案拈提集錦 第一輯（於平實導師公案拈提諸書中選錄約二十則，
合輯爲一冊流通之）平實導師著　回郵 52 元
23.**真假邪說**—西藏密宗索達吉喇嘛《破除邪說論》真是邪說
釋正安法師著　上、下冊回郵各 52 元
24.**真假開悟**—真如、如來藏、阿賴耶識間之關係　平實導師述著　回郵 76 元
25.**真假禪和**—辨正釋傳聖之謗法謬說　孫正德老師著　回郵 76 元
26.**眼見佛性**—駁慧廣法師**眼見佛性的含義**文中謬說
游正光老師著　回郵 52 元

27.**普門自在**—公案拈提集錦 第二輯（於平實導師公案拈提諸書中選錄約二十則，合輯爲一冊流通之）平實導師著　回郵52元

28.**印順法師的悲哀**—以現代禪的質疑為線索　恒毓博士著　回郵52元

29.**識蘊真義**—現觀識蘊內涵、取證初果、親斷三縛結之具體行門。
—依《成唯識論》及《惟識述記》正義，略顯安慧《大乘廣五蘊論》之邪謬
平實導師著　回郵76元

30.**正覺電子報** 各期紙版本　免附回郵　每次最多函索三期或三本。
（已無存書之較早各期，不另增印贈閱）

31.**現代人應有的宗教觀**　蔡正禮老師 著　回郵31元

32.**遠惑趣道**—正覺電子報般若信箱問答錄　第一輯　回郵52元

33.**遠惑趣道**—正覺電子報般若信箱問答錄　第二輯　回郵52元

34.**確保您的權益**—器官捐贈應注意自我保護　游正光老師 著　回郵31元

35.**正覺教團電視弘法三乘菩提 DVD 光碟（一）**

由正覺教團多位親教師共同講述錄製 DVD 8 片，MP3 一片，共 9 片。有二大講題：一爲「三乘菩提之意涵」，二爲「學佛的正知見」。內容精闢，深入淺出，精彩絕倫，幫助大眾快速建立三乘法道的正知見，免被外道邪見所誤導。有志修學三乘佛法之學人不可不看。（製作工本費 100 元，回郵 52 元）

36.**正覺教團電視弘法 DVD 專輯（二）**

總有二大講題：一爲「三乘菩提之念佛法門」，一爲「學佛正知見（第二篇）」，由正覺教團多位親教師輪番講述，內容詳細闡述如何修學念佛法門、實證念佛三昧，以及學佛應具有的正確知見，可以幫助發願往生西方極樂淨土之學人，得以把握往生，更可令學人快速建立三乘法道的正知見，免於被外道邪見所誤導。有志修學三乘佛法之學人不可不看。（一套 17 片，工本費 160 元。回郵 76 元）

37.**喇嘛性世界**—揭開假藏傳佛教譚崔瑜伽的面紗　張善思 等人合著
由正覺同修會購贈　回郵52元

38.**假藏傳佛教的神話**—性、謊言、喇嘛教　張正玄教授編著
由正覺同修會購贈　回郵52元

39.**隨　緣**—理隨緣與事隨緣　平實導師述　回郵52元。

40.**學佛的覺醒**　正枝居士 著　回郵52元

41.**導師之真實義**　蔡正禮老師 著　回郵31元

42.**淺談達賴喇嘛之雙身法**—兼論解讀「密續」之達文西密碼
吳明芷居士 著　回郵31元

43.**魔界轉世**　張正玄居士 著　回郵31元

44.**一貫道與開悟**　蔡正禮老師 著　回郵31元

45.**博愛**—愛盡天下女人　正覺教育基金會 編印　回郵36元

46.**意識虛妄經教彙編**—實證解脫道的關鍵經文　正覺同修會編印　回郵36元

47.**邪箭囈語**—破斥藏密外道多識仁波切《破魔金剛箭雨論》之邪說
陸正元老師著　上、下冊回郵各 52 元

48.**真假沙門**—依 佛聖教闡釋佛教僧寶之定義
蔡正禮老師著　俟正覺電子報連載後結集出版

49.**真假禪宗**—藉評論釋性廣《印順導師對變質禪法之批判
及對禪宗之肯定》以顯示真假禪宗
附論一：凡夫知見 無助於佛法之信解行證
附論二：世間與出世間一切法皆從如來藏實際而生而顯
余正偉老師著　俟正覺電子報連載後結集出版　回郵未定

★ 上列贈書之郵資，係台灣本島地區郵資，大陸、港、澳地區及外國地區，請另計酌增（大陸、港、澳、國外地區之郵票不許通用）。尚未出版之書，請勿先寄來郵資，以免增加作業煩擾。

★ 本目錄若有變動，唯於後印之書籍及「成佛之道」網站上修正公佈之，不另行個別通知。

函索書籍請寄：佛教正覺同修會　103 台北市承德路 3 段 277 號 9 樓
台灣地區函索書籍者請附寄郵票，無時間購買郵票者可以等值現金抵用，但不接受郵政劃撥、支票、匯票。大陸地區得以人民幣計算，國外地區請以美元計算（請勿寄來當地郵票，在台灣地區不能使用）。欲以掛號寄遞者，請另附掛號郵資。

親自索閱：正覺同修會各共修處。　★請於共修時間前往取書，餘時無人在道場，請勿前往索取；共修時間與地點，詳見書末正覺同修會共修現況表（以近期之共修現況表為準）。

註：正智出版社發售之局版書，請向各大書局購閱。若書局之書架上已經售出而無陳列者，請向書局櫃台指定洽購；若書局不便代購者，請於正覺同修會共修時間前往各共修處請購，正智出版社已派人於共修時間送書前往各共修處流通。 郵政劃撥購書及 大陸地區 購書，請詳別頁正智出版社發售書籍目錄最後頁之說明。

成佛之道 網站：http://www.a202.idv.tw　正覺同修會已出版之結緣書籍，多已登載於 成佛之道 網站，若住外國、或住處遙遠，不便取得正覺同修會贈閱書籍者，可以從本網站閱讀及下載。

＊＊假藏傳佛教修雙身法，非佛教＊＊

正智出版社 籌募弘法基金發售書籍目錄 2021/12/28

1.**宗門正眼**—公案拈提 第一輯 重拈 平實導師著 500 元
因重寫內容大幅度增加故，字體必須改小，並增為 576 頁 主文 546 頁。比初版更精彩、更有內容。初版《禪門摩尼寶聚》之讀者，可寄回本公司免費調換新版書。免附回郵，亦無截止期限。（2007 年起，每冊附贈本公司精製公案拈提〈超意境〉CD 一片。市售價格 280 元，多購多贈。）

2.**禪淨圓融** 平實導師著 200 元（第一版舊書可換新版書。）

3.**真實如來藏** 平實導師著 400 元

4.**禪—悟前與悟後** 平實導師著 上、下冊，每冊 250 元

5.**宗門法眼**—公案拈提 第二輯 平實導師著 500 元
（2007 年起，每冊附贈本公司精製公案拈提〈超意境〉CD 一片）

6.**楞伽經詳解** 平實導師著 全套共 10 輯 每輯 250 元

7.**宗門道眼**—公案拈提 第三輯 平實導師著 500 元
（2007 年起，每冊附贈本公司精製公案拈提〈超意境〉CD 一片）

8.**宗門血脈**—公案拈提 第四輯 平實導師著 500 元
（2007 年起，每冊附贈本公司精製公案拈提〈超意境〉CD 一片）

9.**宗通與說通**—成佛之道 平實導師著 主文 381 頁 全書 400 頁售價 300 元

10.**宗門正道**—公案拈提 第五輯 平實導師著 500 元
（2007 年起，每冊附贈本公司精製公案拈提〈超意境〉CD 一片）

11.**狂密與真密 一～四輯** 平實導師著 西藏密宗是人間最邪淫的宗教，本質不是佛教，只是披著佛教外衣的印度教性力派流毒的喇嘛教。此書中將西藏密宗密傳之男女雙身合修樂空雙運所有祕密與修法，毫無保留完全公開，並將全部喇嘛們所不知道的部分也一併公開。內容比大辣出版社喧騰一時的《西藏慾經》更詳細。並且函蓋藏密的所有祕密及其錯誤的中觀見、如來藏見……等，藏密的所有法義都在書中詳述、分析、辨正。每輯主文三百餘頁 每輯全書約 400 頁 售價每輯 300 元

12.**宗門正義**—公案拈提 第六輯 平實導師著 500 元
（2007 年起，每冊附贈本公司精製公案拈提〈超意境〉CD 一片）

13.**心經密意**—心經與解脫道、佛菩提道、祖師公案之關係與密意 平實導師述 300 元

14.**宗門密意**—公案拈提 第七輯 平實導師著 500 元
（2007 年起，每冊附贈本公司精製公案拈提〈超意境〉CD 一片）

15.**淨土聖道**—兼評「選擇本願念佛」 正德老師著 200 元

16.**起信論講記** 平實導師述著 共六輯 每輯三百餘頁 售價各 250 元

17.**優婆塞戒經講記** 平實導師述著 共八輯 每輯三百餘頁 售價各 250 元

18.**真假活佛**—略論附佛外道盧勝彥之邪說（對前岳靈犀網站主張「盧勝彥是證悟者」之修正） 正犀居士（岳靈犀）著 流通價 140 元

19.**阿含正義**—唯識學探源 平實導師著 共七輯 每輯 300 元

20.**超意境** CD 以平實導師公案拈提書中超越意境之頌詞，加上曲風優美的旋律，錄成令人嚮往的超意境歌曲，其中包括正覺發願文及平實導師親自譜成的黃梅調歌曲一首。詞曲雋永，殊堪翫味，可供學禪者吟詠，有助於見道。內附設計精美的彩色小冊，解說每一首詞的背景本事。每片 280 元。【每購買公案拈提書籍一冊，即贈送一片。】

21.**菩薩底憂鬱** CD 將菩薩情懷及禪宗公案寫成新詞，並製作成超越意境的優美歌曲。 1.主題曲〈菩薩底憂鬱〉，描述地後菩薩能離三界生死而迴向繼續生在人間，但因尚未斷盡習氣種子而有極深沈之憂鬱，非三賢位菩薩及二乘聖者所知，此憂鬱在七地滿心位方才斷盡；本曲之詞中所說義理極深，昔來所未曾見；此曲係以優美的情歌風格寫詞及作曲，聞者得以激發嚮往諸地菩薩境界之大心，詞、曲都非常優美，難得一見；其中勝妙義理之解說，已印在附贈之彩色小冊中。 2.以各輯公案拈提中直示禪門入處之頌文，作成各種不同曲風之超意境歌曲，值得玩味、參究；聆聽公案拈提之優美歌曲時，請同時閱讀內附之印刷精美說明小冊，可以領會超越三界的證悟境界；未悟者可以因此引發求悟之意向及疑情，眞發菩提心而邁向求悟之途，乃至因此眞實悟入般若，成眞菩薩。 3.正覺總持咒新曲，總持佛法大意；總持咒之義理，已加以解說並印在隨附之小冊中。本 CD 共有十首歌曲，長達 63 分鐘。每盒各附贈二張購書優惠券。每片 280 元。

22.**禪意無限** CD 平實導師以公案拈提書中偈頌寫成不同風格曲子，與他人所寫不同風格曲子共同錄製出版，幫助參禪人進入禪門超越意識之境界。盒中附贈彩色印製的精美解說小冊，以供聆聽時閱讀，令參禪人得以發起參禪之疑情，即有機會證悟本來面目而發起實相智慧，實證大乘菩提般若，能如實證知般若經中的眞實意。本 CD 共有十首歌曲，長達 69 分鐘，每盒各附贈二張購書優惠券。每片 280 元。

23.**我的菩提路**第一輯　釋悟圓、釋善藏等人合著　售價 300 元

24.**我的菩提路**第二輯　郭正益等人合著　售價 300 元

25.**我的菩提路**第三輯　王美伶等人合著　售價 300 元

26.**我的菩提路**第四輯　陳晏平等人合著　售價 300 元

27.**我的菩提路**第五輯　林慈慧等人合著　售價 300 元

28.**我的菩提路**第六輯　劉惠莉等人合著　售價 300 元

29.**我的菩提路**第七輯　余正偉等人合著　售價 300 元

30.**鈍鳥與靈龜**—考證後代凡夫對大慧宗杲禪師的無根誹謗。

平實導師著 共 458 頁 售價 350 元

31.**維摩詰經講記** 平實導師述 共六輯 每輯三百餘頁 售價各 250 元

32.**真假外道**—破劉東亮、杜大威、釋證嚴常見外道見 正光老師著 200 元

33.**勝鬘經講記**—兼論印順《勝鬘經講記》對於《勝鬘經》之誤解。

平實導師述　共六輯　每輯三百餘頁　售價250 元

34.**楞嚴經講記** 平實導師述 共**15**輯，每輯三百餘頁 售價300元

35.**明心與眼見佛性**—駁慧廣〈蕭氏「眼見佛性」與「明心」之非〉文中謬說
正光老師著 共448頁 售價300元

36.**見性與看話頭** 黃正倖老師 著，本書是禪宗參禪的方法論。
內文375頁，全書416頁，售價300元。

37.**達賴真面目**—玩盡天下女人 白正偉老師 等著 中英對照彩色精裝大本800元

38.**喇嘛性世界**—揭開假藏傳佛教譚崔瑜伽的面紗 張善思 等人著 200元

39.**假藏傳佛教的神話**—性、謊言、喇嘛教 正玄教授編著 200元

40.**金剛經宗通** 平實導師述 共九輯 每輯售價250元。

41.**空行母**—性別、身分定位，以及藏傳佛教。
珍妮·坎貝爾著 呂艾倫 中譯 售價250元

42.**末代達賴**—性交教主的悲歌 張善思、呂艾倫、辛燕編著 售價250元

43.**霧峰無霧**—給哥哥的信 辨正釋印順對佛法的無量誤解
游宗明 老師著 售價250元

44.**霧峰無霧**—第二輯—救護佛子向正道 細說釋印順對佛法的各類誤解
游宗明 老師著 售價250元

45.**第七意識與第八意識？**—穿越時空「超意識」
平實導師述 每冊300元

46.**黯淡的達賴**—失去光彩的諾貝爾和平獎
正覺教育基金會編著 每冊250元

47.**童女迦葉考**—論呂凱文〈佛教輪迴思想的論述分析〉之謬。
平實導師 著 定價180元

48.**人間佛教**—實證者必定不悖三乘菩提
平實導師 述，定價400元

49.**實相經宗通** 平實導師述 共八輯 每輯250元

50.**真心告訴您(一)**—達賴喇嘛在幹什麼？
正覺教育基金會編著 售價250元

51.**中觀金鑑**—詳述應成派中觀的起源與其破法本質
孫正德老師著 分為上、中、下三冊，每冊250元

52.**藏傳佛教要義**—《狂密與真密》之簡體字版 平實導師 著 上、下冊
僅在大陸流通 每冊300元

53.**法華經講義** 平實導師述 共二十五輯 每輯300元
已於2015/05/31起開始出版，每二個月出版一輯

54.**西藏「活佛轉世」制度**—附佛、造神、世俗法
許正豐、張正玄老師合著 定價150元

55.**廣論三部曲** 郭正益老師著 定價150元

56.**真心告訴您(二)**—達賴喇嘛是佛教僧侶嗎？
—補祝達賴喇嘛八十大壽
正覺教育基金會編著 售價300元

57.**次法**—實證佛法前應有的條件
張善思居士著　分爲上、下二冊，每冊 250 元
58.**涅槃**—解説四種涅槃之實證及內涵　平實導師著 上、下冊 各 350 元
59.**山法**—西藏關於他空與佛藏之根本論
篤補巴．喜饒堅贊著　傑弗里．霍普金斯英譯
張火慶教授、呂艾倫老師中譯　精裝大本 1200 元
60.**佛藏經講義**　平實導師述　2019 年 7 月 31 日開始出版　共 21 輯
每二個月出版一輯，每輯 300 元。
61.**成唯識論**　大唐 玄奘菩薩所著經本，重新正確斷句，並以不同字體及標點符號顯示質疑文，令得易讀。全書 288 頁，精裝大本 400 元
62.**假鋒虛焰金剛乘**—揭示顯密正理，兼破索達吉師徒《般若鋒兮金剛焰》
釋正安法師著 簡體字版 即將出版 售價未定
63.**廣論之平議**—宗喀巴《菩提道次第廣論》之平議　正雄居士著
約二或三輯　俟正覺電子報連載後結集出版　書價未定
64.**大法鼓經講義**　平實導師講述 《佛藏經講義》出版後發行，每輯 300 元
65.**不退轉法輪經講義** 平實導師講述 《大法鼓經講義》出版後發行
66.**八識規矩頌**詳解　○○居士 註解　出版日期另訂　書價未定。
67.**中觀正義**—註解平實導師《中論正義頌》。
○○法師（居士）著　出版日期未定　書價未定
68.**中論正義**—釋龍樹菩薩《中論》頌正理。
孫正德老師著　出版日期未定　書價未定
69.**成唯識論釋**—詳解大唐玄奘菩薩所著的《成唯識論》，平實導師述著。總共十輯，於每講完一輯的分量以後即予出版，預計 2022 年十月出版第一輯，以後每七個月出版一輯，每輯 400 元。
70.**中國佛教史**—依中國佛教正法史實而論。 ○○老師 著　書價未定。
71.**印度佛教史**—法義與考證。依法義史實評論印順《印度佛教思想史、佛教史地考論》之謬説　正偉老師著　出版日期未定　書價未定
72.**阿含經講記**—將選錄四阿含中數部重要經典全經講解之，講後整理出版。
平實導師述　約二輯　每輯 300 元　出版日期未定
73.**實積經講記** 平實導師述　每輯三百餘頁 優惠價 300 元 出版日期未定
74.**解深密經講義**　平實導師述 約四輯　將於重講後整理出版
75.**修習止觀坐禪法要講記**　平實導師述　每輯三百餘頁
將於正覺寺建成後重講、以講記逐輯出版　出版日期未定
76.**無門關**—《無門關》公案拈提　平實導師著　出版日期未定
77.**中觀再論**—兼述印順《中觀今論》謬誤之平議。正光老師著 出版日期未定
78.**輪迴與超度**—佛教超度法會之真義。
○○法師（居士）著　出版日期未定　書價未定
79.**《釋摩訶衍論》平議**—對偽稱龍樹所造《釋摩訶衍論》之平議
○○法師（居士）著　出版日期未定　書價未定

80.**正覺發願文**註解—以真實大願為因 得證菩提

正德老師著　出版日期未定　書價未定

81.**正覺總持咒**—佛法之總持　正圜老師著　出版日期未定　書價未定

82.**三自性**—依四食、五蘊、十二因緣、十八界法，說三性三無性。

作者未定　出版日期未定

83.**道品**—從三自性說大小乘三十七道品　作者未定　出版日期未定

84.**大乘緣起觀**—依四聖諦七真如現觀十二緣起 作者未定　出版日期未定

85.**三德**—論解脫德、法身德、般若德。　作者未定　出版日期未定

86.**真假如來藏**—對印順《如來藏之研究》謬說之平議　作者未定 出版日期未定

87.**大乘道次第**　作者未定　出版日期未定　書價未定

88.**四緣**—依如來藏故有四緣。　作者未定　出版日期未定

89.**空之探究**—印順《空之探究》謬誤之平議　作者未定 出版日期未定

90.**十法義**—論阿含經中十法之正義　作者未定　出版日期未定

91.**外道見**—論述外道六十二見　作者未定　出版日期未定

正智出版社有限公司 書籍介紹

禪淨圓融：言淨土諸祖所未曾言，示諸宗祖師所未曾示；禪淨圓融，另闢成佛捷徑，兼顧自力他力，闡釋淨土門之速行易行道，亦同時揭櫫聖教門之速行易行道；令廣大淨土行者得免緩行難證之苦，亦令聖道門行者得以藉著淨土速行道而加快成佛之時劫。乃前無古人之超勝見地，非一般弘揚禪淨法門典籍也，先讀為快。平實導師著 200元。

宗門正眼——公案拈提第一輯：繼承克勤圜悟大師碧巖錄宗旨之禪門鉅作。先則舉示當代大法師之邪說，消弭當代禪門大師鄉愿之心態，摧破當今禪門「世俗禪」之妄談；次則旁通教法，表顯宗門正理；繼以道之次第，消弭古今狂禪；後藉言語及文字機鋒，直示宗門入處。悲智雙運，禪味十足，數百年來難得一睹之禪門鉅著也。平實導師著　500元（原初版書《禪門摩尼寶聚》，改版後補充為五百餘頁新書，總計多達二十四萬字，內容更精彩，並改名為《宗門正眼》，讀者原購初版《禪門摩尼寶聚》皆可寄回本公司免費換新，免附回郵，亦無截止期限）（2007年起，凡購買公案拈提第一輯至第七輯，每購一輯皆贈送本公司精製公案拈提〈超意境〉CD一片，市售價格280元，多購多贈）。

禪——悟前與悟後：本書能建立學人悟道之信心與正確知見，圓滿具足而有次第地詳述禪悟之功夫與禪悟之內容，指陳參禪中細微淆訛之處，能使學人明自真心、見自本性。若未能悟入，亦能以正確知見辨別古今中外一切大師究係真悟？或屬錯悟？便有能力揀擇，捨名師而選明師，後時必有悟道之緣。一旦悟道，遲者七次人天往返，便出三界，速者一生取辦。學人欲求開悟者，不可不讀。　平實導師著。上、下冊共500元，單冊250元。

真實如來藏：如來藏眞實存在，乃宇宙萬有之本體，並非印順法師、達賴喇嘛等人所說之「唯有名相、無此心體」。如來藏是涅槃之本際，是一切有智之人竭盡心智、不斷探索而不能得之生命實相；是古今中外許多大師自以爲悟而當面錯過之生命實相。如來藏即是阿賴耶識，乃是一切有情本自具足、不生不滅之眞實心。當代中外大師於此書出版之前所未能言者，作者於本書中盡情流露、詳細闡釋。眞悟者讀之，必能增益悟境、智慧增上；錯悟者讀之，必能檢討自己之錯誤，免犯大妄語業；未悟者讀之，能知參禪之理路，亦能以之檢查一切名師是否眞悟。此書是一切哲學家、宗教家、學佛者及欲昇華心智之人必讀之鉅著。　平實導師著　售價400元。

宗門法眼—公案拈提第二輯：列舉實例，闡釋土城廣欽老和尚之悟處；並直示這位不識字的老和尚妙智橫生之根由，繼而剖析禪宗歷代大德之開悟公案，解析當代密宗高僧卡盧仁波切之錯悟證據，並例舉當代顯宗高僧、大居士之錯悟證據（凡健在者，爲免影響其名聞利養，皆隱其名）。藉辨正當代名師之邪見，向廣大佛子指陳禪悟之正道，彰顯宗門法眼。悲勇兼出，強捋虎鬚；慈智雙運，巧探驪龍；摩尼寶珠在手，直示宗門入處，禪味十足；若非大悟徹底，不能爲之。禪門精奇人物，允宜人手一冊，供作參究及悟後印證之圭臬。本書於2008年4月改版，增寫爲大約500頁篇幅，以利學人研讀參究時更易悟入宗門正法，以前所購初版首刷及初版二刷舊書，皆可免費換取新書。平實導師著　500元（2007年起，凡購買公案拈提第一輯至第七輯，每購一輯皆贈送本公司精製公案拈提〈超意境〉CD一片，市售價格280元，多購多贈）。

宗門道眼—公案拈提第三輯：繼宗門法眼之後，再以金剛之作略、慈悲之胸懷、犀利之筆觸，舉示寒山、拾得、布袋三大士之悟處，消弭當代錯悟者對於寒山大士……等之誤會及誹謗。　亦舉出民初以來與虛雲和尚齊名之蜀郡鹽亭袁煥仙夫子——南懷瑾老師之師，其「悟處」何在？並蒐羅許多眞悟祖師之證悟公案，顯示禪宗歷代祖師之睿智，指陳部分祖師、奧修及當代顯密大師之謬悟，作爲殷鑑，幫助禪子建立及修正參禪之方向及知見。假使讀者閱此書已，一時尚未能悟，亦可一面加功用行，一面以此宗門道眼辨別眞假善知識，避開錯誤之印證及歧路，可免大妄語業之長劫慘痛果報。欲修禪宗之禪者，務請細讀。平實導師著　售價500元（2007年起，凡購買公案拈提第一輯至第七輯，每購一輯皆贈送本公司精製公案拈提〈超意境〉CD一片，市售價格280元，多購多贈）。

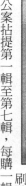

楞伽經詳解：本經是禪宗見道者印證所悟眞僞之根本經典，亦是禪宗見道者悟後起修之依據經典；故達摩祖師於印證二祖慧可大師之後，將此經典連同佛缽祖衣一併交付二祖，令其依此經典佛示金言、進入修道位，修學一切種智。由此可知此經對於眞悟之人修學佛道，是非常重要之一部經典。此經能破外道邪說，亦破佛門中錯悟名師之謬說，亦破禪宗部分祖師之狂禪：不讀經典、一向主張「一悟即成究竟佛」之謬執。並開示愚夫所行禪、觀察義禪、攀緣如禪、如來禪等差別，令行者對於三乘禪法差異有所分辨；亦糾正禪宗祖師古來對於如來禪之誤解，嗣後可免以訛傳訛之弊。此經亦是法相唯識宗之根本經典，禪者悟後欲修一切種智而入初地者，必須詳讀。　平實導師著，全套共十輯，已全部出版完畢，每輯主文約320頁，每冊約352頁，定價250元。

宗門血脈—公案拈提第四輯：末法怪象—許多修行人自以爲悟，每將無念靈知認作眞實；崇尙二乘法諸師及其徒衆，則將外於如來藏之緣起性空—無因論之無常空、斷滅空、一切法空—錯認爲　佛所說之般若空性。這兩種現象已於當今海峽兩岸及美加地區顯密大師之中普遍存在；人人自以爲悟，心高氣壯，便敢寫書解釋祖師證悟之公案，大多出於意識思惟所得，言不及義，錯誤百出，因此誤導廣大佛子同陷大妄語之地獄業中而不能自知。彼等書中所說之悟處，其實處處違背第一義經典之聖言量。彼等諸人不論是否身披袈裟，都非佛法宗門血脈，或雖有禪宗法脈之傳承，亦只徒具形式；猶如螟蛉，非眞血脈，未悟得根本眞實故。禪子欲知　佛、祖之眞血脈者，請讀此書，便知分曉。平實導師著，主文452頁，全書464頁，定價500元（2007年起，凡購買公案拈提第一輯至第七輯，每購一輯皆贈送本公司精製公案拈提〈超意境〉CD一片，市售價格280元，多購多贈）。

宗通與說通：古今中外，錯誤之人如麻似粟，每以常見外道所說之靈知心，認作眞心；或妄想虛空之勝性能量爲眞如，或錯認物質四大元素藉冥性（靈知心本體）能成就吾人色身及知覺，或認初禪至四禪中之了知心爲不生不滅之涅槃心。此等皆非通宗者之見地。復有錯悟之人一向主張「宗門與教門不相干」，此即尙未通達宗門之人也。其實宗門與教門互通不二，宗門所證者乃是眞如與佛性，教門所說者乃說宗門證悟之眞如佛性，故教門與宗門不二。本書作者以宗教二門互通之見地，細說「宗通與說通」，從初見道至悟後起修之道、細說分明；並將諸宗諸派在整體佛教中之地位與次第，加以明確之教判，學人讀之即可了知佛法之梗概也。欲擇明師學法之前，允宜先讀。平實導師著，主文共381頁，全書392頁，只售成本價300元。

宗門正道—公案拈提第五輯：修學大乘佛法有二果須證—解脫果及大菩提果。二乘人不證大菩提果，唯證解脫果；此果之智慧，名爲聲聞菩提、緣覺菩提。大乘佛子所證二果之菩提果爲佛菩提，故名大菩提果，其慧名爲一切種智—函蓋二乘解脫果。然此大乘二果修證，須經由禪宗之宗門證悟方能相應。而宗門證悟極難，自古已然；其所以難者，咎在古今佛教界普遍存在三種邪見：1.以修定認作佛法，2.以無因論之緣起性空—否定涅槃本際如來藏以後之一切法空作爲佛法，3.以常見外道邪見（離語言妄念之靈知性）作爲佛法。如是邪見，或因自身正見未立所致，或因邪師之邪教導所致，或因無始劫來虛妄熏習所致。若不破除此三種邪見，永劫不悟宗門眞義、不入大乘正道，唯能外門廣修菩薩行。　平實導師於此書中，有極爲詳細之說明，有志佛子欲摧邪見、入於內門修菩薩行者，當閱此書。主文共496頁，全書512頁。售價500元（2007年起，凡購買公案拈提第一輯至第七輯，每購一輯皆贈送本公司精製公案拈提〈超意境〉CD一片，市售價格280元，多購多贈）。

狂密與真密：密教之修學，皆由有相之觀行法門而入，其最終目標仍不離顯教經典所說第一義諦之修證；若離顯教第一義經典、或違背顯教第一義經典，即非佛教。西藏密教之觀行法，如灌頂、觀想、遷識法、寶瓶氣、大聖歡喜雙身修法、喜金剛、無上瑜伽、大樂光明、樂空雙運等，皆是印度教兩性生生不息思想之轉化，自始至終皆以如何能運用交合淫樂之法達到全身受樂爲其中心思想，純屬欲界五欲的貪愛，不能令人超出欲界輪迴，更不能令人斷除我見；何況大乘之明心與見性，更無論矣！故密宗之法絕非佛法也。而其明光大手印、大圓滿法教，又皆同以常見外道所說離語言妄念之無念靈知心錯認爲佛地之眞如，不能直指不生不滅之眞如。西藏密宗所有法王與徒眾，都尚未開頂門眼，不能辨別眞僞，以依人不依法、依密續不依經典故，不肯將其上師喇嘛所說對照第一義經典，純依密續之藏密祖師所說爲準，因此而誇大其證德與證量，動輒謂彼祖師上師爲究竟佛、爲地上菩薩；如今台海兩岸亦有自謂其師證量高於　釋迦文佛者，然觀其師所述，猶未見道，仍在觀行即佛階段，尚未到禪宗相似即佛、分證即佛階位，竟敢標榜爲究竟佛及地上法王，誑惑初機學人。凡此怪象皆是狂密，不同於眞密之修行者。近年狂密盛行，密宗行者被誤導者極眾，動輒自謂已證佛地眞如，自視爲究竟佛，陷於大妄語業中而不知自省，反謗顯宗眞修實證者之證量粗淺；或如義雲高與釋性圓…等人，於報紙上公然誹謗眞實證道者爲「騙子、無道人、人妖、癩蛤蟆…」等，造下誹謗大乘勝義僧之大惡業；或以外道法中有爲有作之甘露、魔術……等法，誑騙初機學人，狂言彼外道法爲眞佛法。如是怪象，在西藏密宗及附藏密之外道中，不一而足，舉之不盡，學人宜應愼思明辨，以免上當後又犯毀破菩薩戒之重罪。密宗學人若欲遠離邪知邪見者，請閱此書，即能了知密宗之邪謬，從此遠離邪見與邪修，轉入眞正之佛道。　平實導師著　共四輯　每輯約400頁（主文約340頁）每輯售價300元。

宗門正義—公案拈提第六輯：佛教有六大危機，乃是藏密化、世俗化、膚淺化、學術化、宗門密意失傳、悟後進修諸地之次第混淆；其中尤以宗門密意之失傳，爲當代佛教最大之危機。由宗門密意失傳故，易令 世尊本懷普被錯解，易令 世尊正法被轉易爲外道法，以及加以淺化、世俗化，是故宗門密意之廣泛弘傳與具緣佛弟子，極爲重要。然而欲令宗門密意之廣泛弘傳予具緣之佛弟子者，必須同時配合錯誤知見之解析、普令佛弟子知之，然後輔以公案解析之直示入處，方能令具緣之佛弟子悟入。而此二者，皆須以公案拈提之方式爲之，方易成其功、竟其業，是故平實導師續作宗門正義一書，以利學人。 全書500餘頁，售價500元（2007年起，凡購買公案拈提第一輯至第七輯，每購一輯皆贈送本公司精製公案拈提〈超意境〉CD一片，市售價格280元，多購多贈）。

心經密意—心經與解脫道、佛菩提道、祖師公案之關係與密意。 二乘菩提所證之解脫道，實依第八識心之斷除煩惱障現行而立解脫之名；大乘菩提所證之佛菩提道，實依親證第八識如來藏之涅槃性、清淨自性、及其中道性而立般若之名；禪宗祖師公案所證之眞心，即是此第八識如來藏；是故三乘佛法所修所證之三乘菩提，皆依此如來藏心而立名也。此第八識心，即是《心經》所說之心也。證得此如來藏已，即能漸入大乘佛菩提道，亦可因證知此心而了知二乘無學所不能知之無餘涅槃本際，是故《心經》之密意，與三乘佛菩提之關係極爲密切、不可分割，三乘佛法皆依此心而立名故。今者平實導師以其所證解脫道之無生智及佛菩提之般若種智，將《心經》與解脫道、佛菩提道、祖師公案之關係與密意，以演講之方式，用淺顯之語句和盤托出，發前人所未言，呈三乘菩提之眞義，令人藉此《心經密意》一舉而窺三乘菩提之堂奧，迴異諸方言不及義之說；欲求眞實佛智者、不可不讀！主文317頁，連同跋文及序文…等共384頁，售價300元。

宗門密意—公案拈提第七輯：佛教之世俗化，將導致學人以信仰作爲學佛，則將以感應及世間法之庇祐，作爲學佛之主要目標，不能了知學佛之主要目標爲親證三乘菩提。大乘菩提則以般若實相智慧爲主要修習目標，以二乘菩提解脫道爲附帶修習之標的；是故學習大乘法者，應以禪宗之證悟爲要務，能親入大乘菩提之實相般若智慧中故，般若實相智慧非二乘聖人所能知故。此書則以台灣世俗化佛教之三大法師，說法似是而非之實例，配合眞悟祖師之公案解析，提示證悟般若之關節，令學人易得悟入。平實導師著，全書五百餘頁，售價500元（2007年起，凡購買公案拈提第一輯至第七輯，每購一輯皆贈送本公司精製公案拈提〈超意境〉CD一片，市售價格280元，多購多贈）。

淨土聖道—兼評選擇本願念佛：佛法甚深極廣，般若玄微，非諸二乘聖僧所能知之，一切凡夫更無論矣！所謂一切證量皆歸淨土是也！是故大乘法中「聖道之淨土、淨土之聖道」，其義甚深，難可了知；乃至眞悟之人，初心亦難知也。今有正德老師眞實證悟後，復能深探淨土與聖道之緊密關係，憐憫衆生之誤會淨土實義，亦欲利益廣大淨土行人同入聖道，同獲淨土中之聖道門要義，乃振奮心神、書以成文，今得刊行天下。主文279頁，連同序文等共301頁，總有十一萬六千餘字，正德老師著，成本價200元。

起信論講記：詳解大乘起信論心生滅門與心眞如門之眞實意旨，消除以往大師與學人對起信論所說心生滅門之誤解，由是而得了知眞心如來藏之非常非斷中道正理；亦因此一講解，令此論以往隱晦而被誤解之眞實義，得以如實顯示，令大乘佛菩提道之正理得以顯揚光大；初機學者亦可藉此正論所顯示之法義，對大乘法理生起正信，從此得以眞發菩提心，眞入大乘法中修學，世世常修菩薩正行。平實導師演述，共六輯，都已出版，每輯三百餘頁，售價各250元。

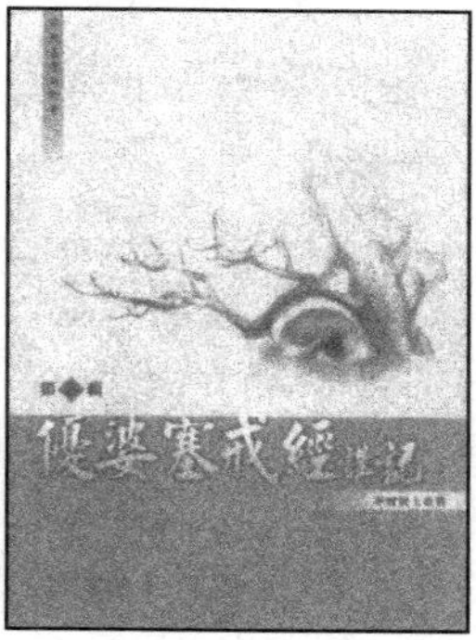

優婆塞戒經講記：本經詳述在家菩薩修學大乘佛法，應如何受持菩薩戒？對人間善行應如何看待？對三寶應如何護持？應如何正確地修集此世後世證法之福德？應如何修集後世「行菩薩道之資糧」？並詳述第一義諦之正義：五蘊非我非異我、自作自受、異作異受、不作不受……等深妙法義，乃是修學大乘佛法、行菩薩行之在家菩薩所應當了知者。出家菩薩今世或未來世登地已，捨報之後多數將如華嚴經中諸大菩薩，以在家菩薩身而修行菩薩行，故亦應以此經所述正理而修之，配合《楞伽經、解深密經、楞嚴經、華嚴經》等道次第正理，方得漸次成就佛道；故此經是一切大乘行者皆應證知之正法。平實導師講述，每輯三百餘頁，售價各250元；共八輯，已全部出版。

真假活佛—略論附佛外道盧勝彥之邪說：人人身中都有眞活佛，永生不滅而有大神用，但衆生都不了知，所以常被身外的西藏密宗假活佛籠罩欺瞞。本來就眞實存在的眞活佛，才是眞正的密宗無上密！諾那活佛因此而說禪宗是大密宗，但藏密的所有活佛都不知道、也不曾實證自身中的眞活佛。本書詳實宣示眞活佛的道理，舉證盧勝彥的「佛法」不是眞佛法，也顯示盧勝彥是假活佛，直接的闡釋第一義佛法見道的眞實正理。眞佛宗的所有上師與學人們，都應該詳細閱讀，包括盧勝彥個人在內。正犀居士著，優惠價140元。

阿含正義—唯識學探源：廣說四大部《阿含經》諸經中隱說之眞正義理，一一舉示佛陀本懷，令阿含時期初轉法輪根本經典之眞義，如實顯現於佛子眼前。並提示末法大師對於阿含眞義誤解之實例，一一比對之，證實唯識增上慧學確於原始佛法之阿含諸經中已隱覆密意而略說之，證實 世尊確於原始佛法中已曾密意而說第八識如來藏之總相；亦證實 世尊在四阿含中已說此藏識是名色十八界之因、之本—證明如來藏是能生萬法之根本心。佛子可據此修正以往受諸大師（譬如西藏密宗應成派中觀師：印順、昭慧、性廣、大願、達賴、宗喀巴、寂天、月稱、……等人）誤導之邪見，建立正見，轉入正道乃至親證初果而無困難；書中並詳說三果所證的心解脫，以及四果慧解脫的親證，都是如實可行的具體知見與行門。全書共七輯，已出版完畢。平實導師著，每輯三百餘頁，售價300元。

超意境CD：以平實導師公案拈提書中超越意境之頌詞，加上曲風優美的旋律，錄成令人嚮往的超意境歌曲，其中包括正覺發願文及平實導師親自譜成的黃梅調歌曲一首。詞曲雋永，殊堪翫味，可供學禪者吟詠，有助於見道。內附設計精美的彩色小冊，解說每一首詞的背景本事。每片280元。【每購買公案拈提書籍一冊，即贈送一片。】

我的菩提路第一輯：凡夫及二乘聖人不能實證的佛菩提證悟，末法時代的今天仍然有人能得實證，由正覺同修會釋悟圓、釋善藏法師等二十餘位實證如來藏者所寫的見道報告，已爲當代學人見證宗門正法之絲縷不絕，證明大乘義學的法脈仍然存在，爲末法時代求悟般若之學人照耀出光明的坦途。由二十餘位大乘見道者所繕，敘述各種不同的學法、見道因緣與過程，參禪求悟者必讀。全書三百餘頁，售價300元。

我的菩提路第二輯：由郭正益老師等人合著，書中詳述彼等諸人歷經各處道場學法，一一修學而加以檢擇之不同過程以後，因閱讀正覺同修會、正智出版社書籍而發起抉擇分，轉入正覺同修會中修學；乃至學法及見道之過程，都一一詳述之。**本書已改版印製重新流通**，讀者原購的初版書，不論是第一刷或第二、三、四刷，都可以寄回換新，免附郵費。

我的菩提路第三輯：由王美伶老師等人合著。自從正覺同修會成立以來，每年夏初、冬初都舉辦精進禪三共修，藉以助益會中同修們得以證悟明心發起般若實相智慧；凡已實證而被平實導師印證者，皆書具見道報告用以證明佛法之眞實可證而非玄學，證明佛法並非純屬思想、理論而無實質，是故每年都能有人證明正覺同修會的「實證佛教」主張並非虛語。特別是眼見佛性一法，自古以來中國禪宗祖師實證者極寡，較之明心開悟的證境更難令人信受；至2017年初，正覺同修會中的證悟明心者已近五百人，然而其中眼見佛性者至今唯十餘人爾，可謂難能可貴，是故明心後欲冀眼見佛性者實屬不易。黃正倖老師是懸絕七年無人見性後的第一人，她於2009年的見性報告刊於本書的第二輯中，爲大衆證明佛性確實可以眼見；其後七年之中求見性者都屬解悟佛性而無人眼見，幸而又經七年後的2016冬初，以及2017夏初的禪三，復有三人眼見佛性，希冀鼓舞四衆佛子求見佛性之大心，今則具載一則於書末，顯示求見佛性之事實經歷，供養現代佛教界欲得見性之四衆弟子。全書四百頁，售價300元，已於2017年6月30日發行。

我的菩提路第四輯：由陳晏平等人著。中國禪宗祖師往往有所謂「見性」之言，所言多屬看見如來藏具有能令人發起成佛之自性，並非《大般涅槃經》中 如來所說之眼見佛性。眼見佛性者，於親見佛性之時，即能於山河大地眼見自己佛性，亦能於他人身上眼見自己佛性及對方之佛性，如是境界無法為尚未實證者解釋；勉強說之，縱使眞實明心證悟之人聞之，亦只能以自身明心之境界想像之，但不論如何想像多屬非量，能有正確之比量者亦是稀有，故說眼見佛性極為困難。眼見佛性之人若所見極分明時，在所見佛性之境界下所眼見之山河大地、自己五蘊身心皆是虛幻，自有異於明心者之解脫功德受用，此後永不思證二乘涅槃，必定邁向成佛之道而進入第十住位中，已超第一阿僧祇劫三分有一，可謂之為超劫精進也。今又有明心之後眼見佛性之人出於人間，將其明心及後來見性之報告，連同其餘證悟明心者之精彩報告一同收錄於此書中，供養眞求佛法實證之四眾佛子。全書380頁，售價300元，已於2018年6月30日發行。

我的菩提路第五輯：林慈慧老師等人著，本輯中所舉學人從相似正法中來到正覺同修會的過程，各人都有不同，發生的因緣亦是各有差別，然而都會指向同一個目標——證實生命實相的源底，確證自己生從何來、死往何去的事實，所以最後都證明佛法眞實而可親證，絕非玄學；本書將彼等諸人的始修及末後證悟之實例，羅列出來以供學人參考。本期亦有一位會裡的老師，是從1995年即開始追隨 平實導師修學，1997年明心後持續進修不斷，直到2017年眼見佛性之實例，足可證明《大般涅槃經》中世尊開示眼見佛性之法正眞無訛，第十住位的實證在末法時代的今天仍有可能，如今一併具載於書中以供學人參考，並供養現代佛教界欲得見性之四眾弟子。全書四百頁，售價300元，已於2019年12月31日發行。

我的菩提路第六輯：劉惠莉老師等人著，本輯中舉示劉老師明心多年以後的眼見佛性實錄，供末法時代學人了知明心之異於見性本質，足可證明《大般涅槃經》中世尊開示眼見佛性之法正眞無訛。亦列舉多篇學人從各道場來到正覺學法之不同過程，以及如何發覺邪見之異於正法的所在，最後終能在正覺禪三中悟入的實況，以證明佛教正法仍在末法時代的人間繼續弘揚的事實，鼓舞一切眞實學法的菩薩大眾思之：我等諸人亦可有因緣證悟，絕非空想白思。約四百頁，售價300元，已於2020年6月30日發行。

我的菩提路第七輯：余正偉老師等人著，本輯中舉示余老師明心二十餘年以後的眼見佛性實錄，供末法時代學人了知明心異於見性之本質，並且舉示其見性後與平實導師互相討論眼見佛性之諸多疑訛處；除了證明《大般涅槃經》中世尊開示眼見佛性之法正眞無訛以外，亦得一解明心後尚未見性者之所未知處，甚爲精彩。此外亦列舉多篇學人從各不同宗教進入正覺學法之不同過程，以及發覺諸方道場邪見之內容與過程，最終得於正覺精進禪三中悟入的實況，足供末法精進學人借鑑，以彼鑑己而生信心，得以投入了義正法中修學及實證。凡此，皆足以證明不唯明心所證之第七住位般若智慧及解脫功德仍可實證，乃至第十住位的實證與當場發起如幻觀之實證，於末法時代的今天皆仍有可

能。本書約四百頁，售價300元。

鈍鳥與靈龜：鈍鳥及靈龜二物，被宗門證悟者說爲二種人：前者是精修禪定而無智慧者，也是以定爲禪的愚癡禪人；後者是或有禪定、或無禪定的宗門證悟者，凡已證悟者皆是靈龜。但後者被人虛造事實，用以嘲笑大慧宗杲禪師，說他雖是靈龜，卻不免被天童禪師預記「患背」痛苦而亡：「鈍鳥離巢易，靈龜脫殼難。」藉以貶低大慧宗杲的證量。同時將天童禪師實證如來藏的證量，曲解爲意識境界的離念靈知。自從大慧禪師入滅以後，錯悟凡夫對他的不實毀謗就一直存在著，不曾止息，並且捏造的假事實也隨著年月的增加而越來越多，終至編成「鈍鳥與靈龜」的假公案、假故事。本書是考證大慧與天童之間的不朽情誼，顯現這件假公案的虛妄不實；更見大慧宗杲面對惡勢力時的正直不阿，亦顯示大慧對天童禪

師的至情深義，將使後人對大慧宗杲的誣謗至此而止，不再有人誤犯毀謗賢聖的惡業。書中亦舉證宗門的所悟確以第八識如來藏爲標的，詳讀之後必可改正以前被錯悟大師誤導的參禪知見，日後必定有助於實證禪宗的開悟境界，得階大乘眞見道位中，即是實證般若之賢聖。全書459頁，售價350元。

維摩詰經講記：本經係 世尊在世時，由等覺菩薩維摩詰居士藉疾病而演說之大乘菩提無上妙義，所說函蓋甚廣，然極簡略，是故今時諸方大師與學人讀之悉皆錯解，何況能知其中隱含之深妙正義，是故普遍無法爲人解說；若強爲人說，則成依文解義而有諸多過失。今由平實導師公開宣講之後，詳實解釋其中密意，令維摩詰菩薩所說大乘不可思議解脫之深妙正法得以正確宣流於人間，利益當代學人及與諸方大師。書中詳實演述大乘佛法深妙不共二乘之智慧境界，顯示諸法之中絕待之實相境界，建立大乘菩薩妙道於永遠不敗不壞之地，以此成就護法偉功，欲冀永利娑婆人天。已經宣講圓滿整理成書流通，以利諸方大師及諸學人。

全書共六輯，每輯三百餘頁，售價各250元。

真假外道：本書具體舉證佛門中的常見外道知見實例，並加以教證及理證上的辨正，幫助讀者輕鬆而快速的了知常見外道的錯誤知見，進而遠離佛門內外的常見外道知見，因此即能改正修學方向而快速實證佛法。游正光老師著　。成本價200元。

勝鬘經講記：如來藏爲三乘菩提之所依，若離如來藏心體及其含藏之一切種子，即無三界有情及一切世間法，亦無二乘菩提緣起性空之出世間法；本經詳說無始無明、一念無明皆依如來藏而有之正理，藉著詳解煩惱障與所知障間之關係，令學人深入了知二乘菩提與佛菩提相異之妙理；聞後即可了知佛菩提之特勝處及三乘修道之方向與原理，邁向攝受正法而速成佛道的境界中。平實導師講述，共六輯，每輯三百餘頁，售價各250元。

楞嚴經講記：楞嚴經係密教部之重要經典，亦是大乘佛教中普受重視之經典；經中宣說明心與見性之內涵極爲詳細，將一切法都會歸如來藏及佛性－妙眞如性；亦闡釋五陰區宇及五陰盡的境界，作諸地菩薩自我檢驗證量之依據，旁及佛菩提道修學過程中之種種魔境，以及外道誤會涅槃之狀況，亦兼述明三界世間之起源。然因言句深澀難解，法義亦復深妙寬廣，學人讀之普難通達，是故讀者大多誤會，不能如實理解佛所說之明心與見性內涵，亦因是故多有悟錯之人引爲開悟之證言，成就大妄語罪。今由平實導師詳細講解之後，整理成文，以易讀易懂之語體文刊行天下，以利學人。全書十五輯，全部出版完畢。每輯三百餘頁，售價每輯300元。

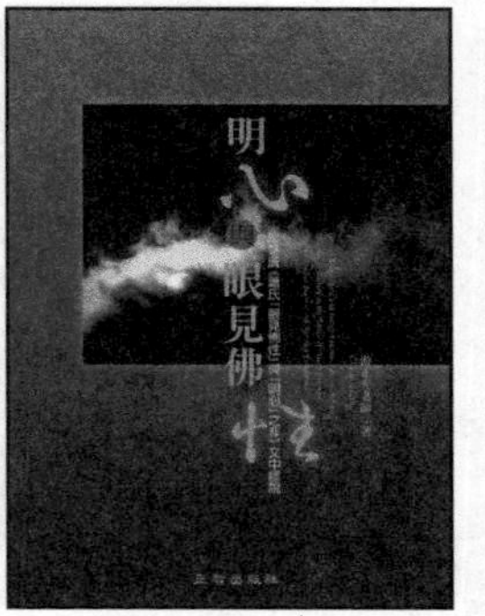

明心與眼見佛性：本書細述明心與眼見佛性之異同，同時顯示了中國禪宗破初參明心與重關眼見佛性二關之間的關聯；書中又藉法義辨正而旁述其他許多勝妙法義，讀後必能遠離佛門長久以來積非成是的錯誤知見，令讀者在佛法的實證上有極大助益。也藉慧廣法師的謬論來教導佛門學人回歸正知正見，遠離古今禪門錯悟者所墮的意識境界，非唯有助於斷我見，也對未來的開悟明心實證第八識如來藏有所助益，是故學禪者都應細讀之。　游正光老師著　　共448頁　售價300元。

菩薩底憂鬱CD：將菩薩情懷及禪宗公案寫成新詞，並製作成超越意境的優美歌曲。　1.主題曲〈菩薩底憂鬱〉，描述地後菩薩能離三界生死而迴向繼續生在人間，但因尚未斷盡習氣種子而有極深沈之憂鬱，非三賢位菩薩及二乘聖者所知，此憂鬱在七地滿心位方才斷盡；本曲之詞中所說義理極深，昔來所未曾見；此曲係以優美的情歌風格寫詞及作曲，聞者得以激發嚮往諸地菩薩境界之大心，詞、曲都非常優美，難得一見；其中勝妙義理之解說，已印在附贈之彩色小冊中。2.以各輯公案拈提中直示禪門入處之頌文，作成各種不同曲風之超意境歌曲，值得玩味、參究；聆聽公案拈提之優美歌曲時，請同時閱讀內附之印刷精美說明小冊，可以領會超越三界的證悟境界；未悟者可以因此引發求悟之意向及疑情，眞發菩提心而邁向求悟之途，乃至因此眞實悟入般若，成眞菩薩。3.正覺總持咒新曲，總持佛法大意；總持咒之義理，已加以解說並印在隨附之小冊中。本CD共有十首歌曲，長達63分鐘，附贈二張購書優惠券。每片280元。

金剛經宗通：三界唯心，萬法唯識，是成佛之修證內容，是諸地菩薩之所修；般若則是成佛之道（實證三界唯心、萬法唯識）的入門，若未證悟實相般若，即無成佛之可能，必將永在外門廣行菩薩六度，永在凡夫位中。然而實相般若的發起，全賴實證萬法的實相；若欲證知萬法的眞相，則必須探究萬法之所從來，則須實證自心如來—金剛心如來藏，然後現觀這個金剛心的金剛性、眞實性、如如性、清淨性、涅槃性、能生萬法的自性性、本住性，名爲證眞如；進而現觀三界六道唯是此金剛心所成，人間萬法須藉八識心王和合運作方能現起。如是實證《華嚴經》的「三界唯心、萬法唯識」以後，由此等現觀而發起實相般若智慧，繼續進修第十住位的如幻觀、第十行位的陽焰觀、第十迴向位的如夢觀，再生起增上意樂而勇發十無盡願，方能滿足三賢位的實證，轉入初地；自知成佛之道而無偏倚，從此按部就班、次第進修乃至成佛。第八識自心如來是般若智慧之所依，般若智慧的修證則要從實證金剛心自心如來開始；《金剛經》則是解說自心如來之經典，是一切三賢位菩薩所應進修之實相般若經典。這一套書，是將平實導師宣講的《金剛經宗通》內容，整理成文字而流通之；書中所說義理，迥異古今諸家依文解義之說，指出大乘見道方向與理路，有益於禪宗學人求開悟見道，及轉入內門廣修六度萬行。已於2013年9月出版完畢，總共9輯，每輯約三百餘頁，售價各250元。

禪意無限CD：平實導師以公案拈提書中偈頌寫成不同風格曲子，與他人所寫不同風格曲子共同錄製出版，幫助參禪人進入禪門超越意識之境界。盒中附贈彩色印製的精美解說小冊，以供聆聽時閱讀，令參禪人得以發起參禪之疑情，即有機會證悟本來面目，實證大乘菩提般若。本CD共有十首歌曲，長達69分鐘，每盒各附贈二張購書優惠券。每片280元。

空行母—性別、身分定位，以及藏傳佛教：本書作者爲蘇格蘭哲學家，因爲嚮往佛教深妙的哲學內涵，於是進入當年盛行於歐美的假藏傳佛教密宗，擔任卡盧仁波切的翻譯工作多年以後，被邀請成爲卡盧的空行母（又名佛母、明妃），開始了她在密宗裡的實修過程；後來發覺在密宗雙身法中的修行，其實無法使自己成佛，也發覺密宗對女性岐視而處處貶抑，並剝奪女性在雙身法中擔任一半角色時應有的身分定位。當她發覺自己只是雙身法中被喇嘛利用的工具，沒有獲得絲毫應有的尊重與基本定位時，發現了密宗的父權社會控制女性的本質；於是作者傷心地離開了卡盧仁波切與密宗，但是卻被恐嚇不許講出她在密宗裡的經歷，也不許她說出自己對密宗的教義與教制下對女性剝削的本質，否則將被咒殺死亡。後來她去加拿大定居，十餘年後方才擺脫這個恐嚇陰影，下定決心將親身經歷的實情及觀察到的事實寫下來並且出版，公諸於世。出版之後，她被流亡的達賴集團人士大力攻訐，誣指她爲精神狀態失常、說謊……等。但有智之士並未被達賴集團的政治操作及各國政府政治運作吹捧達賴的表相所欺，使她的書銷售無阻而又再版。正智出版社鑑於作者此書是親身經歷的事實，所說具有針對「藏傳佛教」而作學術研究的價值，也有使人認清假藏傳佛教剝削佛母、明妃的男性本位實質，因此洽請作者同意中譯而出版於華人地區。珍妮·坎貝爾女士著，呂艾倫 中譯，每冊250元。

霧峰無霧—給哥哥的信　本書作者藉兄弟之間信件往來論義，略述佛法大義；並以多篇短文辨義，舉出釋印順對佛法的無量誤解證據，並一一給予簡單而清晰的辨正，令人一讀即知。久讀、多讀之後即能認清楚釋印順的六識論見解，與眞實佛法之牴觸是多麼嚴重；於是在久讀、多讀之後，於不知不覺之間提升了對佛法的極深入理解，正知正見就在不知不覺間建立起來了。當三乘佛法的正知見建立起來之後，對於三乘菩提的見道條件便將隨之具足，於是聲聞解脫道的見道也就水到渠成；接著大乘見道的因緣也將次第成熟，未來自然也會有親見大乘菩提之道的因緣，悟入大乘實相般若也將自然成功，自能通達般若系列諸經而成實義菩薩。作者居住於南投縣霧峰鄉，自喻見道之後不復再見霧峰之霧，故鄉原野美景一一明見，於是立此書名爲《霧峰無霧》；讀者若欲撥霧見月，可以此書爲緣。游宗明　老師著　已於2015年出版　售價250元。

霧峰無霧—第二輯—救護佛子向正道　本書作者藉釋印順著作中之各種錯謬法義提出辨正，以詳實的文義一一提出理論上及實證上之解析，列舉釋印順對佛法的無量誤解證據，藉此教導佛門大師與學人釐清佛法義理，遠離岐途轉入正道，然後知所進修，久之便能見道明心而入大乘勝義僧數。被釋印順誤導的大師與學人極多，很難救轉，是故作者大發悲心深入解說其錯謬之所在，佐以各種義理辨正而令讀者在不知不覺之間轉歸正道。如是久讀之後欲得斷身見、證初果，即不爲難事；乃至久之亦得大乘見道而得證眞如，脫離空有二邊而住中道，實相般若智慧生起，於佛法不再茫然，漸漸亦知悟後進修之道。屆此之時，對於大乘般若等深妙法之迷雲暗霧亦將一掃而空，生命及宇宙萬物之故鄉原野美景一一明見，是故本書仍名《霧峰無霧》，爲第二輯；讀者若欲撥雲見日、離霧見月，可以此書爲緣。游宗明　老師著　已於2019年出版　售價250元。

假藏傳佛教的神話—性、謊言、喇嘛教：本書編著者是由一首名爲「阿姊鼓」的歌曲爲緣起，展開了序幕，揭開假藏傳佛教—喇嘛教—的神秘面紗。其重點是蒐集、摘錄網路上質疑「喇嘛教」的帖子，以揭穿「假藏傳佛教的神話」爲主題，串聯成書，並附加彩色插圖以及說明，讓讀者們瞭解西藏密宗及相關人事如何被操作爲「神話」的過程，以及神話背後的眞相。作者：張正玄教授。售價200元。

達賴真面目—玩盡天下女人：假使您不想戴綠帽子，請記得詳細閱讀此書；假使您不想讓好朋友戴綠帽子，請您將此書介紹給您的好朋友。假使您想保護家中的女性，也想保護好朋友的女眷，請記得將此書送給家中的女性和好友的女眷都來閱讀。本書爲印刷精美的大本彩色中英對照精裝本，爲您揭開達賴喇嘛的眞面目，內容精彩不容錯過，爲利益社會大眾，特別以優惠價格嘉惠所有讀者。編著者：白志偉等。大開版雪銅紙彩色精裝本。售價800元。

童女迦葉考—論呂凱文〈佛教輪迴思想的論述分析〉之謬：童女迦葉是佛世率領五百大比丘遊行於人間的歷史事實，是以童貞行而依止菩薩戒弘化於人間的大菩薩，不依別解脫戒（聲聞戒）來弘化於人間。這是大乘佛教與聲聞佛教同時存在於佛世的歷史明證，證明大乘佛教不是從聲聞法中分裂出來的部派佛教的產物，卻是聲聞佛教分裂出來的部派佛教聲聞凡夫僧所不樂見的史實；於是古今聲聞法中的凡夫都欲加以扭曲而作詭說，更是末法時代高聲大呼「大乘非佛說」的六識論聲聞凡夫極力想要扭曲的佛教史實之一，於是想方設法扭曲迦葉菩薩爲聲聞僧，以及扭曲迦葉童女爲比丘僧等荒謬不實之論著便陸續出現，古時聲聞僧寫作的《分別功德論》是最具體之事例，現代之代表作則是呂凱文先生的〈佛教輪迴思想的論述分析〉論文。鑑於如是假藉學術考證以籠罩大眾之不實謬論，未來仍將繼續造作及流竄於佛教界，繼續扼殺大乘佛教學人法身慧命，必須舉證辨正之，遂成此書。平實導師 著，每冊180元。

末代達賴—性交教主的悲歌：簡介從藏傳僞佛教（喇嘛教）的修行核心—性力派男女雙修，探討達賴喇嘛及藏傳僞佛教的修行內涵。書中引用外國知名學者著作、世界各地新聞報導，包含：歷代達賴喇嘛的祕史、達賴六世修雙身法的事蹟，以及《時輪續》中的性交灌頂儀式……等；達賴喇嘛書中開示的雙修法、達賴喇嘛的黑暗政治手段；達賴喇嘛所領導的寺院爆發喇嘛性侵兒童；新聞報導《西藏生死書》作者索甲仁波切性侵女信徒、澳洲喇嘛秋達公開道歉、美國最大假藏傳佛教組織領導人邱陽創巴仁波切的性氾濫，等等事件背後眞相的揭露。作者：張善思、呂艾倫、辛燕。售價250元。

黯淡的達賴—失去光彩的諾貝爾和平獎：本書舉出很多證據與論述，詳述達賴喇嘛不爲世人所知的一面，顯示達賴喇嘛並不是眞正的和平使者，而是假借諾貝爾和平獎的光環來欺騙世人；透過本書的說明與舉證，讀者可以更清楚的瞭解，達賴喇嘛是結合暴力、黑暗、淫欲於喇嘛教裡的集團首領，其政治行爲與宗教主張，早已讓諾貝爾和平獎的光環染污了。　本書由財團法人正覺教育基金會寫作、編輯，由正覺出版社印行，每冊250元。

第七意識與第八意識？—穿越時空「超意識」：「三界唯心，萬法唯識」是佛教中應該實證的聖教，也是《華嚴經》中明載而可以實證的法界實相。唯心者，三界一切境界、一切諸法唯是一心所成就，即是每一個有情的第八識如來藏，不是意識心。唯識者，即是人類各各都具足的八識心王——眼識、耳鼻舌身意識、意根、阿賴耶識，第八阿賴耶識又名如來藏，人類五陰相應的萬法，莫不由八識心王共同運作而成就，故說萬法唯識。依聖教量及現量、比量，都可以證明意識是二法因緣生，是由第八識藉意根與法塵二法為因緣而出生，又是夜夜斷滅不存之生滅心，即無可能反過來出生第七識意根、第八識如來藏，當知不可能從生滅性的意識心中，細分出恆審思量的第七識意根，更無可能細分出恆而不審的第八識如來藏。本書是將演講內容整理成文字，細說如是內容，並已在〈正覺電子報〉連載完畢，今彙集成書以廣流通，欲幫助佛門有緣人斷除意識我見，跳脫於識陰之外而取證聲聞初果；嗣後修學禪宗時即得不墮外道神我之中，得以求證第八識金剛心而發起般若實智。平實導師　述，每冊300元。

中觀金鑑——詳述應成派中觀的起源與其破法本質：學佛人往往迷於中觀學派之不同學說，被應成派與自續派所迷惑；修學般若中觀二十年後自以為實證般若中觀了，卻仍不曾入門，甫聞實證般若中觀者之所說，則茫無所知，迷惑不解；隨後信心盡失，不知如何實證佛法；凡此，皆因惑於這二派中觀學說所致。自續派中觀所說同於常見，以意識境界立為第八識如來藏之境界，應成派所說則同於斷見，但又同立意識為常住法，故亦具足斷常二見。今者孫正德老師有鑑於此，乃將起源於密宗的應成派中觀學說，追本溯源，詳考其來源之外，亦一一舉證其立論內容，詳加辨正，令密宗雙身法祖師以識陰境界而造之應成派中觀學說本質，詳細呈現於學人眼前，令其維護雙身法之目的無所遁形。若欲遠離密宗此二大派中觀謬說，欲於三乘菩提有所進道者，允宜具足閱讀並細加思惟，反覆讀之以後將可捨棄邪道返歸正道，則於般若之實證即有可能，證後自能現觀如來藏之中道境界而成就中觀。本書分上、中、下三冊，每冊250元，全部出版完畢。

人間佛教—實證者必定不悖三乘菩提：「大乘非佛說」的講法似乎流傳已久，卻只是日本人企圖擺脫中國正統佛教的影響，而在明治維新時期才開始提出來的說法；台灣佛教、大陸佛教的淺學無智之人，由於未曾實證佛法而迷信日本人錯誤的學術考證，錯認爲這些別有用心的日本佛學考證的講法爲天竺佛教的眞實歷史；甚至還有更激進的反對佛教者提出「釋迦牟尼佛並非眞實存在，只是後人捏造的假歷史人物」，竟然也有少數佛教徒願意跟著「學術」的假光環而信受不疑，亦導致部分台灣佛教界人士，造作了反對中國大乘佛教而推崇南洋小乘佛教的行爲，使台灣佛教的信仰者難以檢擇，亦導致一般大陸人士開始轉入基督教的盲目迷信中。在這些佛教及外教人士之中，也就有一分人根據此邪說而大聲主張「大乘非佛說」的謬論，這些人以「人間佛教」的名義來抵制中國正統佛教，公然宣稱中國的大乘佛教是由聲聞部派佛教的凡夫僧所創造出來的。這樣的說法流傳於台灣及大陸佛教界凡夫僧之中已久，卻非眞正的佛教歷史中曾經發生過的事，只是繼承六識論的聲聞法中凡夫僧，以及別有居心的日本佛教界，依自己的意識境界立場，純憑臆想而編造出來的妄想說法，卻已經影響許多無智之凡夫僧俗信受不移。本書則是從佛教的經藏法義實質及實證的現量內涵本質立論，證明大乘佛法本是佛說，是從《阿含正義》尚未說過的不同面向來討論「人間佛教」的議題，證明「大乘眞佛說」。閱讀本書可以斷除六識論邪見，迴入三乘菩提正道發起實證的因緣；也能斷除禪宗學人學禪時普遍存在之錯誤知見，對於建立參禪時的正知見有很深的著墨。平實導師 述，內文488頁，全書528頁，定價400元。

喇嘛性世界—揭開假藏傳佛教譚崔瑜伽的面紗：這個世界中的喇嘛，號稱來自世外桃源的香格里拉，穿著或紅或黃的喇嘛長袍，散布於我們的身邊傳教灌頂，吸引了無數的人嚮往學習；這些喇嘛虔誠地爲大眾祈福，手中拿著寶杵（金剛）與寶鈴（蓮花），口中唸著咒語：「唵．嘛呢．叭咪．吽……」，咒語的意思是說：「我至誠歸命金剛杵上的寶珠伸向蓮花寶穴之中」！「喇嘛性世界」是什麼樣的「世界」呢？本書將爲您呈現喇嘛世界的面貌。當您發現眞相以後，您將會唸：「噢！喇嘛．性．世界，譚崔性交嘛！」作者：張善思、呂艾倫。售價200元。

見性與看話頭：黃正倖老師的《見性與看話頭》於《正覺電子報》連載完畢，今結集出版。書中詳說禪宗看話頭的詳細方法，並細說看話頭與眼見佛性的關係，以及眼見佛性者求見佛性前必須具備的條件。本書是禪宗實修者追求明心開悟時參禪的方法書，也是求見佛性者作功夫時必讀的方法書，內容兼顧眼見佛性的理論與實修之方法，是依實修之體驗配合理論而詳述，條理分明而且極為詳實、周全、深入。本書內文375頁，全書416頁，售價300元。

實相經宗通：學佛之目的在於實證一切法界背後之實相，禪宗稱之爲本來面目或本地風光，佛菩提道中稱之爲實相法界；此實相法界即是金剛藏，又名佛法之祕密藏，即是能生有情五陰、十八界及宇宙萬有（山河大地、諸天、三惡道世間）的第八識如來藏，又名阿賴耶識心，即是禪宗祖師所說的眞如心，此心即是三界萬有背後的實相。證得此第八識心時，自能瞭解般若諸經中隱說的種種密意，即得發起實相般若——實相智慧。每見學佛人修學佛法二十年後仍對實相般若茫然無知，亦不知如何入門，茫無所趣；更因不知三乘菩提的互異互同，是故越是久學者對佛法越覺茫然，都肇因於尚未瞭解佛法的全貌，亦未瞭解佛法的修證內容即是第八識心所致。本書對於修學佛法者所應實證的實相境界提出明確解析，並提示趣入佛菩提道的入手處，有心親證實相般若的佛法實修者，宜詳讀之，於佛菩提道之實證即有下手處。平實導師述著，共八輯，已於2016年出版完畢，每輯成本價250元。

真心告訴您（一）——達賴喇嘛在幹什麼？這是一本報導篇章的選集，更是「破邪顯正」的暮鼓晨鐘。「破邪」是戳破假象，說明達賴喇嘛及其所率領的密宗四大派法王、喇嘛們，弘傳的佛法是仿冒的佛法；他們是假藏傳佛教，是坦特羅（譚崔性交）外道法和藏地崇奉鬼神的苯教混合成的「喇嘛教」，推廣的是以所謂「無上瑜伽」的男女雙身法冒充佛法的假佛教，詐財騙色誤導眾生，常常造成信徒家庭破碎、家中兒少失怙的嚴重後果。「顯正」是揭櫫眞相，指出眞正的藏傳佛教只有一個，就是覺囊巴，傳的是 釋迦牟尼佛演繹的第八識如來藏妙法，稱為他空見大中觀。正覺教育基金會即以此古今輝映的如來藏正法正知見，在眞心新聞網中逐次報導出來，將箇中原委「眞心告訴您」，如今結集成書，與想要知道密宗眞相的您分享。售價250元。

法華經講義：此書為平實導師始從2009/7/21演述至2014/1/14之講經錄音整理所成。世尊一代時教，總分五時三教，即是華嚴時、聲聞緣覺教、般若教、種智唯識教、法華時；依此五時三教區分為藏、通、別、圓四教。本經是最後一時的圓教經典，圓滿收攝一切法教於本經中，是故最後的圓教聖訓中，特地指出無有三乘菩提，其實唯有一佛乘；皆因眾生愚迷故，方便區分為三乘菩提以助眾生證道。世尊於此經中特地說明如來示現於人間的唯一大事因緣，便是為有緣眾生「開、示、悟、入」諸佛的所知所見——第八識如來藏妙真如心，並於諸品中隱說「妙法蓮花」如來藏心的密意。然因此經所說甚深難解，真義隱晦，古來難得有人能窺堂奧；平實導師以知如是密意故，特為末法佛門四眾演述《妙法蓮華經》中各品蘊含之密意，使古來未曾被古德註解出來的「此經」密意，如實顯示於當代學人眼前。乃至〈藥王菩薩本事品〉、〈妙音菩薩品〉、〈觀世音菩薩普門品〉、〈普賢菩薩勸發品〉中的微細密意，亦皆一併詳述之，可謂開前人所未曾言之密意，示前人所未見之妙法。最後乃至以〈法華大義〉而總其成，全經妙旨貫通始終，而依佛旨圓攝於一心如來藏妙心，厥為曠古未有之大說也。平實導師述，共有25輯，已於2019/05/31出版完畢。每輯300元。

西藏「活佛轉世」制度—附佛、造神、世俗法：歷來關於喇嘛教活佛轉世的研究，多針對歷史及文化兩部分，於其所以成立的理論基礎，較少系統化的探討。尤其是此制度是否依據「佛法」而施設？是否合乎佛法真實義？現有的文獻大多含糊其詞，或人云亦云，不曾有明確的闡釋與如實的見解。因此本文先從活佛轉世的由來，探索此制度的起源、背景與功能，並進而從活佛的尋訪與認證之過程，發掘活佛轉世的特徵，以確認「活佛轉世」在佛法中應具足何種果德。定價150元。

真心告訴您(二)—達賴喇嘛是佛教僧侶嗎？補祝達賴喇嘛八十大壽：這是一本針對當今達賴喇嘛所領導的喇嘛教，冒用佛教名相、於師徒間或師兄姊間，實修男女邪淫，而從佛法三乘菩提的現量與聖教量，揭發其謊言與邪術，證明達賴及其喇嘛教是仿冒佛教的外道，是「假藏傳佛教」。藏密四大派教義雖有「八識論」與「六識論」的表面差異，然其實修之內容，皆共許「無上瑜伽」四部灌頂爲究竟「成佛」之法門，也就是共以男女雙修之邪淫法爲「即身成佛」之密要，雖美其名曰「欲貪爲道」之「金剛乘」，並誇稱其成就超越於（應身佛）釋迦牟尼佛所傳之顯教般若乘之上；然詳考其理論，則或以意識離念時之粗細心爲第八識如來藏，或以中脈裡的明點爲第八識如來藏，或如宗喀巴與達賴堅決主張第六意識爲常恆不變之眞心者，分別墮於外道之常見與斷見中；全然違背 佛說能生五蘊之如來藏的實質。售價300元。

涅槃—解說四種涅槃之實證及內涵：眞正學佛之人，首要即是見道，由見道故方有涅槃之實證，證涅槃者方能出生死，但涅槃有四種：二乘聖者的有餘涅槃、無餘涅槃，以及大乘聖者的本來自性清淨涅槃、佛地的無住處涅槃。大乘聖者實證本來自性清淨涅槃，入地前再取證二乘涅槃，然後起惑潤生捨離二乘涅槃，繼續進修而在七地心前斷盡三界愛之習氣種子，依七地無生法忍之具足而證得念念入滅盡定；八地後進斷異熟生死，直至妙覺地下生人間成佛，具足四種涅槃，方是眞正成佛。此理古來少人言，以致誤會涅槃正理者比比皆是，今於此書中廣說四種涅槃、如何實證之理、實證前應有之條件，實屬本世紀佛教界極重要之著作，令人對涅槃有正確無訛之認識，然後可以依之實行而得實證。本書共有上下二冊，每冊各四百餘頁，對涅槃詳加解說，每冊各350元。

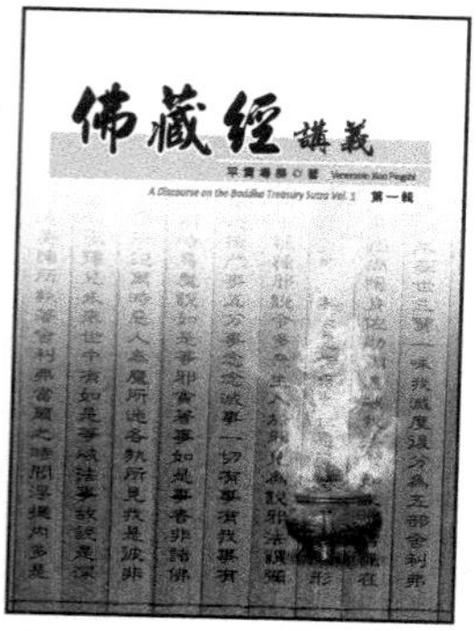

佛藏經講義：本經說明爲何佛菩提難以實證之原因，都因往昔無數阿僧祇劫前的邪見，引生此世求證時之業障而難以實證。即以諸法實相詳細解說，繼之以念佛品、念法品、念僧品，說明諸佛與法之實質；然後以淨戒品之說明，期待佛弟子四眾堅持清淨戒而轉化心性，並以往古品的實例說明歷代學佛人在實證上的業障由來，教導四眾務必滅除邪見轉入正見中，不再造作謗法及謗賢聖之大惡業，以免未來世尋求實證之時被業障所障；然後以了戒品的說明和囑累品的付囑，期望末法時代的佛門四眾弟子皆能清淨知見而得以實證。平實導師於此經中有極深入的解說，總共21輯，每輯

成唯識論釋：本論係大唐玄奘菩薩揉合當時天竺十大論師的說法加以辨正而著成，攝盡佛門證悟菩薩及部派佛教聲聞凡夫論師對佛法的論述，並函蓋當時天竺諸大外道對生命實相的錯誤論述加以辨正，是由玄奘大師依據無生法忍證量加以評論確定而成爲此論。平實導師弘法初期即已依於證量略講過一次，歷時大約四年，當時正覺同修會規模尚小，聞法成員亦多尚未證悟，是故並未整理成書；如今正覺同修會中的證悟同修已超過六百人，鑑於此論在護持正法、實證佛法及悟後進修上的重要性，擬於2022年初重講，並已經預先註釋完畢編輯成書，名爲《成唯識論釋》，總共十輯，每輯目次41頁、序文7頁、內文380頁乃至400頁，皆以12級字編排；於增上班宣講時的內容將會更詳細於書中所說，涉及佛法密意的詳細內容只於增上班中宣講，於書中皆依佛誡隱覆密意而說，攝屬判教的〈目次〉已經詳盡判定論中諸段句義，用供學人參考；是故讀者閱完此論之釋，即可深解成佛之道的正確內涵；預定將於每一輯內容講述完畢時即予出版，預計每七個月出版一輯，每輯定價400元。

大法鼓經講義：本經解說佛法的總成：法、非法。由開解法、非法二義，說明了義佛法與世間戲論法的差異，指出佛法實證之標的即是法——第八識如來藏；並顯示實證後的智慧，如實擊大法鼓、演深妙法，演說如來祕密教法，非二乘定性及諸凡夫所能得聞，唯有具足菩薩性者方能得聞。正聞之後即得依於 世尊大願而拔除邪見，入於正法而得實證；深解不了義經之方便說，亦能實解了義經所說之眞實義，得以證法——如來藏，而得發起根本無分別智，乃至進修而發起後得無分別智；並堅持布施及受持清淨戒而轉化心性，得以現觀眞我眞法如來藏之各種層面。此爲第一義諦聖教，並授記末法最後餘四十年時，一切世間樂見離車童子將繼續護持此經所說正法。平實導師於此經中有極深入的解說，總共六輯，每輯300元，於《佛藏經講義》出版完畢後開始發行，每二個月發行一輯。

解深密經講義：本經是所有尋求大乘見道及悟後欲入地者所應詳習串習的三經之一，即是《楞伽經》、《解深密經》、《楞嚴經》三經中的一經，亦可作為見道眞假的自我印證依據。此經是 世尊晚年第三轉法輪時，宣說地上菩薩所應熏修之無生法忍唯識正義經典；經中總說眞見道位所見的智慧總相，兼及相見道位所應熏修的七眞如等法，以及入地應修之十地眞如等義理，乃是大乘一切種智增上慧學，以阿陀那識—如來藏—阿賴耶識爲成佛之道的主體。禪宗之證悟者，若欲修證初地無生法忍乃至八地無生法忍者，必須修學《楞伽經、解深密經、楞嚴經》所說之八識心王一切種智。此三經所說正法，方是眞正成佛之道；印順法師否定第八識如來藏之後所說萬法緣起性空之法，墮於六識論中而著作的《成佛之道》，乃宗本於密宗宗喀巴六識論邪思而寫成的邪見，是以誤會後之二乘解脫道取代大乘眞正成佛之道，承襲自古天竺部派佛教聲聞凡夫論師的邪見，尚且不符二乘解脫道正理，亦已墮於斷滅見及常見中，所說全屬臆想所得的外道見，不符本經中佛所說的正義。平實導師曾於本會郭故理事長往生時，於喪宅中從首七開始宣講此經，於每一七起各宣講三小時，至第十七而快速略講圓滿，作爲郭老之往生後的佛事功德，迴向郭老早證八地、速返娑婆住持正法。茲爲今時後世學人故，已經開始重講《解深密經》，以淺顯之語句講畢後，將會整理成文並梓行流通，用供證悟者進道；亦令諸方未悟者，據此經中佛語正義修正邪見，依之速能入道。平實導師述著，全書輯數未定，每輯三百餘頁，將於未來重講完畢後逐輯陸續出版。

修習止觀坐禪法要講記：修學四禪八定之人，往往錯會禪定之修學知見，欲以無止盡之坐禪而證禪定境界，卻不知修除性障之行門才是修證四禪八定不可或缺之要素，故智者大師云「性障初禪」；性障不除，初禪永不現前，云何修證二禪等？ 又：行者學定，若唯知數息，而不解六妙門之方便善巧者，欲求一心入定，未到地定極難可得，智者大師名之爲「事障未來」：障礙未到地定之修證。又禪定之修證，不可違背二乘菩提及第一義法，否則縱使具足四禪八定，亦不能實證涅槃而出三界。此諸知見，智者大師於《修習止觀坐禪法要》中皆有闡釋。作者平實導師以其第一義之見地及禪定之實證證量，曾加以詳細解析。將俟正覺寺竣工啓用後重講，不限制聽講者資格；講後將以語體文整理出版。欲修習世間定及增上定之學者，宜細讀之。平實導師述著。

阿含經講記—小乘解脫道之修證：數百年來，南傳佛法所說證果之不實，所說解脫道之虛妄，所弘解脫道法義之世俗化，皆已少人知之；從南洋傳入台灣與大陸之後，所說法義虛謬之事，亦復少人知之；今時台灣全島印順系統之法師居士，多不知南傳佛法數百年來所說解脫道之義理已然偏斜、已然世俗化、已非眞正之二乘解脫正道，猶極力推崇與弘揚。彼等南傳佛法近代所謂之證果者皆非眞實證果者，譬如阿迦曼、葛印卡、帕奧禪師、一行禪師……等人，悉皆未斷我見故。近年更有台灣南部大願法師，高抬南傳佛法之二乘修證行門爲「捷徑究竟解脫之道」者，然而南傳佛法縱使眞修實證，得成阿羅漢，至高唯是二乘菩提解脫之道，絕非究竟解脫，無餘涅槃中之實際尚未得證故，法界之實相尚未了知故，習氣種子待除故，一切種智未實證故，焉得謂爲「究竟解脫」？即使南傳佛法近代眞有實證之阿羅漢，尚且不及三賢位中之七住明心菩薩本來自性清淨涅槃智慧境界，則不能知此賢位菩薩所證之無餘涅槃實際，仍非大乘佛法中之見道者，何況普未實證聲聞果乃至未斷我見之人？謬充證果已屬逾越，更何況是誤會二乘菩提之後，以未斷我見之凡夫知見所說之二乘菩提解脫偏斜法道，焉可高抬爲「究竟解脫」？而且自稱「捷徑之道」？又妄言解脫之道即是成佛之道，完全否定般若實智、否定三乘菩提所依之如來藏心體，此理大大不通也！平實導師爲令修學二乘菩提欲證解脫果者，普得迴入二乘菩提正見、正道中，是故選錄四阿含諸經中，對於二乘解脫道法義有具足圓滿說明之經典，預定未來十年內將會加以詳細講解，令學佛人得以了知二乘解脫道之修證理路與行門，庶免被人誤導之後，未證言證，梵行未立，干犯道禁自稱阿羅漢或成佛，成大妄語，欲升反墮。本書首重斷除我見，以助行者斷除我見而實證初果爲著眼之目標，若能根據此書內容，配合平實導師所著《識蘊眞義》《阿含正義》內涵而作實地觀行，實證初果非爲難事，行者可以藉此三書自行確認聲聞初果爲實際可得現觀成就之事。此書中除依二乘經典所說加以宣示外，亦依斷除我見等之證量，及大乘法中道種智之證量，對於意識心之體性加以細述，令諸二乘學人必定得斷我見、常見，免除三縛結之繫縛。次則宣示斷除我執之理，欲令升進而得薄貪瞋痴，乃至斷五下分結…等。平實導師將擇期講述，然後整理成書。共二冊，每冊三百餘頁。每輯300元。

＊喇嘛教修外道雙身法，墮識陰境界，非佛教＊

＊弘揚如來藏他空見的覺囊派才是眞正藏傳佛教＊

總經銷： 聯合發行股份有限公司

231 新北市新店區寶橋路 235 巷 6 弄 6 號 4F

Tel.02－2917-8022（代表號） Fax.02－2915-6275（代表號）

零售：1.**全台連鎖經銷書局：**

三民書局、誠品書局、何嘉仁書店

敦煌書店、紀伊國屋、金石堂書局、建宏書局

諾貝爾圖書城、墊腳石圖書文化廣場

2.**台北市：**佛化人生 **大安區**羅斯福路 3 段 325 號 6 樓之 4 台電大樓對面

3.**新北市：**春大地書店 **蘆洲區**中正路 117 號

4.**桃園市：**御書堂 **龍潭區**中正路 123 號

5.**新竹市：**大學書局 **東區**建功路 10 號

6.**台中市：**瑞成書局 **東區**雙十路 1 段 4 之 33 號

佛教詠春書局 **南屯區**永春東路 884 號

文春書店 **霧峰區**中正路 1087 號

7.**彰化市：**心泉佛教文化中心 南瑤路 286 號

8.**高雄市：**政大書城 **前鎮區**中華五路 789 號 2 樓（高雄夢時代店）

明儀書局 **三民區**明福街 2 號

青年書局 **苓雅區**青年一路 141 號

9.**台東市：**東普佛教文物流通處 博愛路 282 號

10.**其餘鄉鎮市經銷書局：**請電詢總經銷**聯合**公司。

11.**大陸地區請洽：**

香港：樂文書店

銅鑼灣店 :香港銅鑼灣駱克道 506 號 2 樓

電話 :(852) 2881 1150 email: luckwinbs@gmail.com

廈門：廈門外圖臺灣書店有限公司

地址：廈門市思明區湖濱南路809 號 廈門外圖書城3 樓 郵編：361004

電話：0592-5061658（臺灣地區請撥打 86-592-5061658）

E-mail：JKB118＠188.COM

12.**美國：世界日報圖書部：**紐約圖書部 電話 7187468889#6262

洛杉磯圖書部 電話 3232616972#202

13.**國內外地區網路購書：**

正智出版社 書香園地 http://books.enlighten.org.tw/

（書籍簡介、經銷書局可直接聯結下列網路書局購書）

三民 網路書局 http://www.sanmin.com.tw

誠品 網路書局 http://www.eslitebooks.com

博客來 網路書局 http://www.books.com.tw

金石堂 網路書局 http://www.kingstone.com.tw

聯合 網路書局 http:// www.nh.com.tw

附註：1.請儘量向各經銷書局購買：郵政劃撥需要八天才能寄到（本公司在您劃撥後第四天才能接到劃撥單，次日寄出後第二天您才能收到書籍，此六天中可能會遇到週休二日，是故共需八天才能收到書籍）若想要早日收到書籍者，請劃撥完畢後，將劃撥收據貼在紙上，旁邊寫上您的姓名、住址、郵區、電話、買書詳細內容，直接傳眞到本公司 02-28344822，並來電 02-28316727、28327495 確認是否已收到您的傳眞，即可提前收到書籍。 2.因台灣每月皆有五十餘種宗教類書籍上架，書局書架空間有限，故唯有新書方有機會上架，通常每次只能有一本新書上架；本公司出版新書，大多上架不久便已售出，若書局未再叫貨補充者，書架上即無新書陳列，則請直接向書局櫃台訂購。 3.若書局不便代購時，可於晚上共修時間向正覺同修會各共修處請購（共修時間及地點，詳閱**共修現況表**。每年例行年假期間請勿前往請書，年假期間請見共修現況表）。 4.郵購：郵政劃撥帳號 19068241。 5.正覺同修會會員購書都以八折計價（戶籍台北市者爲一般會員，外縣市爲護持會員）都可獲得優待，欲一次購買全部書籍者，可以考慮入會，節省書費。入會費一千元（第一年初加入時才需要繳），年費二千元。**6.尚未出版之書籍，請勿預先郵寄書款與本公司，謝謝您！** 7.若欲一次購齊本公司書籍，或同時取得正覺同修會贈閱之全部書籍者，請於正覺同修會共修時間，親到各共修處請購及索取；**台北市讀者**請洽：103 台北市承德路三段 267 號 10 樓（捷運淡水線 圓山站旁）請書時間：週一至週五爲 18.00~21.00，第一、三、五週週六爲 10.00~21.00，雙週之週六爲 10.00~18.00 請購處專線電話：25957295-分機 14（於請書時間方有人接聽）。

敬告大陸讀者：

大陸讀者購書、索書捷徑（尚未在大陸出版的書籍，以下二個途徑都可以購得，電子書另包括結緣書籍）：

1.廈門外國圖書公司：廈門市思明區湖濱南路 809 號 廈門外圖書城 3F
郵編：361004 電話：0592-5061658 網址：http://www.xibc.com.cn/

2.電子書：正智出版社有限公司及正覺同修會在台灣印行的各種局版書、結緣書，已有『**正覺電子書**』陸續上線中，提供讀者於手機、平板電腦上購書、下載、閱讀正智出版社、正覺同修會及正覺教育基金會所出版之電子書，詳細訊息敬請參閱『正覺電子書』專頁：http://books.enlighten.org.tw/ebook

關於平實導師的書訊，請上網查閱：

成佛之道 http://www.a202.idv.tw

正智出版社 書香園地 http://books.enlighten.org.tw/

中國網採訪佛教正覺同修會、正覺教育基金會訊息：

http://foundation.enlighten.org.tw/newsflash/20150817_1

http://video.enlighten.org.tw/zh-CN/visit_category/visit10

★ 正智出版社有限公司售書之稅後盈餘，全部捐助財團法人正覺寺籌備處、佛教正覺同修會、正覺教育基金會，供作弘法及購建道場之用；懇請諸方大德支持，功德無量。

★ 聲 明 ★

本社於 2015/01/01 開始調整本目錄中部分書籍之售價，以因應各項成本的持續增加。

＊ 喇嘛教修外道雙身法、墮識陰境界，非佛教 ＊

＊ 弘揚如來藏他空見的覺囊派才是真正藏傳佛教 ＊

售後服務—換書啓事（免附回郵）　2017/12/05

《楞伽經詳解》第三輯初版免費調換新書啓事：茲因 平實導師弘法早期尚未回復往世全部證量，有些法義接受他人的說法，寫書當時並未察覺而有二處（同一種法義）跟著誤說，如今發現已將之修正。茲爲顧及讀者權益，已開始免費調換新書；敬請所有讀者將以前所購第三輯（不論第幾刷），攜回或寄回本公司免費換新；郵寄者之回郵由本公司負擔，不需寄來郵票。因此而造成讀者閱讀、以及換書的不便，在此向所有讀者致上萬分的歉意，祈請讀者大眾見諒！

《楞嚴經講記》第 14 輯初版首刷本免費調換新書啓事：本講記第 14 輯出版前因 平實導師諸事繁忙，未將之重新閱讀而只改正校對時發現的錯別字，故未能發覺十年前所說法義有部分錯誤，於第 15 輯付印前重閱時才發覺第 14 輯中有部分錯誤尚未改正。今已重新審閱修改並已重印完成，煩請所有讀者將以前所購第 14 輯初版首刷本，寄回本公司免費換新（初版二刷本無錯誤），本公司將於寄回新書時同時附上您寄書來換新時的郵資，並在此向所有讀者致上最誠懇的歉意。

《心經密意》初版書免費調換二版新書啓事：本書係演講錄音整理成書，講時因時間所限，省略部分段落未講。後於再版時補寫增加 13 頁，維持原價流通之。茲爲顧及初版讀者權益，自 2003/9/30 開始免費調換新書，原有初版一刷、二刷書籍，皆可寄來本公司換書。

《宗門法眼》已經增寫改版爲 464 頁新書，2008 年 6 月中旬出版。讀者原有初版之第一刷、第二刷書本，都可以寄回本公司免費調換改版新書。改版後之公案及錯悟事例維持不變，但將內容加以增說，較改版前更具有廣度與深度，將更能助益讀者參究實相。

換書者**免附回郵**，亦無截止期限；舊書請寄：111 台北郵政 73-151 號信箱 或 103 台北市承德路三段 267 號 10 樓 正智出版社有限公司。舊書若有塗鴨、殘缺、破損者，仍可換取新書；但缺頁之舊書至少應仍有五分之三頁數，方可換書。所有讀者不必顧念本公司是否有盈餘之問題，都請踴躍寄來換書；本公司成立之目的不是營利，只要能眞實利益學人，即已達到成立及運作之目的。若以郵寄方式換書者，免附回郵；並於寄回新書時，由本公司附上您寄來書籍時耗用的郵資。造成您不便之處，再次致上萬分的歉意。

正智出版社有限公司 啓

國家圖書館出版品預行編目(CIP)資料

佛藏經講義 / 平實導師述著. -- 初版.
-- 臺北市 : 正智, 2019.07　　面 ; 公分
ISBN 978-986-97233-8-1(第一輯;平裝)
ISBN 978-986-98038-1-6(第二輯;平裝)
ISBN 978-986-98038-5-4(第三輯;平裝)
ISBN 978-986-98038-8-5(第四輯;平裝)
ISBN 978-986-98038-9-2(第五輯;平裝)
ISBN 978-986-98891-3-1(第六輯;平裝)
ISBN 978-986-98891-5-5(第七輯;平裝)
ISBN 978-986-98891-9-3(第八輯;平裝)
ISBN 978-986-99558-0-5(第九輯;平裝)
ISBN 978-986-99558-3-6(第十輯;平裝)
ISBN 978-986-99558-5-0(第十一輯;平裝)
ISBN 978-986-99558-6-7(第十二輯;平裝)
ISBN 978-986-99558-9-8(第十三輯;平裝)
ISBN 978-986-06961-2-7(第十四輯;平裝)
ISBN 978-986-06961-3-4(第十五輯;平裝)
ISBN 978-986-06961-8-9(第十六輯;平裝)
ISBN 978-626-95796-2-4(第十七輯;平裝)
ISBN 978-626-95796-5-5(第十八輯;平裝)
1. 經集部
221.733　　108011014

佛藏經講義——第十八輯

著述者：平實導師
音文轉換：蔡正利 黃昇金
校　對：章乃鈞 陳介源 孫淑貞 傅素嫻 王美伶
出版者：正智出版社有限公司
電話：○二 28327495　28316727（白天）
傳眞：○二 28344822
111 台北郵政 73-151 號信箱
郵政劃撥帳號：一九○六八二四一
正覺講堂：總機○二 25957295（夜間）
總經銷：聯合發行股份有限公司
231 新北市新店區寶橋路 235 巷 6 弄 6 號 4 樓
電話：○二 29178022（代表號）
傳眞：○二 29156275
初版首刷：二○二二年五月三十一日　二千冊
定　價：三○○元